中美钢铁产业结构调整对比
——思考与借鉴

张寿荣　王一德　殷瑞钰　著

北　京
冶　金　工　业　出　版　社
2020

内容提要

本书全面研究了19世纪70年代以来，中美两国钢铁产业变迁过程和结构调整轨迹。主要包括：美国钢铁产量到达峰值点前后几十年里美国钢铁工业调整历程及采取的相关措施，中美两国钢铁制造流程、资源/能源结构和产业布局转变过程及驱动因素，美国曾经的十大钢企关停并转与多元化历程，中美两国钢材进口格局变化及原因分析。本书还有针对性地提出了中国未来钢铁制造流程发展方向、钢铁产业布局和进出口等三个方面意见和建议，期望本书出版后能对政府、钢铁企业、研究机构、科研院所、行业协会等相关人员有所帮助。

图书在版编目(CIP)数据

中美钢铁产业结构调整对比：思考与借鉴/张寿荣，王一德，殷瑞钰著.—北京：冶金工业出版社，2020.11

ISBN 978-7-5024-8638-9

Ⅰ.①中… Ⅱ.①张… ②王… ③殷… Ⅲ.①钢铁工业—产业结构调整—对比研究—中国、美国 Ⅳ.①F426.31 ②F471.263

中国版本图书馆CIP数据核字(2020)第216088号

出 版 人 苏长永
地　　址 北京市东城区嵩祝院北巷39号 邮编 100009 电话 (010)64027926
网　　址 www.cnmip.com.cn 电子信箱 yjcbs@cnmip.com.cn
责任编辑 于昕蕾 美术编辑 彭子赫 版式设计 孙跃红
责任校对 卿文春 责任印制 李玉山
ISBN 978-7-5024-8638-9
冶金工业出版社出版发行；各地新华书店经销；三河市双峰印刷装订有限公司印刷
2020年11月第1版，2020年11月第1次印刷
169mm×239mm；22.5印张；261千字；345页
135.00元
冶金工业出版社 投稿电话 (010)64027932 投稿信箱 tougao@cnmip.com.cn
冶金工业出版社营销中心 电话 (010)64044283 传真 (010)64027893
冶金工业出版社天猫旗舰店 yjgycbs.tmall.com
(本书如有印装质量问题，本社营销中心负责退换)

编　委　会

前　言

钢铁工业是重要基础原材料产业，制造业的基础，对我国经济发展和建设制造业强国具有重要的支撑作用。但过去几年产能过剩严重，产品价格长期低位波动，资源、能源制约和环境负荷约束严重，企业负债沉重、经营困难等矛盾日益凸显。钢铁工业正处在加速供给侧结构性改革的历史机遇期，结构调整、转型升级紧迫性增强，同时也面临着新情况、新问题、新矛盾的挑战。

为贯彻落实党中央、国务院关于推进供给侧结构性改革、加快建设制造业强国的决策部署，国务院先后发布了《中国制造2025》和《国务院关于钢铁行业化解过剩产能实现脱困发展的意见》等相关文件，正推动着中国钢铁业以去产能为中心的供给侧结构性调整。党的十九大报告作出了“中国特色社会主义进入新时代”的重大判断，在新时代、新的历史方位中，钢铁工业作为重要的实体经济之一，必须主动贯彻新发展理念，深化供给侧结构性改革，加快推动转型升级。

2016年以来，钢铁工业以化解过剩产能为突破口，大力推进供给侧结构性改革，整顿市场秩序，多措并举，钢铁产能严重过剩矛盾得以缓解。但钢铁工业发展不平衡、不充分，阶段性、结构性矛盾仍存在。钢铁工业如何走出一条产业协调、创新智能、优质高效、低碳绿色、共赢共享之路，实现钢铁产业的既大又强，将成为新发展阶段的主要任务。

美国和中国在经济总量、人口和国土面积等方面具有某些相似之处（这不同于日本、韩国、英国等国），在20世纪40~50年代美国钢铁工业、建筑业、汽车业曾作为其三大支柱性产业，有力地支撑了美国的经济发展进程。但随着美国工业化的发展，特别是能源危机以后，其钢铁工业也经历了产能过剩、结构调整、产品质量提升和技术革新的过程。

本书旨在通过深入地、系统地研究美国钢铁工业结构调整轨迹、原料和能源结构变化、钢厂工艺流程变化、钢厂模式的变化、企业结构变化以及环境负荷削减、化解过剩钢铁产能的经验教训和采取的相关政策与措施，以期对中国钢铁工业化解过剩产能，提高可持续发展能力和产业综合竞争力等方面提供借鉴和参考。

本书为中国工程院“中美钢铁产业结构调整对比研究——思考与借鉴”项目成果。该项目由冶金工业信息标准研究院及项目组具体实施，项目研究过程中得到了干勇、翁宇庆、王国栋、刘玠、孙传尧、邱定蕃和毛新平等七位院士的帮助和支持；中国钢研科技集团、中国钢铁工业协会、中国金属学会、宝武集团、鞍钢集团、河钢集团、首钢集团、太钢集团、中冶京诚等单位也为项目研究提出了宝贵意见，在此一并感谢！

作　者
2020年9月

简称说明

AIST：美国钢铁技术协会（American Iron and Steel Technology Association）

AISI：美国钢铁协会（American Iron and Steel Institute）

CISA：中国钢铁工业协会（China Iron and Steel Association）

WSA：世界钢铁协会（World Steel Association）

CRU：英国商品研究所（Commodity Research Unit）

MB：英国金属通报（British Metals Bulletin）

Minimill：电弧炉短流程钢厂

Integrate：联合企业

USS：美国钢铁公司（U. S. Steel Corporation）

EPA：美国环境保护署（Environmental Protection Agency）

OSHA：职业安全和健康署（Occupational Safety and Health Administration）

EEOC：均等就业机会委员会（Equal Employment Opportunity Commission）

ERISA：退休收入保障法案（Employee Retirement Income Security Act）

FTC：联邦贸易委员会（Federal Trade Commission）

目　　录

1 中美粗钢产量、消费及影响因素分析

1.1 美国粗钢产量、消费及影响因素分析

美国钢铁工业的发展已经有近160年的历史，纵观美国钢铁工业的发展，其历经了高速增长、低速震荡增长和起伏波动中下降的不同发展阶段。根据美国经济发展的特点，美国的工业化发展阶段[1,2]可划分为：1840～1900年的工业化初期阶段，1900～1955年的工业化中期阶段，1955～1973年的工业化后期阶段。到1973年，在一次能源危机的诱发下，历经100多年的美国工业化基本完成，钢铁工业到达拐点，拐点时美国粗钢产量为1.37亿吨，在美国的工业化进程中，钢铁产业曾作为支柱产业，有力地支撑了美国工业化进程和国民经济发展；1973年以后步入后工业化阶段，粗钢产量开始呈现起伏波动中下降的趋势，1982年在二次能源危机的诱发下，粗钢产量跌至6766万吨，然后缓慢回升至9000多万吨台阶，最高时1.02亿吨，但始终没有超过1973年的峰值；2009年国际金融危机爆发，美国粗钢产量再创新低至5820万吨，然后进入8600万吨的台阶，2015年在全球钢铁行业陷入困境的时候，美国粗钢产量进一步跌至8000万吨以下；2018年，美国对进口钢铝产品征收关税，刺激钢材价格上涨，利润增加，某些钢厂复产或新增轧线，但总产能仍未超过9000万吨，人均粗钢产量和人均钢材表观消费量分别为264.8kg和306.5kg，仍为钢材净进口国。

美国钢铁产能、产量和消费量随工业化进程和经济发展变化[1~6]如图 1-1 和图 1-2 所示。

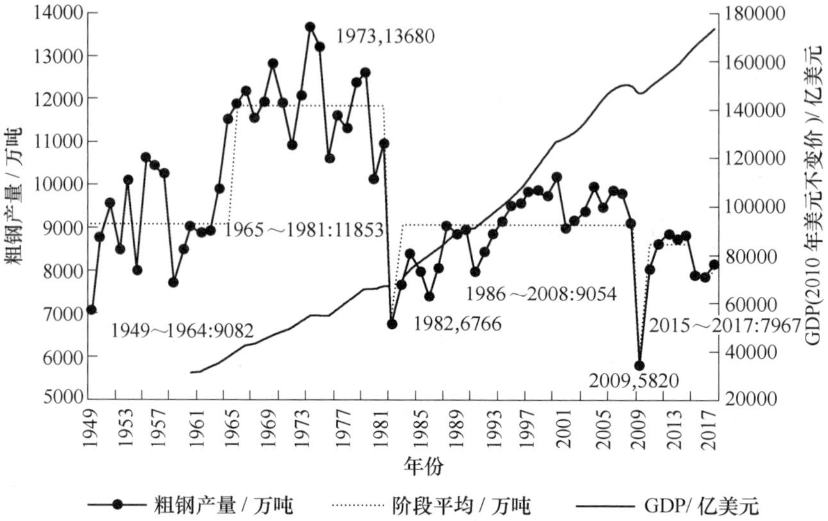

图 1-1 美国粗钢产量与经济发展变化情况

（信息来源：WSA，Steel Statistical Yearbook）

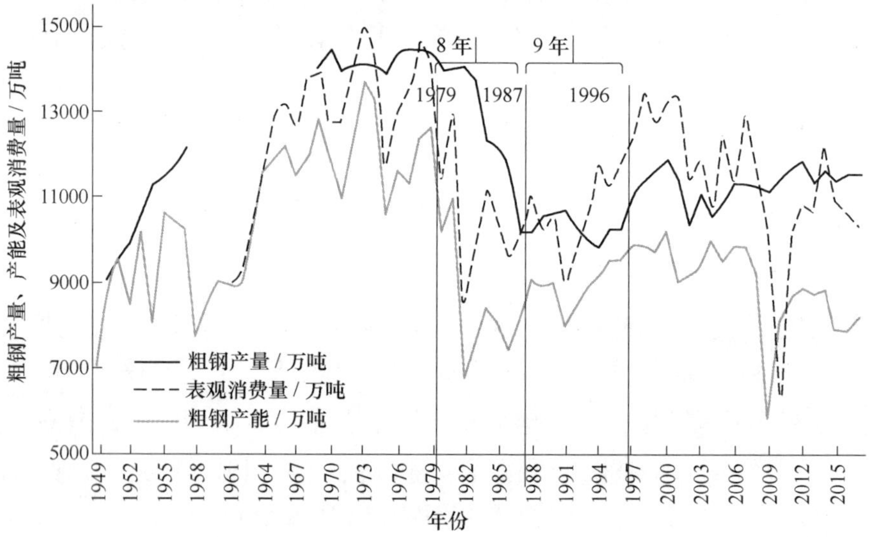

图 1-2 美国粗钢产量、产能及表观消费量变化情况

（信息来源：WSA，Steel Statistical Yearbook）

1.1.1 经济发展

1.1.1.1 1840~1900年工业化初期

在这60年中，美国经历了南北战争和战后重建，资本主义快速发展并逐渐向垄断资本主义过渡，此时，美国成为当时世界头号工业大国。1840年美国真正开始实现由农业国向工业国转变，标志着工业化开始。但美国钢铁工业的真正兴起始于19世纪60年代，卡内基钢铁引进贝塞麦转炉炼钢法和西门子-马丁平炉炼钢法[7]。随后，采用这种炼钢法的厂家迅速增加，到1876年已建成13家转炉钢厂，1880年全美转炉钢产量增加到100万吨，其中90%用于生产钢轨替代铁轨[8]。到1880年产业革命结束，美国粗钢产量从1860年的1.3万吨增至127万吨，年均增长40%左右，1886年达到260万吨，首次超越英国跃居世界第一。1899年，卡内基将他的工厂合并组成卡内基钢铁公司，成为当时世界上最大的钢铁公司[9]。1900年美国粗钢产量突破1000万吨达到1018万吨。

1.1.1.2 1901~1955年工业化中期

1901年，J.P.摩根出资2.5亿美元购买了卡内基钢铁公司，成立了美国钢铁集团公司，开启了美国钢铁工业规模化生产[7]。1914~1918年第一次世界大战爆发，世界版图重构，欧洲衰落，美国兴起，美国经济进入高速发展时期，由自由资本主义向现代资本主义转变，跻身经济大国行列，并开始了对外经济扩张[10]。此时，机械制造、钢铁、食品、化学、橡胶、石油、造船、电力和汽车等行业是支撑美国经济的主导产业，其快速发展有力地推动了粗钢产量的提升，1900~1928年，粗钢产量由1018万吨增加到1928年的5237万吨，年均增长10%。

1929~1933年经济大萧条期间，银行倒闭，企业关停，工人失业，美国钢铁工业曾一度处于停滞状态，粗钢产量从1929年的5734万吨下降到1932年的1372万吨，降幅高达76.1%，进出口贸易减少近50%，整个国民收入下降了一半以上；1933年罗斯福上台后，加强政府干预经济，恢复银行信用，美国的工业产值翻了一番[11]，国民收入增长了50%，粗钢产量从1933年的2360万吨恢复到1937年的5138万吨，增长118%。

1939年第二次世界大战爆发，美国经济迅速转入战时轨道。在军火需求的刺激下，美国钢铁工业凭借着丰富的原料资源、优越的运输条件、旺盛的市场需求，加上美国建国以来本土未曾遭受过战火的蹂躏，反而在两次世界大战和侵朝、侵越战争中捞到巨额好处[12]。美国粗钢产量从1939年的4789万吨激增至1944年的8132万吨，到了1945年第二次世界大战结束后，美国粗钢产量已经占世界粗钢产量的64%；1953年，美国粗钢产量首次超过1亿吨大关，而且还在继续增产，不过，此时美国钢铁工业已经开始重视品种开发和质量提升了。

1.1.1.3 1956~1973年工业化后期阶段

美国钢铁工业处于低速发展期，粗钢产量仅以年均0.5%的速度微幅增长，随着1973年第一次能源危机的爆发，美国工业化基本完成，粗钢产量到达拐点，拐点时粗钢产量和消费量分别为13680万吨和14959万吨。同年，由于能源危机，石油价格上涨，导致50%以上石油炼铁的美国钢铁企业关闭[13]，美国粗钢产量开始下滑，进口量则不断扩大。美国的产业结构开始逐渐调整，其支柱产业也从工业逐渐过渡到第三产业，其中服务业、交通运输业、电子通讯业、休闲娱乐业等发展尤为迅速。

1.1.1.4 1973~1989年后工业化阶段

美国粗钢产量和消费量大幅减少。1974~1979年，由于生产成本上升较快，设备改造滞后，加之日本、西欧等钢铁工业国或地区的崛起，不断冲击美国钢铁市场，美国的钢铁企业纷纷破产倒闭，产业竞争力逐渐丧失，钢铁生产出现停滞和下降的趋势，产能过剩矛盾凸显。但是，当时的美国政府并没有及时采取有效的去产能措施，任由产量连年下降，而产能居高不下，因此产能利用率持续下跌。

1979~1982 年的第二次世界能源危机使得美国钢铁工业受到重创，粗钢产量从 1979 年的 12611 万吨猛跌到 1982 年的 6766 万吨，自此，美国钢铁工业不得不进入一段长达 9 年的去产能历程，直到 1987 年产能调整才初步到位，产能利用率大幅提升，从 1982 年的 50%提升到 1987 年的近 80%。期间，二次能源危机过后，在贸易保护和需求回暖背景下，美国钢铁工业开始复苏，但落后的钢铁产能难以满足持续回暖的钢铁需求。从 1982 年开始，美国钢铁产能利用率不断增长，产能逐年下降，但粗钢产量变化不大。

随着美国产业结构的调整，美国钢铁工业彻底退出国内主导产业地位，而以信息技术为代表的现代产业逐步替代制造业成为美国竞争力核心，到 1980 年信息产业上升至第三位。

1.1.1.5 1990~2000 年

互联网经济空前繁荣，信息业取代汽车业成为美国就业人口最多的产业。第三产业成为美国支柱产业，休闲娱乐、金融服务、农林产业、国防和航空、医药与生物科技等有绝对的优势[14,15]。

美国钢铁工业经历了 20 世纪 80 年代的痛苦转型后，在 90 年代获得重大转机，随着经济的持续增长，消费需求增加，新技术发展促进钢铁和汽车等传统产业技术革新和结构重组，钢铁工业迎来了十年高速发展，钢企开足马力提高产量，产能利用率连年保持高位运行，1995 年产能利用率高达 93%，但仍然无法满足高速增长的消费需求，供需缺口逐年拉大。此时，美国钢铁工业开始着手扩张产能，产能从 1996 年的 10240 万吨上升到 2000 年的 11824 万吨。粗钢产量在需求的驱动下也随之快速增长至 2000 年的 10180 万吨，但增长十分有限，供需缺口仍然保持在 3000 万吨左右。

1.1.1.6　21 世纪

2000 年网络经济泡沫破裂，2001 年 911 事件爆发，美国经济进一步恶化，并迎来了 21 世纪第一次经济危机。当年粗钢产量大幅下降至 9010 万吨，2002 年经济形势恢复，粗钢产量亦有所提高，达到 9159 万吨。2009 年，受国际金融危机影响，美国粗钢产量下降至 5820 万吨，再创 1982 年以来新低，占世界比重仅为 4.77%。但在这期间美国国民总产值不断增加，钢材需求不减，粗钢产量下降导致供给不足，美国一方面用高效钢材代替了普通钢材，另一方面由进口钢材来填补。故在产量锐减的同时，美国进口钢材急剧增加，每年进口 2000 多万吨。

2010 年，随着美国“再工业化”的提出，美国钢铁工业较快摆脱了 2009 年金融危机的干扰，2010 年粗钢产量增长率高达 38%，2010～2014 年，粗钢产量年均增长率为 9.55%，2015 年，国际石油价格持续下滑，美国钢铁工人大罢工，粗钢产量再次下滑，当年粗钢产量仅为 7890 万吨，降幅达 10.5%。2018 年，美国对进口钢铝产品征收关税，刺激钢材价格上涨，利润增加，某些钢厂复产或新增轧线，但总产能仍未超过 9000 万吨，产量为 8660 万吨，人均粗钢产量和人均钢材表观消费量分别为 264.8kg 和 306.5kg，仍为钢材净进口国。

1.1.2　工业化进程

美国在工业化加速时期，即工业化中期阶段，钢的消费和生产都呈高速增长态势。而在这个时期，往往又会伴随着三次产业结构升级、工业内部结构调整、城市化水平提高等，这些宏观经济因素都会对钢铁产业的快速健康发展起到决定性的作用。美国工业化进程中工业内部结构演变顺序如图 1-3 所示。

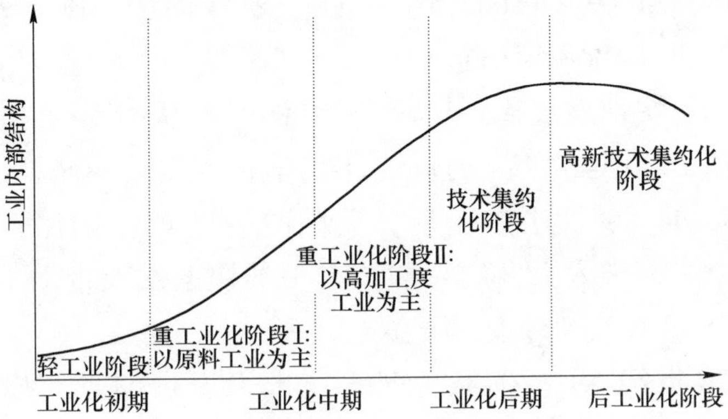

图 1-3 美国工业化进程中工业内部结构的演变顺序

在第二次世界大战后的近半个世纪中，美国的产业结构发生了很大变化。第一产业占 GDP 比重呈不断下降的趋势；第二产业增长速度快于第一产业，占 GDP 比重经历一个由上升到下降的“∩”型变化过程；第三产业产值的增长速度和占 GDP 比重，都呈明显的上升趋势，居三大产业之首[16]。

总的来看，美国钢铁工业由高速向低速转变时，即工业化由中期向后期过渡时，第二产业占 GDP 比重达到最大值，分别为 43.1%和 39%，第一产业都低于 10%，第三产业皆高于 50%；工业化基本结束时，美国的三次产业结构为 4.1∶31.2∶63.8。

美国在工业化中期阶段，城市化水平大幅提高，城镇数量和规模都得到了扩大。由此而兴建的大量住宅和商业用建筑，以及因解决交通问题而建设的交通设施和交通工具等带动了钢铁需求的大幅增加。

1.1.3　技术进步

技术进步促进了美国制造流程发生了重大变化。

19世纪60年代，美国钢铁大王安德鲁·卡内基引进当时最先进的炼钢法（1864年引进贝塞麦炼钢法，Bessemer）和平炉炼钢法（1868年引进西门子-马丁敞炉炼解法），促进美国钢铁工业快速发展[17, 18]。美国粗钢产量从1860年的1.3万吨增长到1880年的127万吨，年均增长速度达40%。

1888年，碱性平炉出现，美国酸性转炉炼钢比例开始下降，平炉炼钢进入大发展阶段，平炉的快速发展带动美国粗钢产量在1953年突破1亿吨大关。

在20世纪50~70年代钢铁技术大发展时期，以氧气转炉、弧形连铸、大型高炉、高速连轧机为代表的新技术开始兴起，带动美国钢铁工业高速发展。

20世纪50年代氧气顶吹转炉炼钢法登上了历史舞台，推动炼钢工艺发生大变革。相对于平炉，氧气转炉使用了纯氧，可以快速降碳和提温，生产效率显著提升，热损失明显降低，建设基本投资和生产费用也明显低于平炉，生产的钢材品种也更为丰富。但在此期间，美国开发了平炉用氧技术，显著提高了平炉使用效率和产品质量，使得平炉炼钢的主导地位在美国继续保持了近15年。

20世纪60年代弧形连铸机的出现，标志连铸技术应用取得真正突破。连铸技术不仅提高了生产率，降低了设备投资，而且更有利于安装在原有钢厂内。而平炉炼钢因效率低，难以与连铸实现良好匹配，而逐渐被转炉所取代，美国氧气转炉炼钢自此进入快速发展时期。

同样在20世纪60年代（1964年），美国碳化物公司和美国西北钢和线材公司合作，在世界上首先实现了电弧炉超高功率操作，自此，电炉高功率、超高功率技术在美国得到快速发展[20]，但与氧气转炉炼钢相比滞后一些。

1971 年，日本大同特殊钢成功开发出 LF 炉外精炼技术；同时，20 世纪 70 年代连铸电磁搅拌技术开始应用，提高了连铸坯质量，连铸技术进入了大发展阶段。

氧气转炉炼钢和电弧炉炼钢的快速发展，有力地支撑了美国粗钢增长。1973 年，一次能源危机爆发，美国粗钢产量到达峰值点 13680 万吨。

1983 年蒂森、德马克和丹麦 DDS 厂联合开发了 100t 偏心底出钢（EBT）电弧炉，使电弧炉冶炼+在线二次精炼+连铸的现代电弧炉流程得以实现，并开始了电弧炉全面替代平炉的历程。

1989 年美国 Nucor 第 1 条 EAF-CSP 生产线是薄板坯连铸连轧技术发展的里程碑，是当时集成创新的典范，标志着美国电弧炉炼钢因此进入蓬勃发展时期[22]。

20 世纪 80 年代末，日本、韩国、德国等连铸比均已达到 90%左右，美国经过奋起直追也已超过 60%了。当时，美国连铸机的总台数仅为日本的一半，大于 2000m^3 的高炉炼铁产量仅占生铁总产量的 2%，而日本则占 52%。在这种技术差距的条件下，美国钢材的生产成本比日本高出 10%以上。这种技术和装备落后的状况，是因为美国在 1955~1975 年 20 年的钢铁技术大发展的关键时刻，盲目追求粗钢产量和多元化发展，而未进行合理产业结构优化和技术改造，导致钢铁产能落后，现代化程度较低，钢材成本持续攀升，钢铁产业竞争力严重衰退，1982 年开工率不到 50%，粗钢产量仅为 6766 万吨，大量钢厂破产倒闭，钢铁职工从 445 万人减少到 24 万人。

后来，美国把更多的精力转向 Minimill 短流程钢厂建设上来，后面的电弧炉炼钢比例提升主要来自于新建的

Minimill 钢厂，这类钢厂的特点是超高功率电弧炉+LF+连铸“三合一”，工厂布局多为 T 字形，即炼钢设备与连铸机垂直布置，设备投资小、见效快，产品以长材为主，以满足当地市场需求为主[5]。

随着技术不断进步，如氧气转炉和超功率电弧炉逐步取代平炉、炉外精炼技术发展、连铸技术普及、电子计算机应用等，使得美国钢铁工业劳动生产率不断提高，从 1980 年的平均每吨成品钢 10.1 个人工时下降到 2016 年的每吨 2.0 个人工时，提高了 5 倍。1980~2016 年美国钢铁工业劳动生产率变化情况如图 1-4 所示。

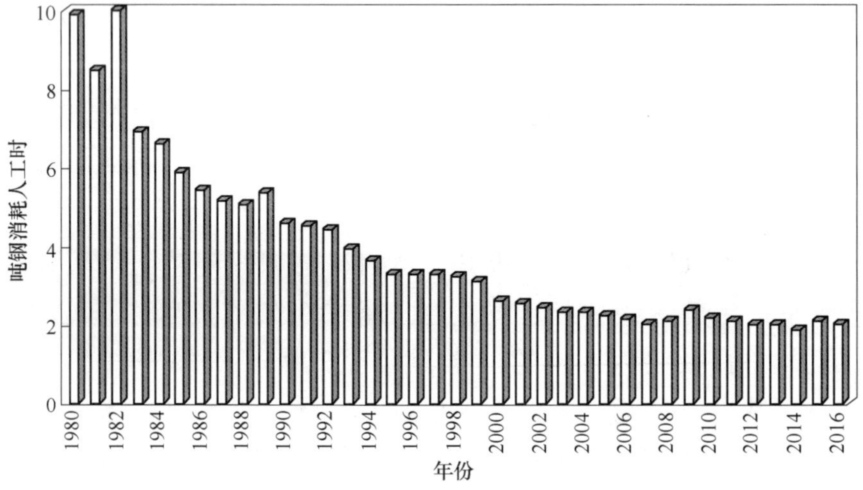

图 1-4 1980~2016 年美国钢铁工业劳动生产率情况[23]

（信息来源：AIST）

1.1.4 钢铁积蓄与电力保障

目前，电弧炉炼钢主要采用废钢作为原料，因此，在钢铁积蓄量多的国家建设电弧炉炼钢产线相对比较广泛，如发达国家和完成工业化的国家电弧炉炼钢比例较高。美国电弧炉炼钢发展迅速的主要原因不仅是拥有大量的钢铁积蓄，还有丰富的电力供应。

美国是一个工业化比较早的国家，其钢铁工业发展自然也比较早，因此美国的钢铁积蓄非常充足，早在第二次世界大战结束后的1950年，美国钢铁积蓄量就已超过10亿吨达11.3亿吨，到1973年美国钢铁工业到达拐点时，其钢铁积蓄量已达23亿吨，人均钢铁积蓄11t，远远高于英国、德国、法国、意大利和日本等国钢铁到达拐点时的钢铁积蓄总量和人均钢铁积蓄量。1950~1995年美国钢铁积蓄情况如图1-5所示，与其他国家的钢铁积蓄对比如表1-1所示[24]。

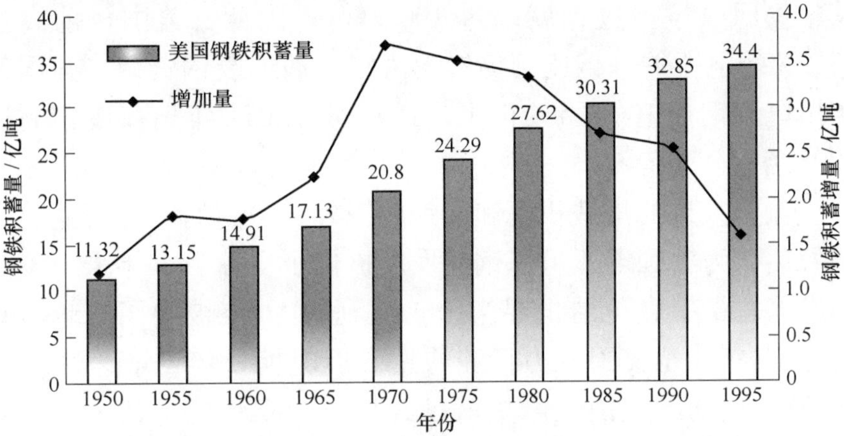

图1-5 1950~1995年美国钢铁积蓄量变化情况

（信息来源：《日本铁钢统计要览》1964—1995）

表1-1 主要钢铁工业国粗钢产量到达阶段平台期时的钢铁积蓄情况

国　别	美国	德国	日本	法国	英国	意大利
到达阶段平台期时间/年	1973	1970	1973	1973	1970	1974
钢铁积蓄量/亿吨	23.0	4.6	4.5	2.6	3.2	2.3
人均钢铁积蓄量/t·人$^{-1}$	11	7.6	4.1	5	5.8	4.1

信息来源：日本《日本铁钢统计要览》。

尽管后期美国的粗钢产量有所下降，但其钢铁消费量未减，因此钢铁积蓄量仍在不断增加，1950~1995 年的 45 年间，美国钢铁积蓄增量达 23.1 亿吨。但是，1995 年以后，美国电弧炉比进一步提升，且转炉比开始下降，可以预见积蓄增量将进一步下降（因大量废钢用于电弧炉冶炼，未产生积蓄，而新增长流程冶炼粗钢进一步减少），由此推测 2018 年美国钢铁积蓄量在 40 亿~50 亿吨，远低于中国的 80 亿吨左右的积蓄量。

美国的废钢资源主要产生于报废汽车、重工机械等，废钢获取相对比较容易，其废钢资源产生量每年在 1.5 亿吨以上，其中仅回收垃圾废钢就超过 100 万吨。因此，美国目前高达 68.2%的电弧炉炼钢比例仍然无法有效消纳废钢资源，美国每年出口废钢在 1000 万吨以上，最高时，2011 年出口废钢高达 2208 万吨。

除了大量的钢铁积蓄和废钢资源外，美国的电力行业也十分发达，为美国电弧炉炼钢的发展提供了支撑。多年来，美国的发电总量一直位居世界第一，直到 2011 年被中国超越。20 世纪 60 年代是美国电力行业快速发展时期，年均增速达 8%，到 70 年代初，美国发电量就已经接近 20000 亿千瓦·时，体量增大后，增速略有下降，年均增速为 4%，此后仍然以年均不到 3%的增长速度微幅增长。

1950 年，美国电弧炉炼钢产量为 548 万吨，约占年粗钢总产量的 6.2%，之后逐年上升，1964 年突破 1000 万吨，随着技术进步和环保倒逼，1972 年电弧炉炼钢产量达到 2000 万吨，1979 年突破 4000 万吨。

随着美国电弧炉钢厂的改造投入，电弧炉逐渐取代平炉，1992 年，美国关闭了最后 1 座平炉，电弧炉炼钢比例上升到 38.4%，至此，美国炼钢方式仅剩下电弧炉流程和转炉流程两种，并且电弧炉炼钢比例逐年上升，到 2002 年，电弧炉炼钢产量达到 4612 万吨，与转炉炼钢平分秋色。

2004 年美国电弧炉炼钢产量突破 5000 万吨，2018 年达到 5945 万吨，约占美国粗钢总产量的 68.2%，接近转炉炼钢的两倍，66 年间美国电弧炉炼钢产量占粗钢总产量的比例上升了 62%。

1.1.5 能源及原料供应

美国钢铁工业早期主要是长流程企业，原料和能源消耗主要来自铁矿石和煤炭，二次能源危机以前，能源消耗大户还有石油，因此钢铁工业的布局选择靠近五大湖地区的原料产地和下游用钢行业的紧密区。如当时苏必利尔湖沿岸的铁矿储量近 80 亿吨，约占美国全部储量的 80%；宾夕法尼亚州拥有储量丰富的炼焦煤；伊利湖附近有石灰石矿。此外，五大湖地区水陆交通便利，运费较低。五大湖地区由此形成了匹兹堡、芝加哥、克利夫兰、底特律和布法罗五大钢铁生产基地[25]。美国的矿产资源分布：东北地区为主要的铁矿石产区，中东部地区为主要的煤产区，中南部为主要的石油产区。

随着美国钢铁工业的发展，五大湖地区的资源慢慢减少，同时，全球铁矿石开采技术不断进步，来自巴西及澳大利亚等国的进口矿成本更低，五大湖地区原有优势地位被削弱。此外，美国钢铁工业制造流程也由原来的长流程为主转变为短流程为主，废钢和电成为主要原料和能源。

图 1-6 为美国和日本铁矿石价格对比，美国铁矿石价格一直高于日本进口铁矿石价格，直到 1990 年后价格差距才逐渐缩小。图 1-7 为 1973～2013 年美国与日本废钢价格变化趋势图。1991 年后，美国的废钢价格远远高于日本，这与当时的 Minimill 钢厂产量快速增长废钢消耗量大是分不开的。2004 年

开始，废钢价格全面上涨，短流程钢厂纷纷建立自己的废钢回收、加工配送中心来控制废钢成本，有些企业还投资直接还原铁和非高炉炼铁项目，一方面可以作为废钢原料的补充，同时也可以用来提升钢水的纯净度，生产相对高端的板材产品，如Nucor在一些CSP产线就添加HBI铁块。

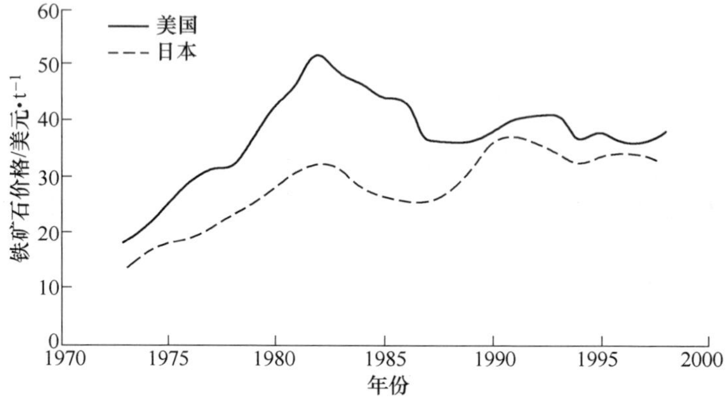

图1-6　美国、日本铁矿石价格对比

（信息来源：WSD Several Years）

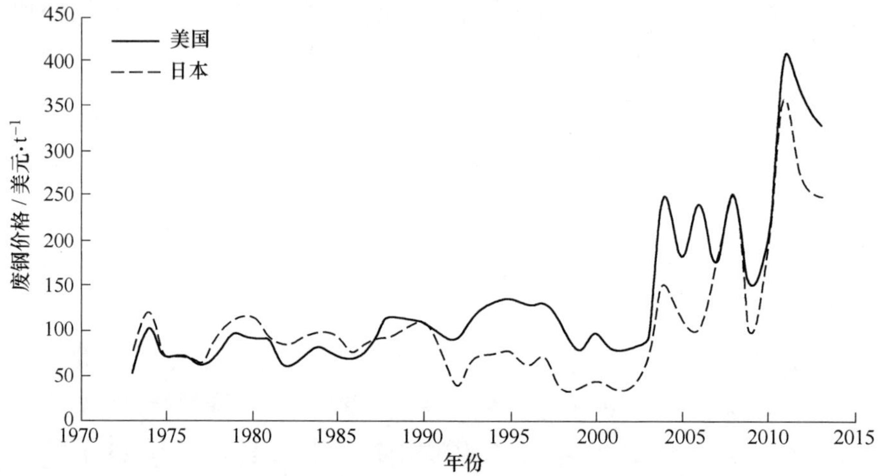

图1-7　1973~2013年美国与日本废钢价格对比

（信息来源：WSD Several Years）

1.1.6 成本因素

高成本是美国钢铁产业的最大不利因素，成本过高造成价格居高不下，产品失去市场竞争力。20 世纪 70 年代，能源占美国钢铁制造成本的 20%，而且逐年上涨，1978 年炼钢的能源成本是 20 世纪 70 年代初的 4 倍。能源危机导致了能源和劳动力密集型的钢铁生产企业总成本上涨速度快于工业品价格提升速度。劳动力成本上涨也超过了生产率的提升，设备投入和更新有限，生产效率的简单提高难以抵消急速增长的原材料、能源和劳动力的单位成本[6]。

图 1-8 为 1973~1999 年几个主要钢铁工业国钢铁运营成本中能源成本比例变化情况。20 世纪 80 年代以前，美国的能源成本最低，但能源成本在不断上涨；20 世纪 80 年代初，美国的能源成本占总成本的比例仅低于英国，比其他几个国家都高，1983~1986 期间美国能源成本比例与英国相当，但属于最高行列，到了 1987 年，美国超过英国成为能源成本比例最高的国家，此后的十几年里，美国的能源成本比例一直遥遥领先于同期的日本、德国、法国和英国。

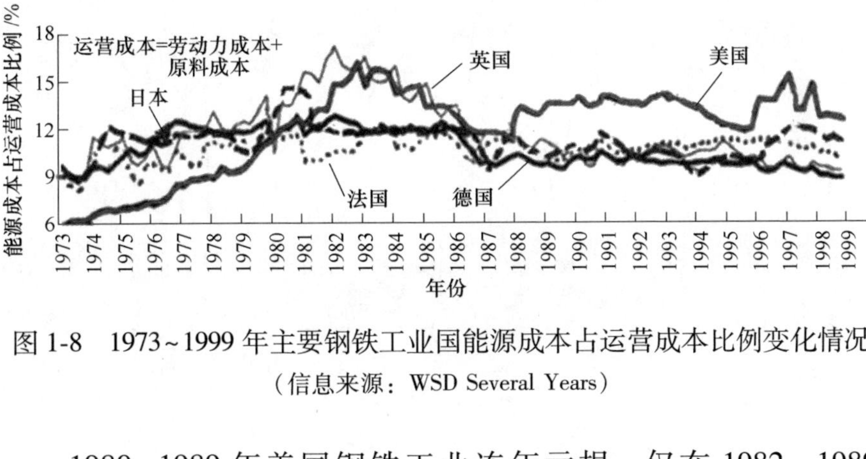

图 1-8 1973~1999 年主要钢铁工业国能源成本占运营成本比例变化情况
（信息来源：WSD Several Years）

1980~1989 年美国钢铁工业连年亏损，仅在 1982~1989

年累计亏损达 120 亿美元，钢铁工业成为美国获利性和成长性最差的产业之一[6]。多数长流程大型联合钢铁企业，丧失了竞争优势，纷纷破产倒闭，还有一些企业被迫转向以电为能源的 Minimill 钢厂。

在《职业安全与健康法案》（OSHA）通过后，根据美国劳工统计局的数据，自该法案例通过八年多以来，工伤率一直没有明显的改善。相反这些法规缺陷造成的合规成本，虽然难以计算，但却导致了国内钢铁行业竞争力相对国外竞争力的恶化[6]。

1.1.7　资本投入

1955~2015 年美国粗钢产量变化与钢铁工业投资之间的关系如图 1-9 所示。由图 1-9 可见美国钢铁产业投资历年变化波动较大，但整体变化趋势滞后于粗钢产量的变化，2000 年设备投资进入新的波谷，但到 2007 年突然猛增至 5821 亿美元，

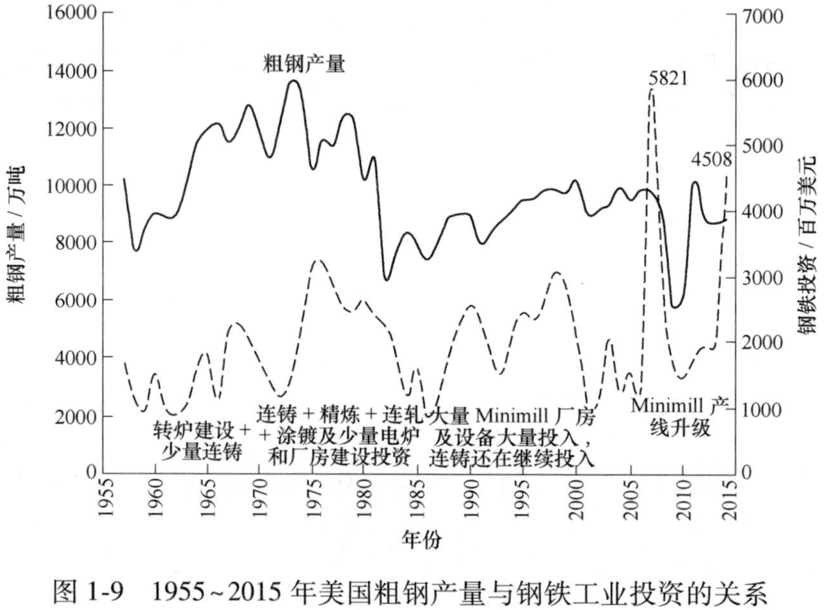

图 1-9　1955~2015 年美国粗钢产量与钢铁工业投资的关系

而粗钢产量在2008年后却是骤降，此阶段数据比较异常，可见当年的长期债务突然增加，这可能与2008年美联储的量化宽松政策有关。

图1-10为1979~2014年美国钢铁产业财务经营数据，1979年以前数据没有统计分类。现金融资从1990年开始长期保持负数。1997年后在股票资金变化也出现亏损，长期债务2007年突然增加，可见美国钢铁工业资金来源主要为股票融资和长期债务融资。

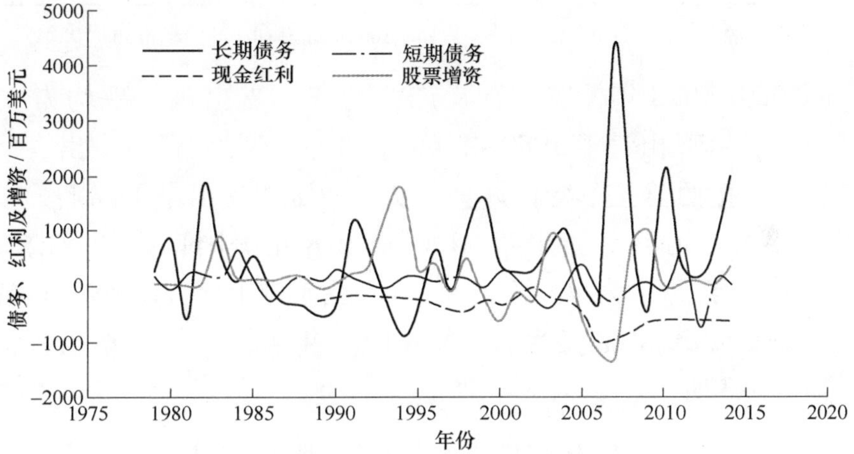

图1-10 美国钢铁工业财务融资情况

（信息来源：AISI）

20世纪60年代到70年代初，美国钢铁产业的空前繁荣，使美国的大小钢铁厂没有在钢铁设备更新换代上投入过多，而是盲目地追求产量。此外，进入20世纪70年代，美国钢铁企业面临着巨大的环保限制，新建炼钢产能环保成本和能源成本较高，而美国钢铁产业的固定资本投入严重不足，这也是导致美国钢铁产能更新换代滞后的原因之一。

20世纪70年代，美国与日本、西德、美国、英国和法国资本投入对比情况如表1-2所示。折算到每吨粗钢的投入上，美国的吨钢投入明显低于其他国家[6]。

表 1~2　1972~1977 年主要产钢国吨钢资本投入情况

国家	每吨粗钢投入/美元
美国	19
日本	26
西德	24
英国	35
法国	28

信息来源：《Steel at the Crossroads：The American Steel Industry in the 1980s》。

1969~1978 年，美国钢铁产业的资本支出每年平均为 22 亿美元。尽管相对于 1959~1968 年的 15 亿美元资本支出有所增加，但按照美元不变价计算，实际的资本支出是下降的。按 1978 年的美元不变价计算，1969~1978 年美国钢铁产业的资本支出每年平均为 29 亿美元，而之前的十年（1959~1968 年）每年支出 32 亿美元。1959~1978 年美国钢铁资本投入情况如表 1-3 所示。

表 1-3　1959~1978 年美国钢铁产业资本投入情况

（1978 年美元不变价）[6]

年份	按历史价格折算/亿美元	总投入/亿美元	去除非钢和环保投入/亿美元	吨钢（发货量）投入/美元
1959~1968	15	32	26	33
1969~1978	22	29	21	25

信息来源：《Steel at the Crossroads：The American Steel Industry in the 1980s》。

因为投资不足，美国钢铁设备更新很慢，20 世纪 60 年代设备平均使用年限为 17.5 年，到了 70 年代更新速度进一步下降，1979 年美国钢铁相关设备使用超过 30 年的占 12.5%，25 年以上占 20.4%，20 年以上占 33.3%。1979 年美国许多钢厂现有设备使用年限情况如表 1-4 所示。

表 1-4 美国多数钢厂设备使用情况[6]

设备	平均使用年限	平均使用年限分布/%		
		>30 年	>25 年	>20 年
焦炉	17.3	14.2	25.6	46.9
平炉	33.2	43.0	78.5	100.0
氧气转炉	11.0	0.0	0.0	2.3
电弧炉	14.3	6.1	13.8	25.3
厚板轧机	25.6	40.8	45.1	53.6
线材轧机	13.7	12.6	17.3	17.9
热轧带钢	19.0	11.6	16.1	31.5
冷轧带钢	21.2	14.7	29.2	54.1
镀锌线	18.8	4.4	8.9	40.1
合计	17.5	12.5	20.4	33.3

信息来源：《Steel at the Crossroads：The American Steel Industry in the 1980s》。

1979~1982 年二次能源危机爆发后，美国钢铁工业大萧条，带来的巨额财政损失，设备更新升级难以为继，产能利用率大幅降低。美国钢铁协会统计数据显示，20 世纪 70 年代末，日本企业进驻美国较多，美国大量的长流程企业抓住机会，纷纷与日本合资和合作，来弥补自身资本投入的不足，合作形式主要以投资除了高炉/转炉外的设备和合作生产产品为主。如 USS、Rouge、LTV 和住友公司合资生产镀锌产品，Armco、Kawasaki、USS 和神户合作升级改造设备，当时除了伯利恒（Bethlehem）钢铁企业没有卷入整合浪潮中，几乎所有美国长流程公司均与国外公司有合作，排在第一位的当属日本，当时日本前五大钢铁公司都或多或少地参与美国钢铁重组整合中。

此外，1949~1980 年，全球新上了 181 套森吉米尔轧机，美国仅有 8 套，且有两套是在 20 世纪 50 年代建的，而同期的日本新建了 54 套，占据整个新增数量的 30%[19]。可见，在此期间，日本钢铁工业投入了大量经费用于新建现代化设备来提升产业竞争力，为日本钢铁产品最终进入美国并占据美国市场奠定了基础。

截至 2018 年，美国钢铁企业目前拥有转炉情况[26]如表 1-5 所示。美国钢铁企业现有转炉 27 座，均是在 20 世纪六七十年代美国钢铁产业大发展时建设的，并一直保留至今，容量基本都在 200~300t，其中 ArcelorMittal 的 Riverdale 厂有 2 座 85t 转炉还是 1959 年建设的。可见，1972 年之后，美国的长流程企业就没有再新建炼钢产能，相反还有一些企业关闭或转向电弧炉炼钢。

表 1-5　美国钢铁企业转炉情况

公司	工厂	建立年份	数量	容量/t	铁水比/%
AK Steel（4 座）	Dearborn	1963	2	230	73
	Middletown	1969	2	200	72
ArcelorMittal（13 座）	Burns Harbor	1969	3	280	80
	Cleveland East	1961	2	250	78
	Cleveland West	1956	2	200	78
	Indiana Harbor East	1966	2	230	84
	Indiana Harbor West	1970	2	250	81
	Riverdale	1959	2	85	77
USS（10 座）	Gary No. 1 BOP	1965	3	200	79
	Gary No. 2 Q-BOP	1973	3	200	83
	Great Lakes	1970	2	225	77
	Mon Valley	1972	2	225	73

信息来源：AIST。

20 世纪 60 年代以前，美国钢铁投资主要来自大型联合企业建设。大河钢铁首席执行官大卫·斯蒂克勒（David Stickler）在接受记者采访时曾提到，美国在1962年建了最后一个大型综合钢厂，之后的钢厂全部都是以绿色环保的电弧炉炼钢厂为主。

20世纪60年代到70年代初，美国钢铁产业投资仍然主要面向长流程企业，包括转炉建设、连铸设备投入，在此期间还有少量的电弧炉+连铸设备短流程企业投入。

美国钢铁协会统计数据显示，20世纪80年代，美国大型钢铁联合企业继续像70年代一样，致力于连铸生产线、热轧生产线、冷轧生产线、连续加工生产线（例如联合酸洗/冷轧）和真空脱气设备的升级和投入，以提高轧制产品的质量和性能为主。此外，大量的资本投入还包括涂镀产线的建设，截止到1989年底，至少有9条热镀锌线、3条电镀锌线和2条涂装线在建或完工，至少新安装了9台连铸机用于生产板坯。因此大型联合企业粗钢产量增加不明显，但钢材的质量得到提升，附加值有所增加[2]。

20世纪80年代开始，一部分资金进入了资本投入较低的Minimill钢厂建设，尤其是随着1989年EAF-CSP的成功投入，Minimill钢厂蓬勃兴起。与长流程企业不同，Minimill钢厂的投入主要为新建或升级电弧炉+LF炉+连铸设备，显著地提高了生产效率。20世纪90年代，随着Minimill钢厂的达产达效，电弧炉炼钢产量快速提升，带动美国粗钢产量持续攀升至2000年的10180万吨，但仍然没有超过1973年。可见，美国在钢铁工业资本投入不足是导致其产业竞争力下降的主要原因之一。

1.1.8 环保倒逼

20世纪70年代起，美国环境法进入成熟阶段，环保立法进入高峰期，社会环保意识增强，钢铁产业作为高能耗、高排放、高污染行业面临日益严格的环保压力。其中在废气排放、废水排放、固体废弃物处理、噪声污染等方面制定有明确的法律标准，而环境污染意味着严重的法律后果。在此环保背景下，钢铁产业发生如下变化。

首先，钢铁产业加大环保设施投资，钢铁产业建设资金约15%用于环境保护工程，依据法律采用最佳实用技术或最佳可用技术，满足环保标准要求。20 世纪 70 年代末，美国钢铁行业受到 27 个不同机构强加的近 5600 项联邦法规的影响，其中环保机构的法规对钢铁企业的成本影响最大。如 1970 年的“清洁空气法案” 和 1972 年的“清洁水法案”，给钢铁产业带来了沉重的环保成本负担[2]。1977 年，Bethlehem Steel 平均支付给 6 家机构（EPA、OSHA、EEOC、ERISA、EOE 和 FTC）环保费用约 1. 23 亿美元。1978 年，USS 花费 3. 5 亿美元用于清洁空气和水污染，才保证了其位于宾夕法尼亚州西部的 9 家工厂符合反污染法律规定。1978 年底，美国钢铁企业已经为环境控制设施投资 37 亿美元，这些环境控制设施的直接运行和维护成本每年超过 5. 5 亿美元。

其次，工艺方面，减少在高炉—转炉长流程工艺或大型钢铁联合企业方面的投资，转而在城市周边发展更加环保的电弧炉短流程工艺或 Minimill 钢厂，充分利用城市废钢资源和电网谷电；当然，这与当时的能源危机导致能源成本上升，长流程企业失去能源成本优势有一定关系。

最后，在钢铁产业布局方面，美国为避免污染源的过于集中，后续钢铁投资不再扩建原有钢铁基地，转而选择更有利于污染物扩散的开阔地建设新的钢铁工业区，如 20 世纪 50 年代钢铁产业主要集中于五大湖地区，70 年代逐步向西部太平洋沿岸和南部转移，尽管这主要发生在美国工业转移的大背景之下，但环保要求是其中不可忽视的重要影响因素。

1.1.9 城镇化率

美国粗钢产量与城镇化率的变化情况如图 1-11 所示。1890~1955 年，美国的城市化率由 35.1%增加到 67.2%，年均增长 1.05%；有力地带动了美国钢铁粗钢产量增长，美国粗钢产量从 1890 年的 434.6 万吨增加至 1955 年的 10617.3 万吨，增长近 19 倍，年均增长 6.94%，该时期，平炉炼钢有力地支撑了美国城镇化建设；1955 年以后，美国进入工业化后期，城镇化率增速略有放缓，但仍然以年均 0.5%的增速增长，到 1973 年美国工业化基本完成，城镇化率为 73.63%，需求开始大幅减少，粗钢产量于起伏波动中下降，转炉炼钢比例开始下降。

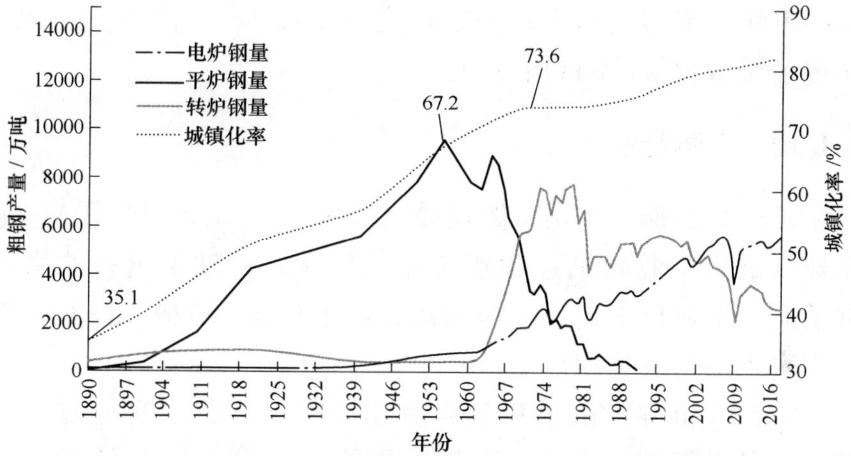

图 1-11 1890~2017 年美国粗钢产量与城镇化率的关系
（信息来源：世界银行，WSA，日本《铁钢统计要览》1963—2016）

从美国城镇化进程看，城镇化建设带动了钢铁产业的高速发展，反过来，钢铁产业的大发展也有力地支撑了城镇化进程。一次能源危机导致美国经济大幅下滑，城镇化建设放缓，粗钢产量也随着大幅下跌[27]。但美国的地域宽广，各区域间的发展并不平衡，中西部地区仍然需要建设，对钢铁需求仍然构成支撑。因此，20 世纪 70 年代末开始，城市周边也是废钢资源的产生地，Minimill 钢厂以投资小、见效快、成本低的独特优势脱颖而出，其生产规模与城市产生的废钢资源比较匹配，较好地满足了钢铁消费需求增长，弥补了高炉—转炉长流程粗钢产量的下降。

20 世纪 80 年代开始，美国的电弧炉炼钢产量与城镇化率保持同步增长，到了 20 世纪 90 年代，在全球经济大发展的背景下，Minimill 钢厂陆续达产达效，美国的城镇化率也以年均 0.5%的增速快速增长至 2000 年的 79.2%。此后，增速有所放缓，以年均 0.2%的增速保持增长，到 2016 年美国城镇化率为 81.8%，城镇化建设仍然是钢铁需求大户，同时，美国相对廉价的电弧炉炼钢产品也在一定程度上支撑了美国城镇化进程，实现了城市和钢厂的和谐发展。

1.1.10　下游行业

工业化初期，美国铁路建设（1860 年已近 5 万公里）、重工业（北方工业起飞）和建筑业的发展，带动了钢铁的生产和消费。工业化中期，美国钢铁需求在汽车、机械和铁路的带动下进入快速发展期。

第二次世界大战结束后，重建需求迫切，建筑业开始复苏，设备更新进入高潮，汽车业发展迅速，制造业（除汽车）成为当时的耗钢大户，排在第二位的是汽车业，建筑业此时随着城镇化建设放缓用钢量有所萎缩。1961~2016 年美国对下游用钢行业钢材发货量如图 1-12 所示。

20 世纪 80 年代开始，美国钢铁工业流向加工中心钢材的发货量开始增长。90 年代经济复苏，建筑用钢再次上升，发货量仅次于加工中心。目前，按照美国各个行业用钢材的发货量多少排名依次为加工中心、建筑业、汽车业和制造业（除汽车）及其他行业。

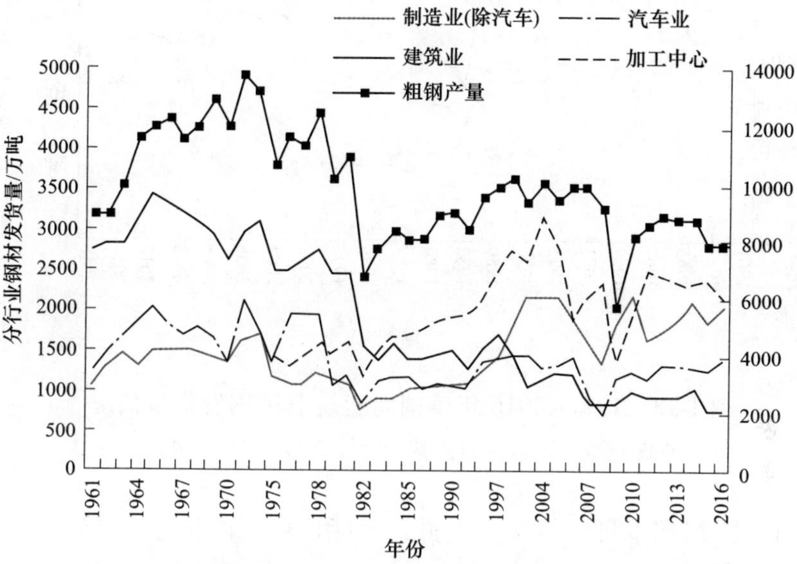

图 1-12 1961~2016 年美国粗钢产量及流向下游行业用钢情况
（信息来源：AISI，日本《铁钢统计要览》1963—2016）

1.1.10.1 建筑业

建筑业用钢发货量变化情况如图 1-13 所示。第二次世界大战结束后，美国由于战后重建需求迫切，建筑活动开始复苏，钢筋混凝土受到重视，各大城市如纽约和芝加哥等开始大量建造摩天大楼，建筑钢材消费大幅增长，1965 年发货量为 1484 万吨，占钢材总发货量的 16%，1974 年 1680 万吨，占比 15%。1974 年后，在能源危机和经济不景气背景下，以及美国工业化的基本完成，建筑钢材消费开始减少，甚至在有些非工业项目中的建筑放弃使用钢材，选择新型替代材料。建筑钢材发货量与粗钢产量保持同步下降，1982 年达历史低点 777 万

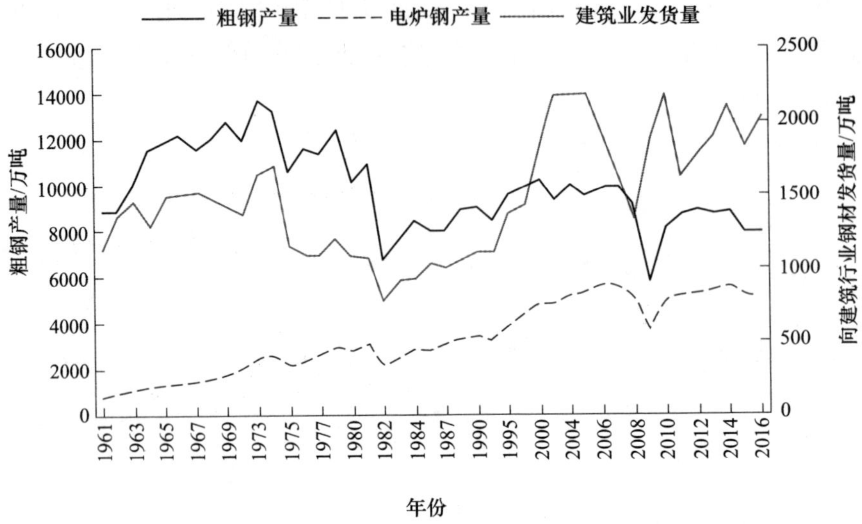

图 1-13 1961~2016 年美国向建筑业用钢发货量情况
（信息来源：AISI，《日本铁钢统计要览》1963—2016）

吨，比 1974 年降低 54%，而此时的粗钢产量也为 1973 年以来的最低点，达 6766 万吨。

此后，随着当时以建筑钢材为主营产品的 Minimill 钢厂的兴起，其建筑钢材以其独有的成本优势迅速抢占市场，并带动粗钢产量快速提升。2000 年之后，钢铁等设备制造投入有所减缓，制造业（除汽车）的发货量不断降低，建筑业再次超过汽车业成为主要耗钢大户，发货量超过了 1800 万吨，2003~2005 年高达 2160 万吨。在 2007 年美国次贷危机和 2009 年国际金融危机影响下，经过短暂的下挫后，又恢复到原来的发货量水平，2016 年发货量为 2017 万吨，占总发货量的 26%。

1.1.10.2 制造业（除汽车业）

20 世纪 60 年代是美国企业设备更新的高潮期，企业设备升级投资占全部厂房设备投资的 60%~70%，其中钢铁产业投资由 1961 年的 9.6 亿美元提升到 1965 年的 18.23 亿美元。因此，制造业（除汽车）是当时的耗钢大户，1965 年的钢材发货量为 2687 万吨，遥遥领先于其他行业。但此时，该领域用钢已经呈现出下滑趋势，美国钢铁行业对制造业（除汽车业）用钢发货量如图 1-14 所示。

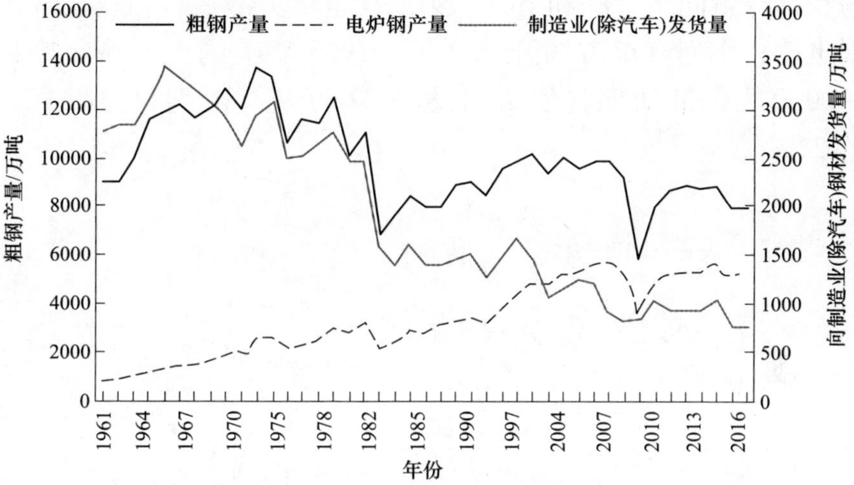

图 1-14 1961~2016 年美国向制造业（除汽车）用钢发货量情况
（信息来源：AISI，《日本铁钢统计要览》1963—2016）

1965 年后，由于投资过热，通货膨胀压力加大，制造业开始下滑，其发货量与粗钢产量同样处于起伏波动中下降，并于二次能源危机中陡降。20 世纪 70 年代，伴随着粗钢产量的不断增加、新技术的诞生和投资等，制造业占总发货量的比例 30%以上，1974 年钢材发货量达 3066 万吨，占总发货量仍在 30%以上，为 31%，但总体上是与粗钢产量下滑趋势保持高度相关。随着第二次能源危机到来，制造业（除汽车）用钢开始大幅下滑，1982 年钢材发货量低至 1545 万吨，下滑比例达 50%。

此后，钢铁产业慢慢复苏，但制造业并没有同步复苏，而是随着美国发展重心的转移而继续呈波动下行趋势，到 2016 年发货量已降至 777 万吨，占比也连续下降至 10%。

1.1.10.3　汽车业

美国钢铁行业对制造业（除汽车业）用钢发货量如图 1-15 所示。汽车业用钢发展变化与粗钢产量变化相关性极强，与粗钢产量同步上涨和下跌。第二次世界大战后，汽车工业发展迅速，小型汽车市场开始增长，1965 年美国汽车产量突破 1000 万辆，带动钢材发货量达 2022 万吨，占钢材总发货量的 22%。

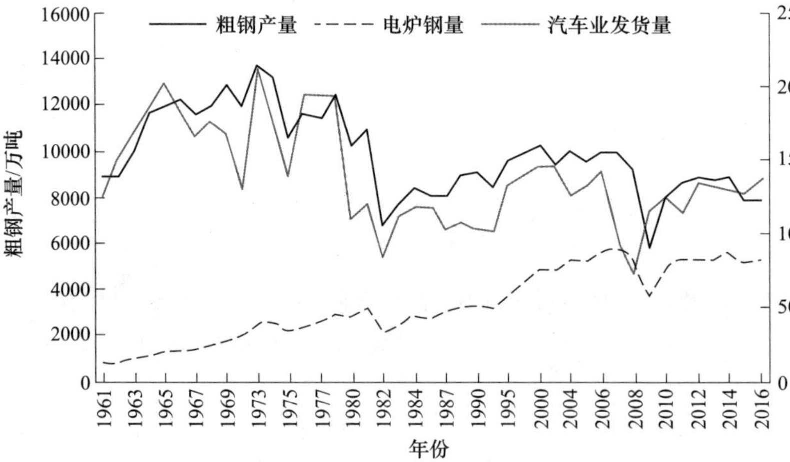

图 1-15　1961~2016 年美国向汽车业用钢发货量情况

（信息来源：AISI，《日本铁钢统计要览》1963—2016）

从 20 世纪 80 年代起，美国汽车工业几乎难以抵挡日本汽车工业的发展，日本的本田、日产、三菱和富士公司相继在美国设厂，美国汽车工业经受了较大的冲击，美国汽车工业竞争力开始下滑，加之第二次能源危机的影响，1982 年汽车产量只有 700 万辆，为 1978 年最高产量 1290 万辆的 54%，汽车业钢材发货量也达到历史低点，为 842 万吨。2008~2009 年国际金融危机，耗钢大户汽车行业钢材发货量创历史新低，为 810 万吨，并在金融危机过后，优先于钢铁工业恢复上升趋势，2016 年发货量为 1370 万吨，占总发货量的 17%。

1.1.10.4 加工配送中心

美国钢铁行业对加工配送中心用钢发货量如图 1-16 所示。随着 20 世纪 80 年代美国加工配送中心的大发展，一些新建企业都会建设自己的剪切配送中心，因此，对加工配送中心的钢材发货量从 20 世纪 80 年代初期的 1185 万吨迅速飙升至 2004 年的 3144 万吨，增了近两倍，2016 年发货量 2185 万吨，仍占总发货量的 28%。

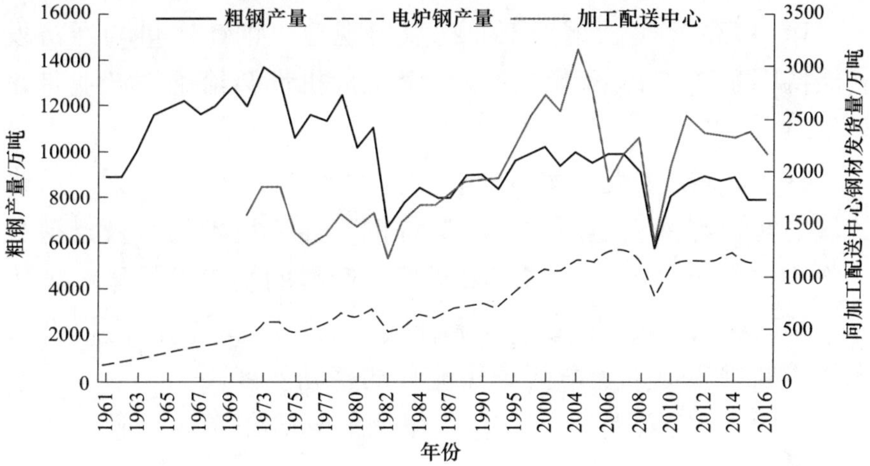

图 1-16 1961~2016 年美国向加工配送中心用钢发货量情况
（信息来源：AISI，《日本铁钢统计要览》1963—2016）

1.1.11 小结

（1）美国钢铁工业发展经历了第二次世界大战后 20 年高速发展、20 世纪 60 年代末到 70 年代初的波动调整震荡上行，于 1973 年到达拐点。到达拐点时美国粗钢产量为 1.368

亿吨，粗钢表观消费量为 1.496 亿吨，钢铁积蓄 23 亿吨，人均粗钢表观消费量和人均钢铁积蓄量分别为 711kg 和 11t。

（2）1973 年美国工业化基本完成，钢材消费需求大幅减少，但粗钢产量并没有出现断崖式下跌，而是在起伏波动中下降，钢铁产能依旧坚挺。1979 年第二次能源危机爆发，美国钢铁工业被迫进入去产能历程，从拐点出现到去产能开始耗费了 6 年时间，从去产能开始到产能调整初步到位共用了 9 年时间。

（3）美国钢铁产业发展受经济波动、技术革新、钢铁积蓄、能源变化、资源结构、成本变动、资本投入、环保倒逼、城镇化建设和下游产业等诸多因素影响：

1）1973 年美国钢铁工业拐点出现前，钢铁产量与经济发展保持同步增长和下跌，每一次金融危机都会给钢铁产业带来重创。

2）每一次重大技术进步，如早期转炉和平炉炼钢、后来的氧气转炉炼钢、超高功率电炉炼钢、连铸技术的普及、薄板坯连铸技术的实现等，都带来了粗钢产量的快速增长。

3）大量的钢铁积蓄、丰富的电力供应、环保倒逼以及技术的不断进步促进了电弧炉短流程的蓬勃发展。

4）环保投入大、工人罢工和设备改造滞后等导致美国钢铁成本快速攀升，产业竞争力下降。

5）产业竞争力下降和日本、欧洲等海外钢铁产业的快速崛起，以及产业发展重心转移是美国钢铁产业萎缩的重要因素。

1.2 中国粗钢产量变化及影响因素分析

1949～2017 年中国粗钢产量及表观消费量变化情况如

图 1-17 所示。新中国成立初期，中国粗钢产量只有 15.8 万吨，占世界粗钢总产量 0.1%，居 26 位，但粗钢表观消费量高达 140 万吨，是粗钢产量的近 10 倍，用钢需求大量依赖进口，是名副其实钢材净进口国。经过近 70 年的发展，2017 年开始，中国的粗钢产量占据世界粗钢产量的半壁江山。2014 年中国粗钢产量 8.23 亿吨，钢铁产业进入阶段平台期，未来中国粗钢产量将进入起伏波动调整阶段。

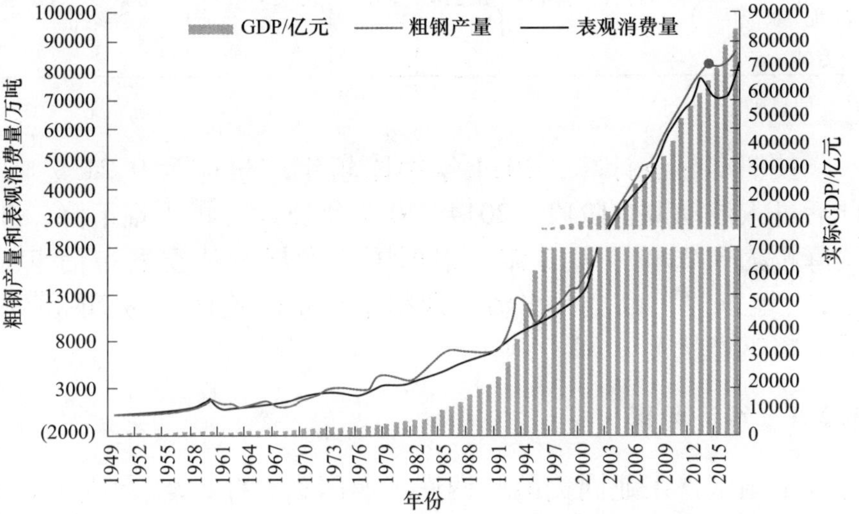

图 1-17　1949~2017 年中国粗钢产量及表观消费量

（信息来源：《中国钢铁统计》）

2016 年以来，我国钢铁化解过剩产能和取缔“地条钢”工作成效显著，原来的“地条钢”产能逐步退出市场，钢材需求表象回升，带动粗钢产量小幅“回升”（这里指钢铁协会的统计值），2016 年和 2017 年粗钢产量统计值分别为 8.08 亿吨和 8.32 亿吨。考虑“地条钢”后，如果把地条粗钢产量计入统计数据，粗钢产量实则是下降的。考虑“地条钢”后的粗钢产量情况如表 1-6 所示。

表 1-6 2010~2017 年我国粗钢产量情况（计入“地条钢”）

项目	年份							
	2010	2011	2012	2013	2014	2015	2016	2017
中国粗钢产量统计值（不含“地条钢”）/万吨 · a^{-1}	63874	70197	73104	82200	82231	80382	80837	83173
中国粗钢产量实际值（含“地条钢”）/万吨 · a^{-1}	71727	77444	81214	90637	92028	89147	86692	83173

信息来源：CISA。

按照实际值计算，2014 年中国粗钢产量应为 9.21 亿吨，此后进入波动调整阶段，2014~2017 年连续三年小幅下降，年均降幅为 3.22%。2017 年，根据国家发展改革委发布信息显示，“地条钢”已全面出清，即粗钢产量的统计值与实际值相同，粗钢产量为 8.32 亿吨。

1.2.1 经济因素

中国钢铁工业同美国等钢铁工业国家一样，均受国内经济发展的影响较大，国家经济高速发展时，钢铁工业随之快速发展；经济陷入低迷后，钢铁工业随之进入产能过剩状态。

从第一个五年计划到十年“文化大革命”再到改革开放等经济发展阶段，每一次经济发展、大变革都对钢铁工业发展产生重大影响。

第一个五年计划（1953~1957）：中国工业化水平迅速提升，粗钢产量快速增长，1955 年，中国粗钢产量达到 285 万吨，1956 年中国钢铁产业继续快速发展，产量增至 447 万吨，一年之间，增长率高达 56.8%。

第二个五年计划（1958~1962）：1958 年，大跃进运动开始，中国掀起了炼钢大潮，使得粗钢产量连续三年大幅增长，增长率分别为49.5%、73.4%和34.5%，1960年粗钢产量为1866万吨，但这种迎头赶上的势头很快就随着大跃进的失败而终止。1961年，中国粗钢产量快速回落到870万吨，1962年进一步下降至667万吨。

大跃进过后，经过一段时间调整，中国钢铁工业逐渐得到恢复，1965年粗钢产量达到了1223万吨。

十年“文化大革命”时期：1966年“文化大革命”并没有立即影响钢铁工业发展，有一定的滞后性，到1967年才表现出可怕的倒退，粗钢产量下降至1029万吨，1968年继续下降至904万吨，两年年均下降比例为22.5%。1969年大范围武装斗争基本停止，钢铁工业逐渐恢复，1970年恢复到1779万吨。此后，在一次能源危机中，中国粗钢产量略有下降，但很快又恢复增长。

改革开放以后：从1978年改革开放开始的三十年间，中国经济持续快速增长，经济总量居世界位次稳步提升，对世界经济增长的贡献不断提高。中国钢铁工业在经济的带动下也得到较快发展，除了1982年二次能源危机时略有下降，一直保持快速增长，1996年中国粗钢产量突破1亿吨，首次成为全球产钢第一大国，此后仍然保持快速增长。

21世纪：到了2000年，中国经济在全球经济大发展的背景下也同步保持快速增长，2008~2009年国际金融危机爆发后，中国成为带动世界经济复苏的重要引擎，近年来对世界经济增长的年均贡献率超过30%。2008年中国经济总量超过德国，居世界第三位。2010年超过日本，居世界第二位，成为仅次于美国的世界第二大经济体，一直保持至今。

在此期间，中国钢铁工业迎来了七年的高速增长，2000~2007年，粗钢产量增长了3倍，年均增长率为21%，2008年受金融危机影响，增长率有所下降，但仍保持3%的增长率，并突破 5 亿吨大关。2009 年，随着国务院拉动内需的 4 万亿元投资影响，中国钢铁工业再一次快速增长，2012 年突破 7 亿吨，2014 年突破 8 亿吨达到 8.23 亿吨，几乎占据世界粗钢产量的半壁江山，在全球钢铁工业中的份额和影响力越来越大，中国钢铁开始进入了阶段平台期。如果将“地条粗钢”产量统计进来，2014 年中国粗钢产量进入阶段平台期时为 9.21 亿吨。中国粗钢产量及占世界粗钢比例如图 1-18 所示。

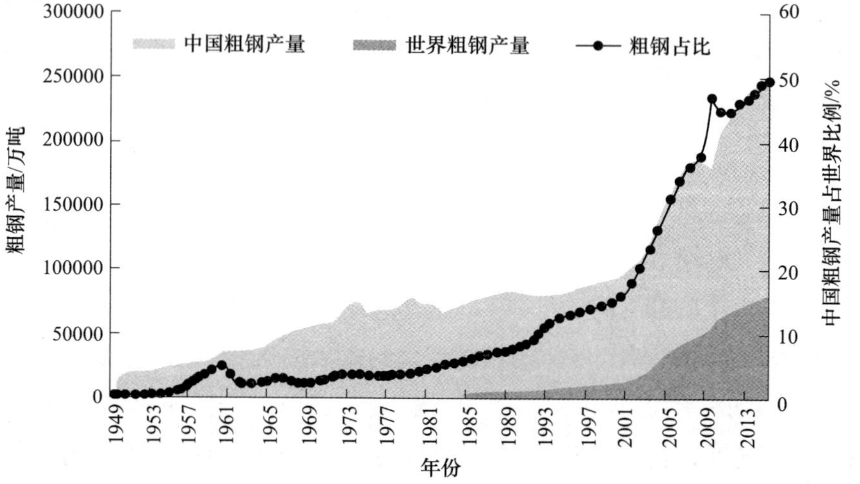

图 1-18　中国粗钢产量占世界比例变化情况
（信息来源：国家统计局，《中国钢铁统计》）

1.2.2　工业化进程

进入 21 世纪以来，随着工业化、城镇化的不断深入以及我国特有的人力成本等优势，中国钢铁工业步入全新的发展阶段，粗钢产量持续爆发式增长，迎来了钢铁工业快速发展的黄金十年。

1.2.2.1　我国工业化进程

经济发展过程中，产业结构呈现出一定的规律性变化，即第一产业的比重不断下降；第二产业比重是先上升，后保持稳定，再持续下降；第三产业比重则是先略微下降，后基本平稳，再持续上升。不同学者对发展阶段的划分不尽相同，其中具有代表性的是钱纳里和赛尔奎的方法，他们将经济发展阶段划分为前工业化、工业化实现和后工业化三个阶段，其中工业化实现阶段又分为初期、中期、后期三个时期。判断依据主要有人均收入水平、三次产业结构、就业结构、城市化水平等标准。1952 年以来我国三次产业结构变化情况如图 1-19 所示。

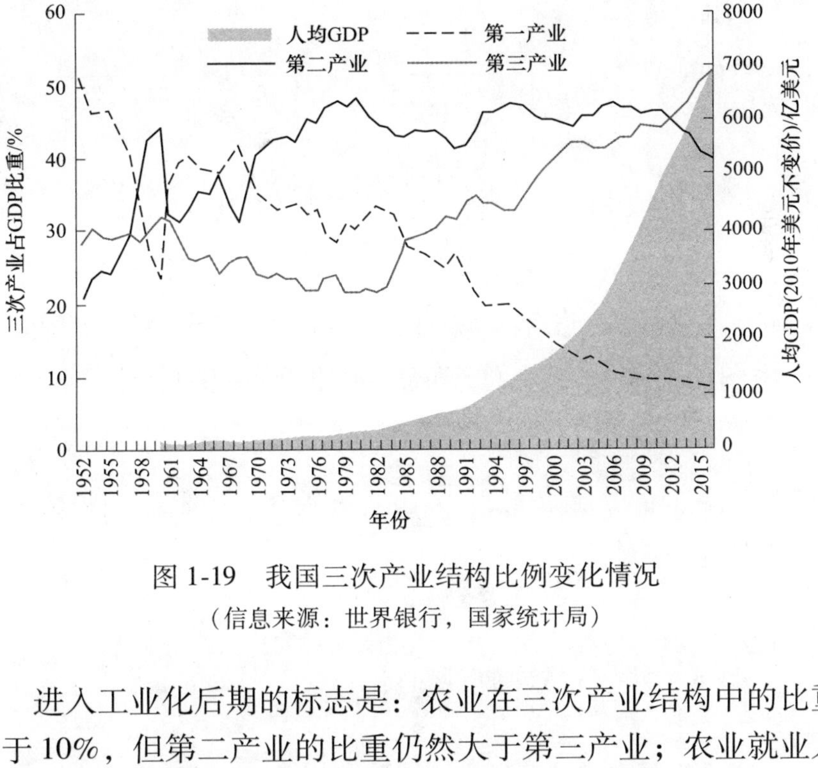

图 1-19 我国三次产业结构比例变化情况

（信息来源：世界银行，国家统计局）

进入工业化后期的标志是：农业在三次产业结构中的比重小于 10%，但第二产业的比重仍然大于第三产业；农业就业人口比重为 10%～30%；城市化水平为 60%～75%[28]。

图 1-20 为我国三次产业就业人口比重。从图中可以看到在 2012 年后服务业比重超过工业比重。2013 年一次产业就业人口比重为 31%，2014 年开始低于 30%，我国目前城镇化率

为56.78%，接近60%。综上所述，我国目前处于工业化中后期，钢材需求量还将处于相对稳定的阶段，或呈现出小幅震荡下跌的趋势，不会出现断崖式下跌。

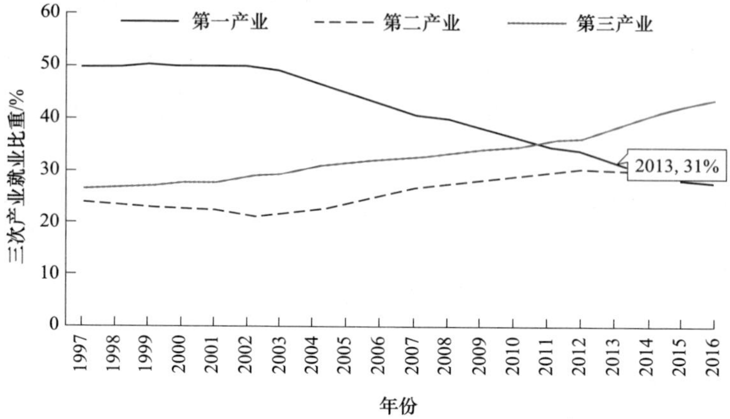

图1-20　我国三次产业就业人口比重

（信息来源：国家统计局）

1.2.2.2　各省工业化进程

由图1-21各省工业总产值历年比例可见，新中国成立初

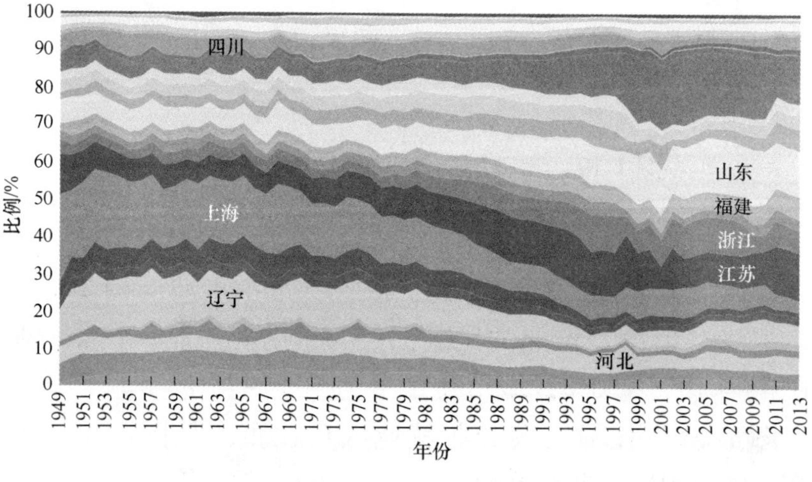

图1-21　我国各省工业产值分比例图

（信息来源：国家统计局）

期工业产值主要集中在上海和辽宁，其次为河北、天津、江苏、山东、广东和四川等省份和地区，改革开放以后，工业产值比重逐渐集中到江苏、浙江、山东和广东等省份，辽宁和上海比重下降较多。

由表 1-7 可以看出，我国中西部仍有许多省份处于工业化中期和前期阶段，所涉及的人口数量接近全国 1/3，城镇化率不到 45%。从这一点来看，未来 10 年，中西部地区的工业化、城镇化仍有很大的发展空间。

表 1-7 2011 年我国各省、直辖市、自治区的工业化进程

阶段		地方名称	占全国 GDP 比例/%	占全国人口比例/%	城镇化率/%
后工业化		上海、北京、天津	9.0	4.22	86.12
工业化	后期	江苏、浙江、内蒙古、广东、辽宁、山东、福建、吉林、重庆、湖北、河北、陕西、宁夏、黑龙江	62.5	52.95	56.61
	中期	山西、新疆、湖南、青海、海南、河南、江西、四川、安徽、广西	24.6	34.63	43.70
	前期	西藏、甘肃、云南、贵州	3.9	8.19	35.91
前工业化		无			

信息来源：国家统计局，地方统计局。

1.2.3 技术进步

70 年来，中国钢铁技术发生了翻天覆地的变化，也带动中国钢铁产量不断上升新台阶，以下主要从转炉、连铸和轧钢三个工序介绍。

（1）炼钢：1949 年新中国成立时，我国除鞍山有一些较大的平炉外，仅有为数不多的小型平炉。随着修复和改造原有的平炉，并建设了新的大中型平炉，20 世纪 50 年代和 60 年代初，平炉炼钢法成为我国最主要的炼钢方法，占全国总钢产量曾达 90%，为国家经济发展做出过重大贡献。我国平炉建设主要集中在当时的鞍钢一厂、鞍钢二厂、武钢、包钢、重钢、成都无缝、上钢一厂、上钢三厂、天钢等企业。

伴随着冶金科技的迅猛发展，平炉生产效率不断提升，生产节奏加快，后道模铸工序很难与之匹配；这时，连铸技术应运而生，我国重钢率先采用平炉+连铸的生产工艺；但随着连铸技术的进步，平炉又难以跟上连铸的生产节奏，加之平炉炼钢能耗大、成本高、装备落后、污染环境等缺点逐渐显现（平炉炼一炉钢需几十个小时，而转炉几个小时即可出炉），转炉炼钢技术经过不断完善和进步，开始取代平炉与连铸形成很好匹配。从 20 世纪 80 年代中后期开始，我国各大中型钢铁企业开始逐步淘汰平炉炼钢。

1964 年，首钢首先采用碱性氧气顶吹转炉炼钢法，为我国炼钢工业的发展揭开了新的一页[29]。20 世纪 70 年代炼钢转炉向大中型化发展，如 1971 年攀钢引进 120t 转炉，1978 年宝钢首次从国外引进了 300t 大型转炉成套设备，1985 年建成投产。后来经过对宝钢引进大型转炉炼钢技术的不断学习、消化、移植，先后于 20 世纪 90 年代中后期，又在宝钢二炼钢厂、武钢三炼钢厂、鞍钢三炼钢厂、首钢炼钢厂建成投产了 180t、210t、250t 等大型氧气顶底复吹转炉，自此，我国转炉炼钢进入高速发展期[30]。2001 年，包钢最后一座平炉关闭，标志着我国炼钢平炉彻底退出历史舞台。

（2）连铸：我国是连铸生产起步较早的国家，但由于 20 世纪 50~70 年代，我国炼钢以平炉炼钢为主，其生产节奏慢，不适应连铸生产；另外，我国发展的连铸机型大多为立式连铸机，生产效率低。这些因素导致我国连铸生产在当时发展极其缓慢。1978 年我国粗钢产量为 3178 万吨，其中平炉钢 1127 万吨，占粗钢总产量的 35.46%，连铸比仅为 3.5%[21]。为了改变我国连铸生产发展的落后状况，我国在 20 世纪 70~80 年代先后从国外引进连铸设备，但因为平炉的生产节奏很难与连铸相匹配，开始从国外引进氧气转炉，开启了氧气转炉+连铸的生产模式，并逐渐取代平炉，但当时很多问题未能解决，钢铁生产效率仍有很大提升空间。

20 世纪 90 年代，以连铸为中心的六项关键共性技术大面积突破，推进了全连铸钢厂的发展，我国的连铸机从 1978 年的不足 40 台发展到 1997 年的 344 台，成为世界上最庞大的连铸机群，连铸比达到 60.65%[31]。

2001 年开始，全球经济开始复苏，我国炼钢连铸比继续大幅提升并逐步达到世界发达国家先进水平，我国粗钢产量再次高速增长，2001~2007 年，粗钢产量年均增长率高达 21%。此后仍然以每年几千万吨的增长量增长，只是基数大了，增长率有所下降。

（3）轧机：新中国成立前，我国的钢铁工业非常落后，轧钢装备和生产技术更为落后。1949 年新中国成立前夕，全国只有寥寥几套轧机，钢材产量只有 14 万吨。新中国成立后，我国轧钢生产在一穷二白的基础上有了迅速发展，到改革开放前，轧机建设主要经历了 1950~1957 年三年经济恢复和“一五”期间的成套引进与恢复改造阶段，我国集中了较大的财力和人力来建设钢铁工业，如 1952 年，鞍钢成套引进三个轧钢厂：鞍钢大型轧钢厂、鞍钢无缝钢管厂和鞍钢第二薄板厂；“二五”和“三五”期间，我国钢铁工业处于成套设计、制造与形成地方中小型轧钢系统阶段，20 世纪 70 年代进入进一步挖潜、革新、改造与发展宽厚板轧机阶段[32]。

20 世纪 70 年代，我国中厚板轧机进入改造期，在此期间，武钢从日本引进 1700 热连轧机。1978 年改革开放以后，我国陆续引进热连轧机、冷连轧机、无缝钢管轧机，万能轧机和高速线材轧机等，经过引进、消化和广泛应用，我国轧钢设备设计制造技术有了很大提高，与前序的转炉和连铸形成了良好的匹配。钢铁工业步入了快速发展的黄金时期。

1.2.4 钢铁积蓄

20 世纪 50 年代，中国钢铁积蓄量只有 5000 万吨，1978 年改革开放后，我国钢铁工业迎来了高速发展，到 2000 年钢铁积蓄量已经达到 17.66 亿吨，接近美国 1965 年的水平，但人均钢铁积蓄量差距还很大。经过 21 世纪初的高速发展，到 2015 年，我国累计钢铁积蓄量约达 73.72 亿吨，人均钢铁积蓄量约 5.5t，已经超过发达国家达到拐点时的平均值 5.3t。我国钢铁积蓄情况如表 1-8 所示。

表 1-8 1950~2015 年我国社会钢铁积蓄量[33] （亿吨）

年份	钢铁积蓄量	年份	钢铁积蓄量	年份	钢铁积蓄量
1950	0.5	1980	4.66	2010	47.4
1955	0.6	1985	6.53	2011	52.18
1960	1.06	1990	9.16	2012	57.46
1965	1.43	1995	12.88	2013	63.19
1970	2.05	2000	17.66	2014	68.72
1975	3.27	2005	27.49	2015	73.72

信息来源：中国工程院咨询项目——黑色金属矿产资源强国战略研究。

我国是长流程炼钢为主的国家，2013~2017 年我国电弧炉炼钢比例仅为 7%左右，若去除电炉兑铁水的情况，则比例更低，因此废钢消耗很少。未来随着钢铁工业的发展及钢铁消费的增加，我国钢铁积蓄量和人均钢铁积蓄量仍将继续增长。随着废钢报废周期的到来，废钢铁资源量也将大幅增长。这些废钢如果得不到有效回收利用，将成为巨大的潜在环境污染源。当前我国钢铁积蓄量及未来预测如表 1-9 所示，废钢资源产生量及未来预测如表 1-10 所示。预计到 2025 年，我国钢铁积蓄量将达到 120 亿吨，废钢资源年产出量将达到 2.7 亿~3 亿吨。2030 年，我国钢铁积蓄量将达到 132 亿吨，废钢资源年产量将达到 3.2 亿~3.5 亿吨。

表 1-9 当前我国钢铁积蓄量及未来预测[33] （亿吨）

年份	社会钢铁积蓄量	年份	社会钢铁积蓄量
2015	72.4	2023	113.4
2016	78.5	2024	117.1
2017	84.6	2025	120.4
2018	90.2	2026	123.3
2019	95.3	2027	126.4
2020	100.2	2028	129.1
2021	104.7	2029	131.0
2022	109.1	2030	132.6

信息来源：中国工程院咨询项目——黑色金属矿产资源强国战略研究。

表 1-10 当前我国废钢资源产生量及未来预测[33] （万吨）

年份	社会钢铁积蓄量折算法	钢铁产品生命周期法
2015	15840	15500
2016	17060	16860
2017	19600	18680
2018	19960	19040
2019	20370	19830
2020	21420	20960
2021	22580	21540

续表 1-10

年份	社会钢铁积蓄量折算法	钢铁产品生命周期法
2022	23790	22410
2023	24880	24020
2024	26050	26430
2025	27220	30420
2026	28230	31150
2027	29310	32170
2028	30340	32820
2029	31240	33480
2030	32240	34600

信息来源：中国工程院咨询项目——黑色金属矿产资源强国战略研究。

1.2.5　能源及原料供应

图 1-22 和图 1-23 为 1949~2017 年我国原煤、石油、天然气和发电量等主要能源产量数据。

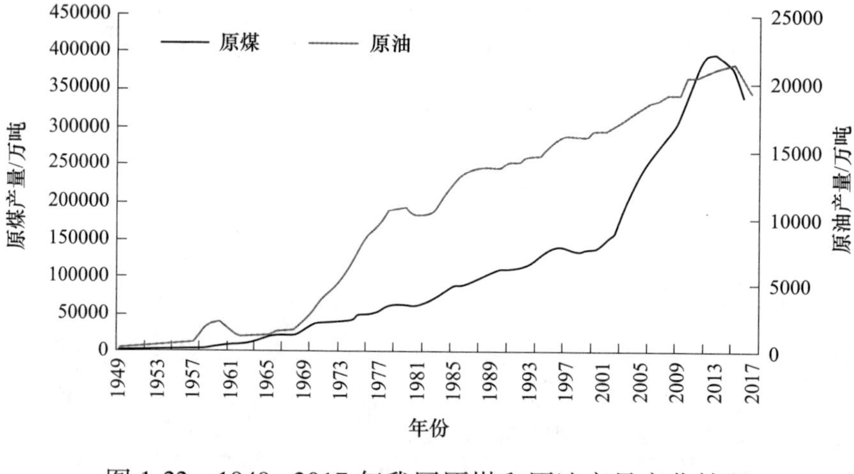

图 1-22　1949~2017 年我国原煤和原油产量变化情况
（信息来源：国家统计局）

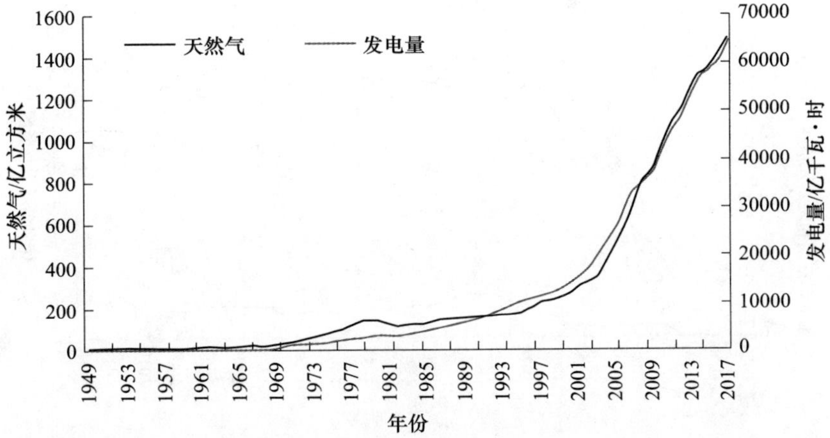

图 1-23 1949~2017 年我国天然气和发电量变化情况
（信息来源：国家统计局）

如图 1-24 和图 1-25 所示，我国能源消耗仍以煤炭为主，近年煤炭、石油的比重逐年下降，天然气、电力能源消耗逐年增加，2016 年我国煤炭、石油、天然气和电四大主要能源消

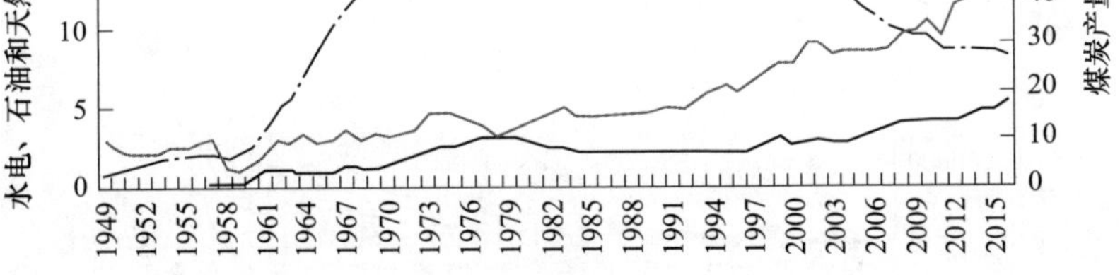

图 1-24 1949~2016 年我国历年主要能源产量占能源生产总量比例
（信息来源：国家统计局）

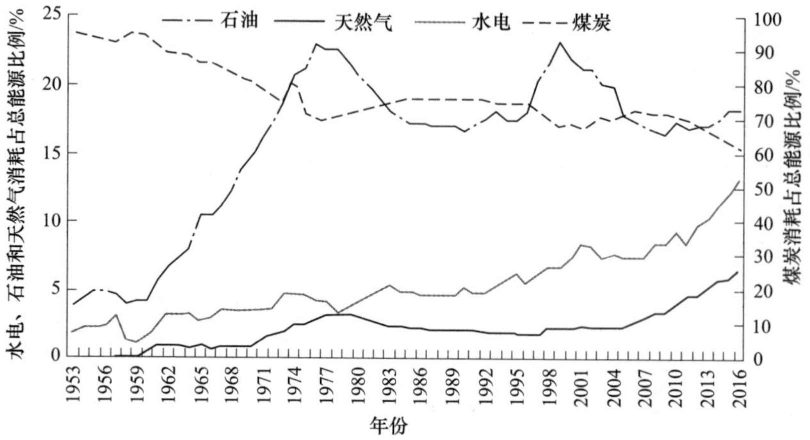

图 1-25　1949~2016 年我国历年主要能源产品占能源消耗总量比例
（信息来源：国家统计局）

耗的占比分别为 62%、18.3%、6.4%和 13.3%。

1949~2017 年我国钢铁生产用焦炭及铁矿石情况如图 1-26 所示，由图 1-26 可见，我国铁矿石和焦炭产量与粗钢产量呈

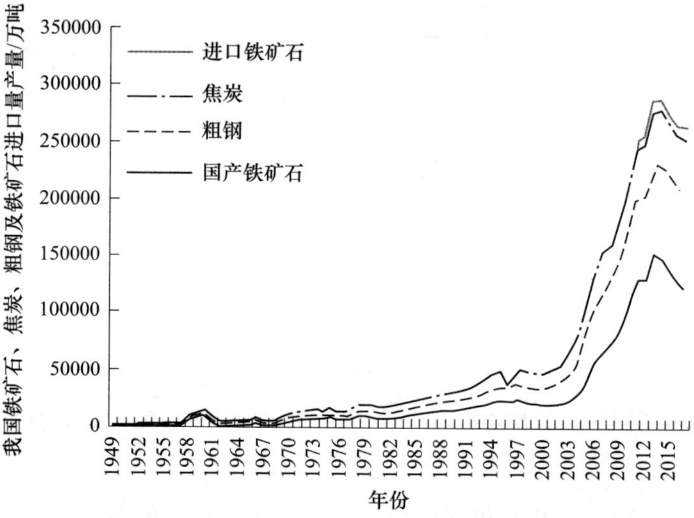

图 1-26　1949~2017 年我国铁矿石、焦炭和粗钢产量及铁矿石进口量
（信息来源：国家统计局）

线性关系，这是由我国长流程为主的特点所决定的。我国近年来国产铁矿石在减少，但进口量不断增加，海外依存度逐年上升。

值得注意的是，中国铁矿石品位较低，转化为世界平均含铁量产量则比较低。根据世界钢铁协会公布 2017 年中国铁矿石产量（含低品位的铁矿石）为 12.29 亿吨，转化为世界平均含铁量后铁矿石产量仅为 1.35 亿吨。国内主要大型矿区简介如表 1-11 所示。

表 1-11 国内主要大型矿区简介

矿区名称	所属地区	主要构成	含铁量/%	下游钢厂
鞍山矿区	东北	磁铁矿、赤铁矿	平均 30	鞍钢、本钢
迁滦矿区	华北	磁铁矿	—	首钢、包钢、太钢等
邯邢矿区	华北	磁铁矿、赤铁矿	40~55	—
大冶矿区	华中	磁铁矿、赤铁矿、黄铜矿、黄铁矿（铁铜共生矿）	40~50	武钢、湘钢
芜宁矿区	华东	赤铁矿、磁铁矿	富矿 50~60	马钢
攀枝花矿区	西南	钒钛磁铁矿伴生矿	27.8	攀钢、重钢、昆钢

国内主要大型矿区有 7 个，分布在华北、东北、华中、华东、西南和海南。国内铁矿石储量较高，但品位相对较低。以辽宁鞍山为例，根据矿业汇 2017 年 2 月 11 日发布的新闻《国家最新发布：10 大铁矿石资源基地，中国果然是地大物博》中披露，鞍山和本溪地区累计查明铁矿资源储量 125.6 亿吨，保有铁矿资源储量 109.5 亿吨，占全辽宁省铁矿保有资源储量 93.8%。但其品位在 20.4%~39%，需进行精选后才可进一步冶炼，开采难度大。

1.2.6 成本因素

我国钢铁企业主要有三种类型：第一类是依赖进口铁矿

石；第二类主要依靠自有矿山；第三类为电弧炉炼钢企业，主要依靠废钢等原料。铁矿石、废钢和焦炭是主要成本支出项，我国钢铁企业的成本从 2002 年的 8304.06 亿元上升到 2008 年的 43018.61 亿元，年均增长 24.72%。进口铁矿石价格从 2002 年的 24.8 美元/t 上升至 2010 年的 128.4 美元/t，短短的 6 年间翻了 5.2 倍，其强劲的原料上涨趋势导致了钢铁企业生产成本上涨。金融危机之后，铁矿石价格迅速下降，低于国内矿山采矿成本，此时铁矿石的运输成本就显得尤为重要，靠近沿海的钢铁企业具有比较明显的优势，同时又靠近主要消费市场，因此更具竞争力。

2015 年铁矿石价格到达谷底后，于 2016 年随着我国钢铁行业复苏而慢慢回升至 70 美元/t 左右，2020 年再次超过 120 美元/t，最高时达到 127.02 美元/t。我国铁矿石分布不均衡，品位较低，开采成本较高，导致我国铁矿石主要依赖进口，对进口铁矿石的依存度由 2000 年的 34%上升至 2017 年的 77%。

1.2.7　资本投入

2001~2015 年中国钢铁工业协会钢铁企业会员单位固定资产投资去向（改建+扩建）如图 1-27 所示。投资用于其他类支出最多，可见钢铁企业投资向多元化经营方向发展。其次是轧材、炼铁，再者是转炉，而电弧炉投资逐年降低。2008 年之前的投资是逐年增加到最高峰 2308 亿元，2008 年之后投资逐步下降，到 2011 年固定资产投资又增加到 1932 亿元。

我国钢铁企业尤其是国有企业的资产负债率较高，图 1-28 为钢协财务数据统计情况，图 1-29 为钢协会员单位负债情况。

从图 1-29 可以看出，钢协会员单位负债总额从 2011 年的 26182 亿元上升到 2015 年的 32740 亿元，资产负债率 2014 年达到 68.61%。

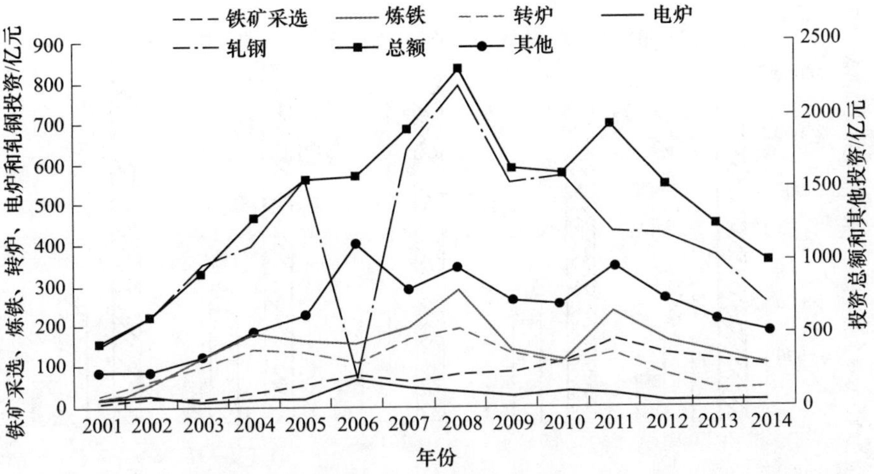

图 1-27 2001～2015 年我国钢协会员单位固定资产投资去向调查
（信息来源：《中国钢铁统计》）

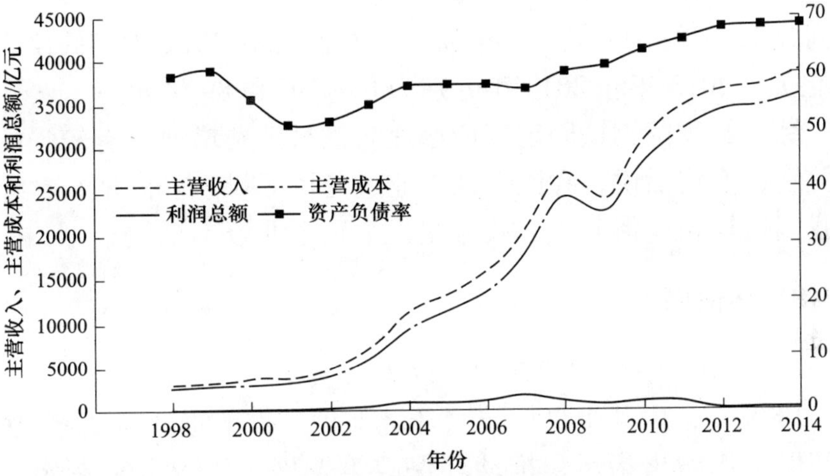

图 1-28 1998～2014 年我国钢协财务数据统计
（信息来源：《中国钢铁统计》）

短期借款方面 2013 年之后达到 9800 亿规模，长期借款维持在 3600 亿元左右，亏损企业亏损额从 2014 年的 202 亿元扩

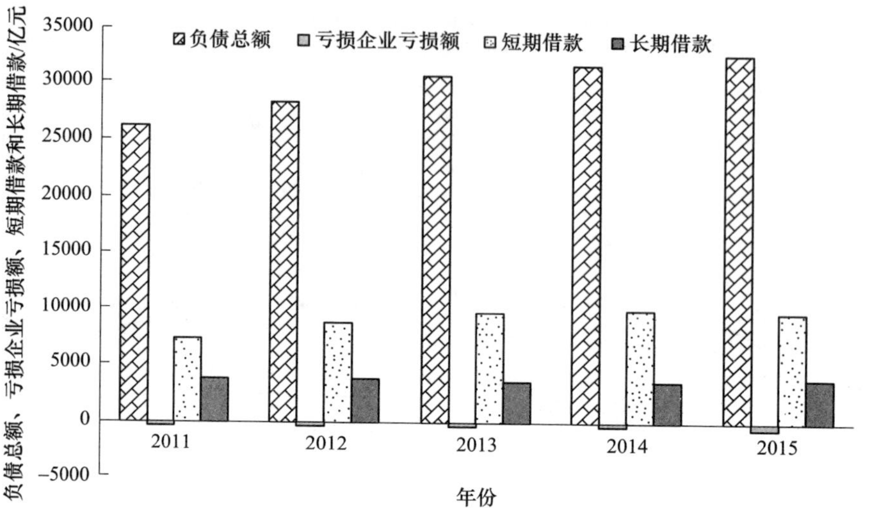

图 1-29　2011～2015 年我国钢协会员单位负债情况
（信息来源：钢铁统计月报）

大到 2015 年的 817 亿元。钢铁企业利润总额 2012 年最低仅为 17 亿元，2013 年和 2014 年分别为 69 亿元和 89 亿元。

综上，我国钢铁固定资产增速与钢材消费增速具有较强的相关性，换句话说，我国钢铁工业过分依靠投入刺激增长，导致我国钢铁企业债务重、效益差，个别企业资不抵债。

1.2.8　环保倒逼

1.2.8.1　环境保护法律、政策的演变

1978 年，中共中央批转《环境保护工作汇报要点》，首次对环保工作做出指示，推动环保政策发展。1979 年，制定了《中华人民共和国环境保护法（试行）》，进一步推动了政策的发展，该法确立了“谁污染、谁治理”的原则。1983 年底国务院召开第二次全国环境保护会议，在总结环保工作开展十年来的经验教训基础上，首次系统地确定了中国环境保护政策的大政方针。

1989年12月第七届全国人民代表大会常务委员会通过了《中华人民共和国环境保护法》，是我国环境保护法制化进程的一个重要标志，在我国环境保护法律体系中具有基本法的作用。之后全国人大常委会陆续通过了《中华人民共和国固体废物污染环境防治法》（1995）、《中华人民共和国环境噪声污染防治法》（1999）、《中华人民共和国大气污染防治法》（2001）、《清洁生产促进法》（2002）、《中华人民共和国水污染防治法》（2008）。

修订后的《中华人民共和国环境保护法》于2014年4月经全国人大常委会通过，并于2015年1月1日实施。新的环境保护法被定位为环境领域的基础性、综合性法律，主要规定环境保护的基本原则和基本制度，解决共性问题。目前我国环境保护方面的法律有30多部，行政法规有90多部。另外，面对日益严重的环境问题，2013年、2014年和2016年，国务院陆续发布了《水污染防治行动计划》《大气污染防治行动计划》和《土壤污染防治行动计划》。此类行动计划将是当前和今后一个时期全国水、大气、土壤污染防治工作的行动纲领。

随着国家在环保方面的立法和相关环保政策的不断出台和完善，钢铁行业承受的压力也逐渐加大：一是现有的工艺特点决定了钢铁生产是一个高能耗、高排放的过程；二是全国钢铁生产规模庞大、行业总体排放量巨大，钢铁行业的环保行为对于整个工业领域的环保工作有重要影响。

1.2.8.2　钢铁行业相关环保政策的演变

伴随着国家环保政策的变化，在钢铁工业的大发展时期，针对钢铁行业的环保政策也在不断调整。

2005年7月，钢铁产业过热，国家发展改革委发布新中国成立以来第一个真正意义上的钢铁产业政策即《钢铁产业发展政策》，其中在产业布局调整章节，明确提出要求满足环境保护和资源节约要求，在重要环境保护区、严重缺水地区、大城市市区，不再扩建钢铁冶炼生产能力，区域内现有企业要结合组织结构、装备结构、产品结构调整，实施压产、搬迁。

2007年10月，国家发展改革委下发《关于进一步做好钢铁工业关停和淘汰落后生产能力工作的通知》，明确指出“加大执法力度。环保部门对不符合排放标准的企业应依法令其立即停产。对到期未淘汰落后产能的企业，工商部门要坚决吊销营业执照，质检部门吊销生产许可证，尤其是供电、供水部门要采取断电和停水等措施，迫使其退出市场。”同年，国内钢铁企业积极参与清洁发展机制（CDM），通过提高能源利用效率、降低能耗，将由此带来的温室气体减排额转让给发达国家，换取资金和技术，其中济钢、首钢、邯钢CDM项目相继在联合国正式注册成功，沙钢、包钢的高炉煤气燃气-蒸汽联合循环发电等项目先后通过国家发展改革委审核。

2008年，为兑现“绿色奥运”承诺，首钢及北京周边钢铁企业实施限产，其中首钢压产70%，唐山66家停产。

为应对国际金融危机的影响，2009年3月，国务院发布《钢铁产业调整和振兴规划》，作为钢铁产业综合性应对措施的行动方案，规划期为2009~2011年。规划要求节能减排取得明显成效，重点大中型企业吨钢综合能耗不超过620kgce，吨钢耗用新水量低于5t，吨钢烟粉尘排放量低于1.0kg，吨钢二氧化碳排放量低于1.8kg，二次能源基本实现100%回收利用，冶金渣近100%综合利用，污染物排放浓度和排放总量双达标。同时，规划对《钢铁产业发展政策》的修订完善工作提出明确要求：增加节能减排指标，包括化学需氧量（COD）排放、二氧化硫排放、烟粉尘排放、可燃气体回收利用率、固体废弃物综合利用率等环保指标。

2012年9月，国家工信部发布《钢铁行业规范条件

(2012年修订)》，并于2015年修订为《钢铁行业规范条件(2015年修订)》和《钢铁行业规范企业管理办法》，为适应钢铁行业发展新常态，强化节能环保约束，对环保内容做出详细、具体规定，如：要求企业具备健全的环境保护管理制度，配套建设污染物治理设施，安装在线自动监控系统，并与地方环保部门联网；明确所依据的污染物排放具体标准，对颗粒物浓度、二氧化硫、氮氧化物等重点污染物列明指标要求。

2012年底，环保部发布《重点区域大气污染防治"十二五"规划》，标志着中国大气污染防治工作逐步由污染物总量控制为目标导向，向以改善环境质量为目标导向转变。"规划"要求"十二五"期间要统筹区域环境资源，优化产业结构与布局，强化源头管理，严格限制钢铁等行业中的高污染物项目。城市建成区、地级及以上城市市辖区禁止新建钢铁等行业中的高污染项目。

2013年，雾霾天气在全国呈现频繁、密集爆发趋势，国家相继发布《国务院关于印发大气污染防治行动计划的通知》和《国务院化解产能严重过剩矛盾指导意见》等文件，要求重点推动河北、山东、江苏、辽宁等地区钢铁产业结构调整，推动城市钢厂搬迁，优化产业布局。明确2014年12月31日是2012年颁布的钢铁行业污染物排放标准强制执行的最后时限，并明确执行大气污染特别排放限值的地区和部分执行方式。

2014年新环保政策法规执行前夕，钢铁企业纷纷加大环保设施投资，环保技改成为钢铁企业的重头戏。

1.2.8.3 钢铁行业环保标准的演变

基于国家环保法规、政策的发展要求，钢铁行业相关的污染物排放标准及标准体系也在不断建立和完善。

2012年，国家环保部批准发布钢铁工业污染物排放标准体系，包括 GB 13456—2012《钢铁工业水污染物排放标准》、GB 16171—2012《炼焦化学工业污染物排放标准》、GB 28661—2012《铁矿采选工业污染物排放标准》、GB 28662—2012《钢铁烧结、球团工业大气污染物排放标准》、GB 28663—2012《炼铁工业大气污染物排放标准》、GB 28664—2012《炼钢工业大气污染物排放标准》、GB 28665—2012《轧钢工业大气污染物排放标准》和 GB 28666—2012《铁合金工业污染物排放标准》，共 8 项。该套标准出台从 2003 年 7 月新标准编制讨论会召开到 2012 年 6 月正式发布，历时 9 年，涵盖钢铁联合企业所有工序。

在此之前所执行的标准不成体系，缺乏针对性，主要包括 GB 13456—92《钢铁工业水污染物排放标准》、GB 16171—1996《炼焦炉大气污染物排放标准》、GB 9078—1996《工业炉窑大气污染物排放标准》、GB 14554—93《恶臭污染物排放标准》、GB 12348—90《工业企业厂界噪声标准》等多项标准。

新标准于 2012 年 10 月 1 日起实施，采取了分步实施的管理办法，GB 13456—2012、GB 16171—2012、GB 28661—2012、GB 28662—2012、GB 28663—2012、GB 28664—2012、GB 28665—2012、GB 28666—2012 等 8 项标准均设计有两个限值表（其中“表 2”较“表 1”相关指标的要求更加严格），为现有企业设置了过渡期。2015 年 1 月 1 日前，现有企业执行“表 1”限值，新建企业执行“表 2”限值；2015 年 1 月 1 日后，全部执行“表 2”限值。新的钢铁工业废水排放标准增加了总氮、总磷、总铅、总铬、总汞等 14 项水污染物指标，其中 11 项为重金属和有毒污染物项目；钢铁工业系列大气污染物排放标准增加了二噁英、氮氧化物等大气污染物指标；炼焦化学工业污染物排放标准增加了多环芳烃（PAHs）等 15 项行业特征污染物指标。对 SO_2 排放、颗粒物排放、吨钢排水量、化学需氧量（COD）、氨氮、固体悬浮物（SS）等指标全面收严。

另外，新标准中规定了特别排放限值，长三角、珠三角、京津冀、辽宁中部城市群、山东半岛城市群、武汉城市群、长株潭城市群、成渝城市群、海峡西岸城市群等 19 个省（自治区、直辖市）的 47 个地级及以上城市都位于重点控制区。而大多数钢铁企业都位于重点控制区，将执行更加严格的特别排放限值。

因此，新环保排放标准的实施，一方面，对钢铁企业在环保工艺技术的开发、装备设施的投资等方面产生影响，促进环保行业的技术进步与发展；另一方面，宏观上，将对企业搬迁或新建选址以致全国钢铁布局产生重要影响。

1.2.8.4 21 世纪以来我国钢铁工业环保情况概述

2000 年以来，我国钢铁工业的“三干三利用”技术得到全面推广和应用，钢厂的计算机应用逐渐得到普及、投资建设了能源中心、城市中水处理、余热发电等，加大了对节能环保治理力度，并取得一定成效；吨钢粉尘排放由 5.08kg 下降至 2014 年的 0.83kg，吨钢 SO_2 排放由 2000 年的 5.56kg 下降至 2014 年的 1.1kg，吨钢废水排放由 2000 年的 25.4m^3 下降至 2014 年的 0.99m^3。中国钢铁工业协会 2017 年节能环保月报显示，吨钢排放再次降低，2017 年我国吨钢 SO_2、粉尘和废水排放分别降至 0.6kg、0.62kg、0.06m^3。

此外，2000 年以来，钢铁企业加大力度消灭了历史累积的渣山，固体废弃物排放明显改善；吨钢消耗新水下降显著，由 2000 年的 25.5m^3 下降至 2017 年的 3.2～3.5m^3。

1.2.9 城镇化率

我国粗钢产量增长与城镇化率变化情况如图 1-30 所示。20

世纪 80 年代以前，我国的城镇化率很低，不到 18%，且其增长速度也很慢，甚至有些年份出现负增长。1978 年改革开放以来，城镇化建设以年均 3%的增长速度增长，由 1978 年的 17.9%提升至 2017 年的 56.78%。钢铁工业作为支柱产业与经济发展保持同步高速增长，粗钢产量在城镇化建设的带动下快速增长。

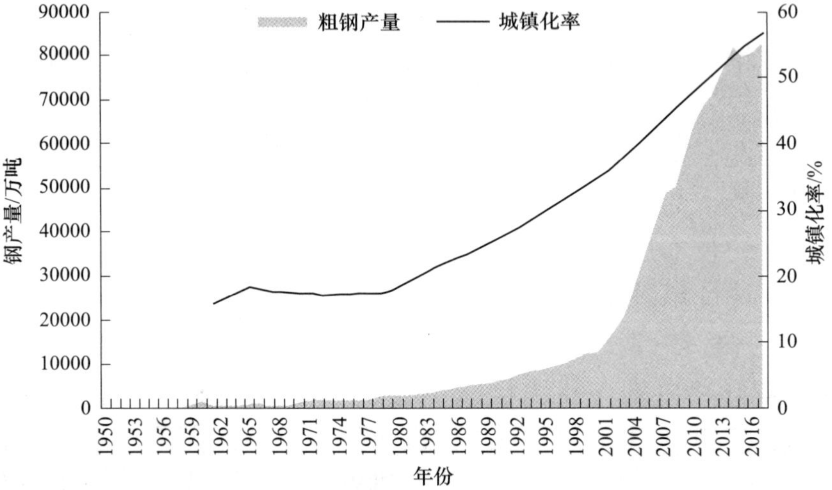

图 1-30　中国钢铁发展与城镇化率的关系

（信息来源：世界银行，WSA）

美国和日本在钢材消费达到拐点时，城市化率都超过了 70%。而我国在 2014 年粗钢产量进入阶段平台期时，城市化水平仅为 56.1%左右。未来，随着我国西部建设的推进，城镇化率还将继续提升，钢材的消费市场也逐步向西部拓展，同时钢铁产业布局和结构调整也将随之发生相应的转变。

1.2.10　下游行业

钢铁是国民经济发展的重要原料产业，任何地区经济发展建设都离不开钢铁，故下游用钢需求对钢铁产能布局有重要影响。

我国钢材消费结构中，建筑钢材是主要耗钢大户，占比为50%左右，其次是机械行业，扣除汽车行业用钢，近年来机械用钢为1.3亿吨左右，占比约为17%，汽车行业用钢5000万~6000万吨，占比为8%左右，其他行业用钢详见表1-12。

表1-12 国内下游用钢行业需求 （万吨）

行业	年份						
	2011	2012	2013	2014	2015	2016	2017
建筑业	33600	35000	36500	38600	36000	38600	39500
机械（除汽车）	11900	12095	12525	13300	12800	12800	13600
能源	2918	2980	3050	2780	3300	3150	3250
汽车	4070	4192	4622	5100	5200	5400	5800
船舶	2200	1600	1350	1340	1320	1000	1399
家电	840	800	860	960	940	950	1169
铁道（不含建设）	400	430	472	520	490	480	489
集装箱	342	360	360	470	570	320	430
其他	10523	11304	16836	10968	9380	8200	14963
粗钢消费量	66793	68761	76575	74038	70000	70900	80600

信息来源：行业统计数据和调研数据。

（1）汽车业。图1-31为1998~2017年我国汽车产量与汽车用钢情况。1998年以来，我国汽车产量保持持续增长态势，近年来，居民私人购车与消费快速上升，进一步促进汽车消费增长，带动汽车用钢消耗从1998年的不到400万吨，增加到近年来的5000多万吨。2017年，我国汽车产量约为2900万辆，消耗钢材约5800万吨。

（2）机械制造（除汽车行业）。近年来我国机械行业（除汽车行业）用钢总体呈逐年上升趋势，2011~2017年我国机械行业用钢情况见图1-32。2017年，我国机械行业，同比增长8.6%，消耗钢材约1000万吨。

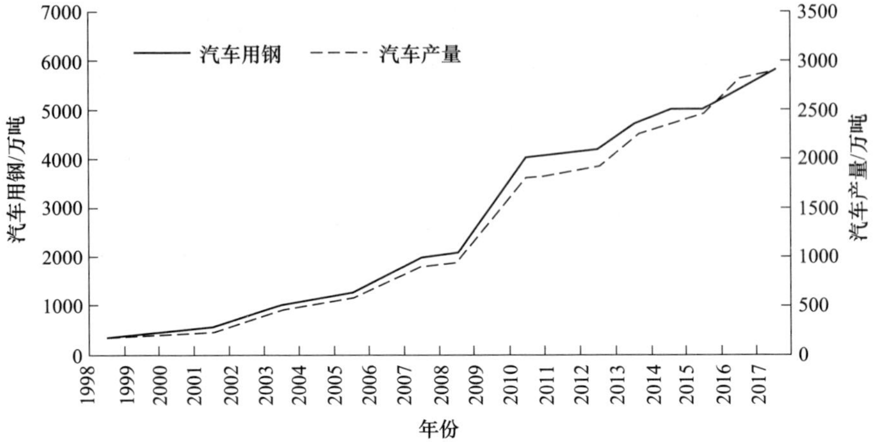

图 1-31 1998~2017 年我国汽车产量及用钢消耗

（汽车产量信息来源：国家统计局；用钢消耗信息来源：调研数据）

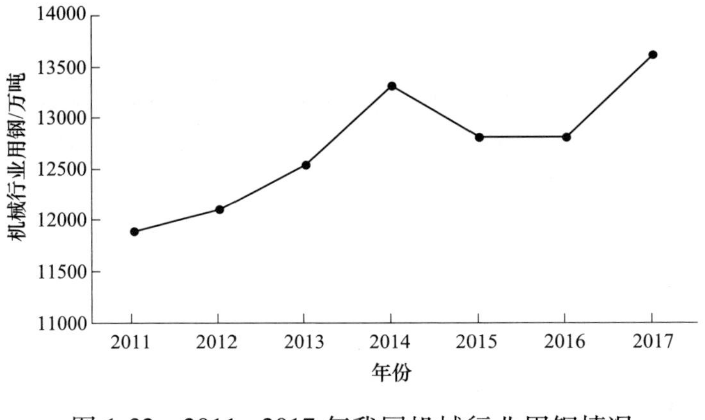

图 1-32 2011~2017 年我国机械行业用钢情况

（信息来源：调研数据）

（3）家电产量。近年来我国家电行业用钢呈逐年上升趋势，2011~2017 年我国家电行业用钢情况见图 1-33。2017 年，我国家电行业增长显著，冰箱、空调、洗衣机和冰柜总产量约为 3.8 亿台，同比增长 8.6%，消耗钢材约 1000 万吨。

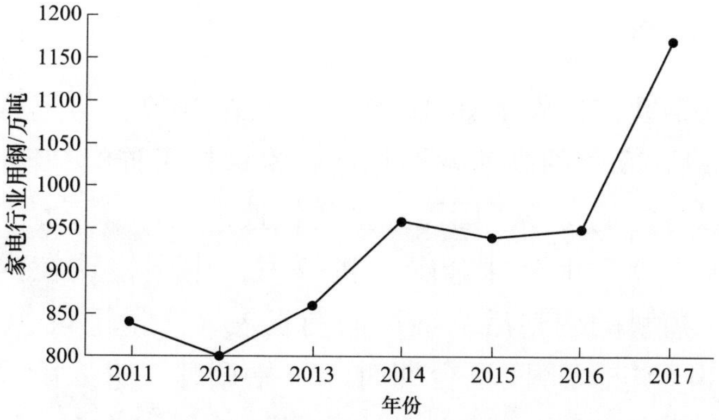

图 1-33 2011~2017 年我国家电行业用钢情况

（信息来源：调研数据）

（4）房地产和基础设施建设。2011~2017 年我国建筑行业用钢如图 1-34 所示，2011 年以来，我国建筑用钢消耗总体呈上升趋势，2017 年房屋施工面积为 781483.73 万平方米，施工面积最大的区域仍然主要分布在东部的江苏、浙江地区。2017 年建筑用钢约为 3.95 亿吨，占钢材消耗的 49%。

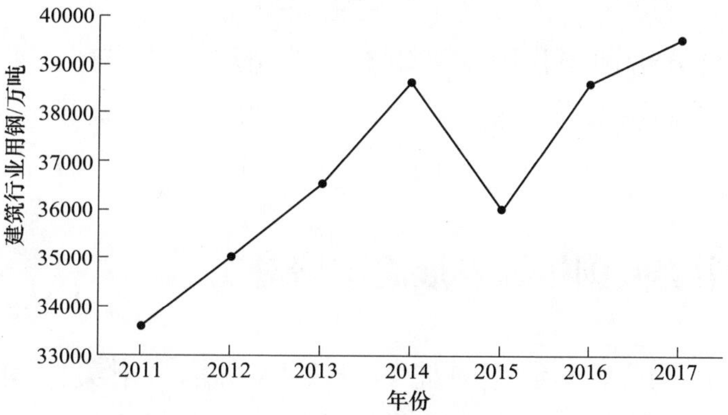

图 1-34 2011~2017 年我国建筑行业用钢情况

（信息来源：调研数据）

1.2.11　小结

中国钢铁快速发展始于 1978 年改革开放，与美国第二次世界大战后 20 年的高速发展相似，也保持了连续 20 年的高速增长，强有力地支撑了国民经济的快速发展。

2008~2009 年全球金融危机爆发，中国钢铁在内需拉动下，经过短暂的调整后，继续向前发展，产量记录连年刷新，直至 2014 年进入阶段平台期时才开始调整，进入阶段平台期的产量为 8.23 亿吨（计入“地条钢”是 9.21 亿吨）。

2016 年以来，化解过剩钢铁产能和取缔“地条钢”工作成效显著，2017 年我国粗钢产量表象有所提升，达到 8.32 亿吨，但按实际值分析，实则是下降的，经过前期调整后，2018 年开始，我国粗钢产量再次上升。

参照美国及世界发达国家粗钢产量的变化趋势和经验，未来我国粗钢产量将冲高回落后进入波动调整，并慢慢进入减量化时代，钢铁工业发展必将经历一段长期而又艰辛的去产能、调结构和提质量的过程，粗钢产量不会出现断崖式下跌，将呈现出不同程度的起伏波动下降的趋势。

综合分析预测我国未来钢材消费情况，暂按产销平衡，并考虑转炉消耗部分废钢（15%），电弧炉炼钢比例应提升至 20%~30%，才能有效地消纳源源不断的废钢产生量。

1.3　中美两国钢铁发展之国情对比

中美两国基本数据对比如表 1-13 所示。中美两国国情有很多相似之处，如中美两国同属于世界两大经济体、幅员辽阔、国土面积相当、矿产资源丰富、东西部跨度较大等。不同的是，美国已经完成了工业化进程，而我国还处于工业的中后期，我国人口众多，是美国的4倍以上，所以人均GDP远远低于美国等。

表1-13 中美两国基本数据对比（2017年数据）

国别	GDP（现价）/亿美元	人均GDP（现价）/美元	国土面积/万平方千米	人口/亿人	城镇化率/%	工业化进程	粗钢产量/万吨
美国	19391	59532	963	3.25	82	完成	8160
中国	12238	8827	960	13.86	56.78	中后期	83173

信息来源：世界银行、国别指南。

1.3.1 中美经济发展

1.3.1.1 中国经济发展情况

新中国成立以来，中国经济发展取得了举世瞩目的成就，但从经济增长来看，也呈周期性波动。依据“谷-谷”划分法，以GDP增长率为依据，将新中国成立以来我国经济周期进行划分，如表1-14所示。

表1-14 中国经济周期划分

序号	周期划分	波峰时间/年，GDP增速/%	波谷时间/年，GDP增速/%	时长/年	GDP年均增长率/%
1	1949~1954年	1950，23.4	1954，4.3	6	17.3
2	1955~1961年	1958，22.3	1961，−16.2	7	4.3
3	1962~1967年	1965，18.0	1967，−5.7	5	9.4
4	1968~1976年	1970，16.2	1968，−2.8	9	6.0
5	1977~1981年	1978，13.3	1981，7.6	5	10.6
6	1982~1990年	1985，25.1	1982，8.9	9	16.2
7	1991~1999年	1994，36.4	1999，6.2	9	19.5
8	2000~2009年	2007，23.1	2009，9.1	10	14.5
9	2010~	2011，18.4			

中国经济增长情况如图1-35所示。

（1）1947~1954年：新中国成立后，1950~1952年的三年大发展（年均增长20.2%），国民经济迅速恢复。1953年起，

图 1-35 中国经济增长情况
（信息来源：国家统计局）

我国开始了大规模的经济建设，进入工业化初期阶段。但 1953 年是“一五计划”的第一年，经验不足，经济增长速度过高，立即遇到供给面生产资料供给紧张、工业消费品供给紧张和自然灾害严重导致的粮食供给紧张的三大“瓶颈”制约。由此，经济的高速增长难以为继，1954 年增速又回调到 4.3%。

（2）1955～1961 年：经过 1954 年、1955 年经济增长减速。1956 年经济增长再次加速，再次受到三大“瓶颈”制约，1957 年又不得不减速。随着 1958 年“大跃进”的开始，经济增长再次冲高，增速达到 22.3%。超高速的经济过热增长，伤害了整个经济发展的机体，打乱了经济正常运行的秩序，造成国民经济重大比例的严重失调，由此引起全面短缺，高速增长难以为继。1960 年、1961 年经济增长率大幅下落，1961 年为负增长，在 GDP 增速曲线图上呈现出一个深深的“大峡谷”。

（3）1962～1967 年：1962 年还在延续上一周期的负增长，但下降幅度稍有改善，经济调整之后，1964 年经济增长又出现 18%左右的高峰。20 世纪 60 年代初，蒋介石叫嚣反攻大陆，中苏关系破裂，国防建设进入前期高潮。1966 年发动了“文化大革命”。随后，1967 年又陷入低谷，出现负增长，降幅 5%。

（4）1968~1976 年：1968 年延续“文化大革命”的经济负增长，1969 年各地武装斗争基本结束，随着中苏边境的珍宝岛自卫反击战，国防建设进入高潮，经济恢复增长，1970 年经济增速再次冲高到 16.2%左右。1972 年和 1974 年又经历两次小幅回落，1976 年伴随着“文化大革命”结束，经济再次出现负增长。

（5）1977~1981 年：随着“文化大革命”的结束，全国上下“大干快上”的热情很高。1978 年 GDP 增长率上升到 13.3%，有些“过热”。1978 年 12 月，党的十一届三中全会拨乱反正，开启了中国改革开放和社会主义现代化建设新的历史时期。1979 年、1980 年、1981 年对国民经济进行了大调整。

（6）1982~1990 年：1983 年开始，在农村和城市改革推动下，1985 年 GDP 增长率上升到 25%左右。为治理“过热”，1986 年经济增长率又回调。1988 年，经济增长率又上到 25%左右。同时，物价（居民消费价格）上升到 18.8%。这是新中国成立以来物价上涨的第 2 个高峰。随后，通过治理整顿，GDP 增长率回调到 1989 年的 13.2%和 1990 年的 9.8%左右。

（7）1991~1999 年：1991 年，我国经济开始回升。1992 年初，邓小平南方谈话，提出“又快又好”。1996 年，国民经济运行成功地实现了“软着陆”，既大幅度地降低了物价涨幅，又保持了经济的适度快速增长。随后，成功地抵御了亚洲金融危机并克服了国内有效需求不足，经济增长仅小幅下滑，1999 年谷底增长率为 6.2%。

（8）2000~2009 年：2000~2008 年，经济增长率连续 8 年处于 9%~23%的上升通道内，年均增长 15.1%。2008 年受国际金融危机和国内经济调整，增长小幅回落，但仍保持18%的增长率，2009年随着国际金融危机进一步蔓延，中国经济达到谷底，增长率为9.1%。

（9）2010年至今：随着中央扩大内需投资陆续到位并初显成效，2010年和2011年经济保持高速增长（高于18%），从而进入新一轮即第十一轮经济周期。但受世界经济的复苏乏力影响，加之中国正处在经济增速换挡期、结构调整阵痛期、前期刺激政策消化期的“三期”叠加阶段，以及政府主动调控，加大了淘汰落后产能的力度，2015年中国经济增速回调到6.4%，2016年经济增长6.7%，2017年经济增长6.9%。

1.3.1.2　美国经济发展情况

1945年，第二次世界大战结束后至今，美国经济先后经历了战后20年繁荣期，20世纪70年代的滞胀期，20世纪80年代的调整期、20世纪90年代的新经济期、21世纪初的萧条期五个阶段，2010年开始又进入复苏阶段。1945～2015年美国经济增长情况如图1-36所示，根据GDP的增长，将美国经

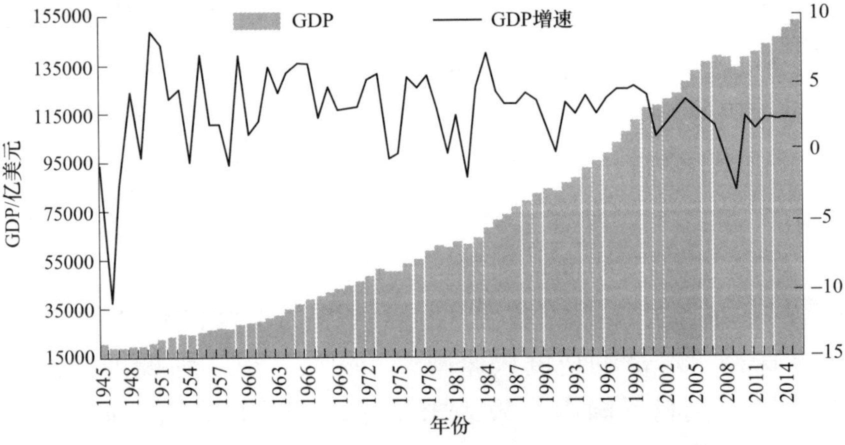

图1-36　第二次世界大战后美国经济增长情况
（信息来源：美国经济分析局）

济划分为以下几个经济周期，如表 1-15 所示。为了保持和中国的一致性，划分时段从 1949 年开始。

表 1-15 美国经济周期划分

序号	周期划分/年	波峰时间/年，GDP 增速/%	波谷时间/年，GDP 增速/%	时长/年	GDP 年均增长率/%
1	1949~1953	1950，8.7	1949，-0.5	7	4.15
2	1954~1960	1955，7.2	1958，-0.9	7	2.6
3	1961~1973	1966，6.5	1961，2.3	13	4.6
4	1974~1982	1978，5.6	1982，-1.9	9	2.1
5	1983~1991	1984，7.3	1991，-0.1	9	3.6
6	1992~2000	1999，4.7	2001，1.0	10	3.8
7	2001~2009	2004，3.8	2009，-2.8	8	1.6
8	2010~				

（1）第二次世界大战后 20 年的繁荣阶段：第二次世界大战后初期的繁荣阶段（1945~1953 年），受战后居民需求、设备更新及朝鲜战争的刺激，美国 GDP 年均增长 4.15%，为同期西方发达国家经济增长最快的国家，美国确立了世界经济的霸主地位；低速增长阶段（1954~1960 年），随着战争刺激逐渐减弱，国内外市场条件的恶化，美国经济实力开始下滑，GDP 年均增长 2.6%，美国的霸主地位开始削弱；高速增长阶段（1961~1973 年），在第三次科技革命的带动下，产业结构开始升级，加之美国政府加大宏观调控的干预和越南战争的刺激作用，美国经济出现了第二次世界大战后第一个长达 100 个月以上的繁荣，GDP 年均增长率高达 4.6%，美国经济发展进入了黄金时期。

（2）滞胀阶段（1974~1982 年）：在两次能源危机的牵引

下，加上美国政府持续不断地加强干预经济，生产过剩危机爆发，美国经济遭受沉重打击，进入萧条时期，主要表现为经济滞胀和通货膨胀。

（3）调整阶段（1983～1991年）：20世纪80年代初，在里根政府的消减政府开支和紧缩货币、大规模减税和加大国防开支的政策下，美国经济开始复苏，摆脱了20世纪70年代以来的经济滞胀困境，开始以低通胀率和低经济增长率为特征。1983年开始，美国经济连续稳定增长，到1991年，GDP年均增长率为3.6%。

（4）新经济产生与发展阶段（1992～2000年）：在信息技术革命的推动下，美国通过政策调整，经济持续稳定发展，创下了美国有经济周期记载以来最长的一次扩张期（120个月），进入了新经济时代，这个时期，美国经济年均增速为3.8%。

（5）21世纪初的发展阶段（2001～2009年）：2001年出现的经济衰退终结了美国长达10年的“新经济”，再次进入调整期，该阶段，美国经济年均增速为1.6%。2007年次贷危机，美国经济并没有快速下跌，而是在2008年国际金融危机爆发后开始下滑，并于2009年进入谷底。

（6）复苏阶段（2010年至今）：2010年以后，美国经济开始慢慢复苏，维持低速增长，2010～2015年美国经济的年均增长速度为2.2%。

1.3.1.3 中美对比

从第二次世界大战结束后至今中美经济增速对比及经济周期分析来看，去除中国十年“文化大革命”的影响，中美经济周期划分基本一致，并逐渐趋同，如表1-16所示。1978年改革开放后，中国经济高速增长，平均增速为15.3%，远高于美国的2.7%，如图1-37所示。

表 1-16　中美经济周期对比

美　国			中　国		
周期划分/年	波峰时间/年，GDP 增速/%	波谷时间/年，GDP 增速/%	周期划分/年	波峰时间/年，GDP 增速/%	波谷时间/年，GDP 增速/%
1949～1953	1950，8.7	1949，-0.5	1949～1954	1950，23.4	1954，4.3
1954～1960	1955，7.2	1958，-0.9	1955～1961	1958，22.3	1961，-16.2
1961～1973	1966，6.5	1961，2.3	1962～1967	1965，18	1967，-5.7
—	—	—	1968～1976	1970，16.2	1968，-2.8
1974～1982	1978，5.6	1982，-1.9	1977～1981	1978，13.3	1981，7.6
1983～1991	1984，7.3	1991，-0.1	1982～1990	1985，25.1	1982，8.9
1992～2000	1999，4.7	2001，1.0	1991～1999	1994，36.4	1999，6.2
2001～2009	2004，3.8	2009，-2.8	2000～2009	2007，23.1	2009，9.1
2010～			2010～	2011，18.4	

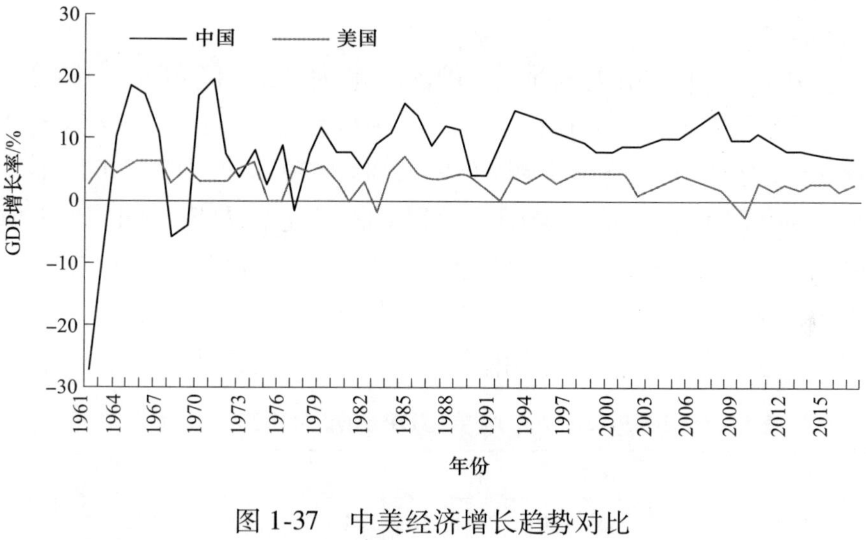

图 1-37　中美经济增长趋势对比
（信息来源：国家统计局，美国经济分析局）

尽管中国经济在改革开放后高速增长，但与美国仍有很大差距。根据世界银行统计数据，按照 2010 年美元不变价计算，

2017 年中国 GDP 总额为 101610 亿美元，美国为 173050 亿美元，2017 年中国人均 GDP 为 7329 美元，而美国为 52319 美元，是中国的 7 倍还多。中美人均 GDP 对比如图 1-38 所示。

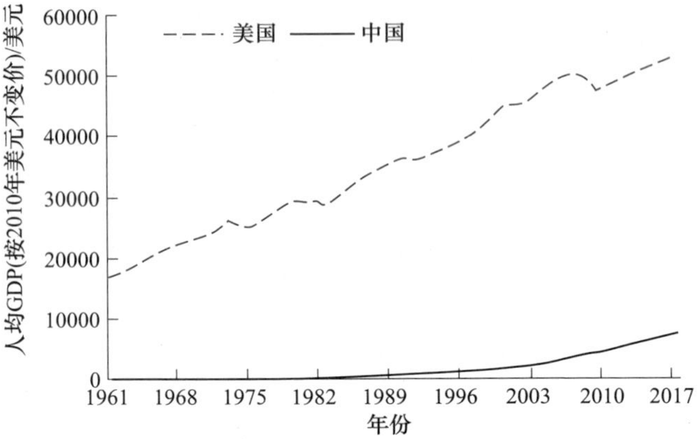

图 1-38　1961~2017 年中美人均 GDP 变化对比
（信息来源：世界银行）

1978~2017 年美国平均 GDP 增量为 2824 亿美元，中国仅为 2474 亿美元。2006 年开始，中国经济增量首次超越美国达到 4541 亿美元，位居世界第一。2006~2017 年中国 GDP 年均增量为 5260 亿美元，美国为 2446 亿美元。人均 GDP 则相差更大，美国经济受历史事件影响涨跌波动较大，尤其是 2008~2009 年国际金融危机，美国 GDP 降幅高达 4166 亿美元。中美两国 GDP 及其增量变化如图 1-39 和表 1-17 所示。

表 1-17　2005~2017 年中美 GDP 增量对比表　　（亿美元）

国家	年份												平均
	2006	2007	2008	2009	2010	2011	2012	2013	2014	2015	2016	2017	
中国	3842	2631	-439	-4166	3695	2396	3381	2607	4060	4638	2476	3847	5260
美国	4541	5727	4438	4738	5865	5818	5250	5591	5668	5750	5969	6559	2446

信息来源：世界银行。

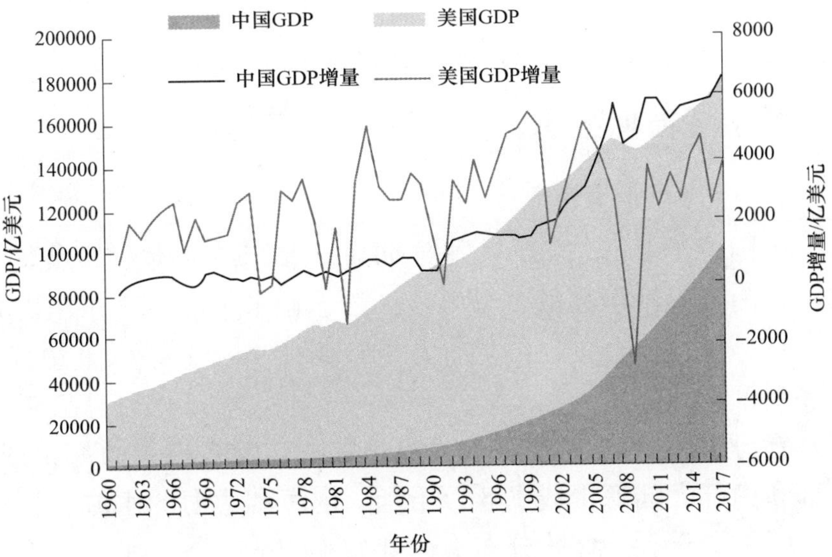

图 1-39　1960~2017 年中美 GDP 增量变化对比
（信息来源：世界银行）

1.3.2　工业化进程

1.3.2.1　美国工业化进程

美国的工业化始于 19 世纪产业革命时期，1900 年已经进入工业化中期阶段，城市化水平都有大幅提高，城镇数量和规模都得到了扩大，由此而兴建的大量住宅和商业用建筑，以及因解决交通问题而建设的交通设施和交通工具等带动了钢铁需求的大幅增加，到 1955 年进入工业化后期阶段，直到 1973 年，其工业化基本完成，此后进入了后工业化阶段。

1.3.2.2　中国工业化进程

我国的工业化真正开始于新中国成立后第一个五年计划，第一个五年计划实施后，对三大改造、基本建设、工农业发展和交通便捷做出了突出贡献。1978 年改革开放以后，我国经济进入全面工业化发展阶段。2012 年我国工业比重超过农业比重，2014 年开始农业就业人口比重低于 30%，2017 年城镇化率为 56.78%，多项数据显示我国仍处于工业化中后期。

1.3.3　国土面积

1.3.3.1　中国国土面积

中国位于亚洲东部，太平洋西岸。北起漠河附近的黑龙江江心，南到南沙群岛的曾母暗沙。西起帕米尔高原，东至黑龙江、乌苏里江汇合处。陆地面积 960 万平方千米，陆上边界 2 万多千米。

领海由渤海（内海）和黄海、东海、南海三大边海组成，东部和南部大陆海岸线 1.8 万千米。内海和边海的水域面积约 470 万平方千米。海域分布有大小岛屿 7600 个，其中台湾岛最大，面积 35798 平方千米。

渤海位于辽东半岛老铁山角到山东半岛北岸蓬莱角的渤海海峡，与黄海水域相通，有庙岛群岛绵亘峡口，面积 7.7 万平方千米，平均水深 18m，最深处 70m。

黄海北起鸭绿江口，南以长江口北岸向济州岛方向一线同东海分界，西以渤海海峡与渤海相连。平均水深 44m，最深处 140m，面积 38 万平方千米，海床为半封闭型浅海大陆架。

东海北起长江北岸至济州岛方向一线，南以广东省南澳到台湾省本岛南端一线，东至冲绳海槽（以冲绳海槽与日本领海分界），正东至台湾岛东岸外 12 海里一线，面积 77 万平方千米。

南海的海底是一个巨大的海盆，海盆的山岭露出海面就是我国的东沙、西沙、中沙、南沙群岛，这些海底山岭是中国大陆架的自然延伸。南海总面积 350 万平方千米。

中国陆地边界长达 2.28 万公里，东邻朝鲜，北邻蒙古，东北邻俄罗斯，西北邻哈萨克斯坦、吉尔吉斯斯坦、塔吉克斯坦，西和西南与阿富汗、巴基斯坦、印度、尼泊尔、不丹等国家接壤，南与缅甸、老挝、越南相连。东部和东南部同韩国、日本、菲律宾、文莱、马来西亚、印度尼西亚隔海相望。省级行政区划为4个直辖市，23个省，5个自治区，2个特别行政区，首都北京。

1.3.3.2 美国国土面积

美国地处北美洲中部，领土还包括北美洲西部的阿拉斯加和太平洋中部的夏威夷群岛，北与加拿大接壤，南靠墨西哥湾，西临太平洋，东濒大西洋，领土面积983万平方公里。(陆地面积约916万平方公里，加上内陆水域面积是937万平方公里，加上五大湖中美国主权部分和内水面积是963万平方公里，海洋国土面积20万平方公里，最高峰为惠特尼峰(4417m)，密西西比河（6020公里)，美国与加拿大共享五大淡水湖（苏必利尔湖、休伦湖、密歇根湖、伊利湖和安大略湖)。本土东西长4500公里，南北宽2700公里，海岸线长2.27万公里。

1.3.4 自然资源

1.3.4.1 中国自然资源

中国丰富的土地资源具有两个显著的地理特色：一是海拔较高、起伏较大的山地（包括丘陵、山地和高原）所占的面积超过平地（平原和高平原)，为2/3∶1/3；二是在复杂多样的生态环境中，形成草原多、耕地少、林地比例小、难利用土地比例大的特点。

截至2016年末，全国共有农用地64512.66万公顷，其中耕地13492.1万公顷（20.24亿亩)，园地1426.63万公顷，林地25290.81万公顷，牧草地21935.92万公顷；建设用地3909.51万公顷，其中城镇村及工矿用地3179.47万公顷。

矿产资源：中国常规能源的资源品种齐全，是世界主要能源国家之一。煤炭资源丰富，1990 年底煤炭保有量达 9014.53 亿吨，居世界前列。中国是世界矿产种类多、分布广、储量大、大部分矿产资源能够自给的少数国家之一。截至 1990 年底，中国已探明有一定储量的矿种达 148 种。其中有色金属钨、锑、锡、汞、钼、锌、铜、铋、钒、钛、稀土、锂等储量均占世界前列。如钨的储量为世界其他各国总储量的 3 倍多，稀土金属储量占世界总储量的一半以上，锑的储量占世界储量的 44%。铅、铁、银、锰、镍等也有一定的储量。铁和锰的储量虽均占世界第 3 位，但贫矿多，富矿少；此外，还多伴生矿。如攀枝花铁矿中，有钒、钛、镍等伴生。非金属矿中的硫铁矿、菱镁矿亦居世界首位，磷矿居第 2 位，石棉等居世界前列。2016 年末，我国主要矿产查明资源储量保持增长。其中，能源矿产查明资源储量稳定增长，钨矿、铅矿和锌矿等查明资源储量快速增长，铜矿、铝土矿、钨矿、金矿、银矿和磷矿等查明资源储量也均有不同幅度的增长。

森林资源：中国现有森林面积 1.24 亿公顷，虽占世界第 8 位，但森林覆盖率仅为 12.98%，列世界第 121 位；森林蓄积量 91.41 亿立方米，居世界第 5 位，其中有多种材质优良、经济价值较高的树种。

1.3.4.2 美国自然资源

美国的农业、矿产和森林资源丰富，在世界上占有举足轻重的地位。

农业用地：耕地和牧地约为 4.3 亿公顷，占全球农业用地 10%左右。美国耕地面积占全国土地面积 18.01%。农业自然条件得天独厚，土壤肥沃，雨量充沛，加上现代化的生产手段，使得美国粮食产量约占世界总产量的 1/5，主要农畜产品如小麦、玉米、大豆、棉花和肉类等均居世界第一位。

矿藏资源：铁、铜、铅、锌、煤、石油、天然气以及硫黄、磷酸盐、钾盐等矿物储量均居世界前列，钼、钒、钨、金、银、铀、硼等矿藏也在世界储量中占较大比重，但钛、锰、锡、钴、铬、镍等矿产主要依赖进口。美国许多矿产资源具有埋藏浅、分布集中、开采条件较好的特点。美国煤炭探明储量近4910亿短吨，居世界第一位。有色金属以铜、铅、锌为主，部分是三者共生矿，其中铜矿探明储量9200万吨（金属量），居世界第二位；铅矿探明储量5352万吨（金属量），居世界首位。

油气资源：美国已经探明原油储量310亿桶，居世界第12位；已探明天然气储量7.716万亿立方米，居世界第7位。

森林资源：美国森林资源比较丰富。北有阿拉斯加的寒带林，大陆本土有广阔的温带林，在波多黎各和夏威夷还有繁茂的热带林。全美共有6.5亿公顷的森林和草地，其中森林约占一半。森林覆盖率达33%。林地面积仅次于加拿大和巴西，居全球第三位。主要树种有美洲松、黄松、白松和橡树类。

1.3.5 人口与民族

截至2017年，中国人口139008万人，人口密度高达每平方公里145人，56个民族，汉族是中国的主体民族。汉族人口为1220844520人，占91.6%（2010，未包括香港、澳门特别行政区和台湾省数据），占全国人口总数的91.51%。使用汉语（中文），另外还有朝鲜语、蒙古语、维吾尔语、俄罗斯语、藏语等。

美国人口3.25亿，白人比例为67%，黑人比例为12.1%，华人约有300万，人口密度为每平方公里28人，官方语言是英语，另外来自各国的移民及后裔也使用本民族的语言。

2 中美钢铁工业布局变化与结构变化

2.1 美国钢铁工业布局变化与结构变化

美国钢铁企业主要有两种类型，大型钢铁联合企业（Integrate）和小型短流程钢厂（Minimill）。

Integrate 拥有原料处理、焦炉、高炉、炼钢和轧钢等一整套钢铁生产设备的企业，美国大多数 Integrate 是在 20 世纪 60 年代以前建成的，在以后的年代里主要是进行改造。其代表性企业主要有美国钢铁公司（USS）、原 Bethlehem Steel（Bethlehem）、原 LTV 钢公司、原国家钢铁公司（National Steel）、原内陆钢铁公司（Inland）、原 Armeco 钢铁公司（AK）等。2000 年，上述钢铁公司合计粗钢产量占美国粗钢总产量的 55%左右，到 2017 年只有 31.8%。

Minimill 一般是以废钢为原料采用电弧炉冶炼的钢厂，其多数是在 20 世纪 60~70 年代随着连铸技术的发展建立起来的，20 世纪 80 年代后期，Minimill 得到迅速发展，具有代表性的 Minimill 有纽柯公司（Nucor）、原伯明翰钢铁公司（Birmingham）、商业金属公司（CMC）、钢动力公司（SDI）、盖尔道北美公司（Gerdau American）等。2000 年，Minimill 粗钢产量约占美国粗钢总产量的 45%，2017 年上升至 68.2%。

2.1.1 美国钢铁工业总体布局变化

2.1.1.1 美国钢铁总体布局变化

1957~2014 年美国各州钢铁工业布局如图 2-1 所示。美国早期的钢铁基地主要集中在五大湖地区的宾夕法尼亚、俄亥俄州、伊利诺伊州、印第安纳州、密歇根州和马里兰州，其中宾夕法尼亚和俄亥俄州产能总计约占美国钢铁总产能的一半，地区产能集中度较高。

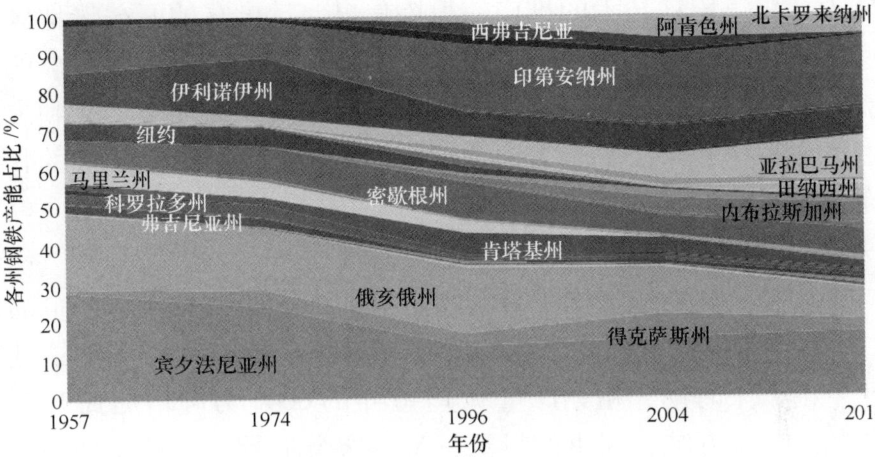

图 2-1 1957~2014 年美国钢铁产业迁移情况

（信息来源：MB、AISI Several Years）

到 2014 年印第安纳州产能占比增加约 10%，亚拉巴马州、田纳西州、内布拉斯加州和北卡罗来纳州等地区的钢铁产能占比有显著增加，而宾夕法尼亚州和俄亥俄州的产能占比下降较多。

美国早期的港口钢厂主要有印第安纳州的 Burns harbor 和 Indiana Harbor，宾夕法尼亚州的 Fairless hill，以及马里兰州巴尔的 Sparrows Point，但目前仅剩 Burns harbor 钢厂和 Indiana Harbor，其中 Burns harbor 有 3 座 280t 转炉，Indiana Harbor 有 3 座高炉、6 座转炉、1 条 80in 热轧带钢生产线和 1 条 84in[1] 热轧带钢生产线，雇员人数达 4850 人，这两个港口钢厂属于

[1] 1in = 25.4mm。

安赛乐米塔尔美国钢铁公司。

A 美国钢铁工业发展初期布局

美国钢铁工业发展初期主要集中在大西洋沿岸的北段和五大湖南岸这两个资源储量丰富的地区，共占到全美80%的炼钢能力。焦煤炼铁技术的推广使得炼焦煤储量丰富的匹兹堡地区一度成为美国的“钢都”，而随着占到全美铁矿石储量80%的苏必利尔湖区铁矿开发，逐渐形成了匹兹堡、芝加哥、克利夫兰、底特律和布法罗五大钢铁基地，构成了美国钢铁工业的骨干力量。

B 1957年美国钢铁工业空间格局

1946~1970年美国主要钢铁企业的产量变化及占总产量的比例情况如表2-1所示。第二次世界大战战后时期美国钢铁处于空前繁荣时期，粗钢产量从1946年的6041万吨增加到1970年的11931万吨，粗钢产量翻一番。这个阶段主要是大型综合钢铁企业发挥的作用，当时美国前八大钢企的产量占总产量的比例由1946年的80%左右逐渐下降到1970年的75%左右，粗钢产量集中度逐渐下降，下降的份额主要来自USS产量的大幅下降，由1946年的占比32%下降至1970年的23.9%，而National、Armco的产量稳步提升。

表2-1 1946~1970年美国各钢铁企业粗钢产量占美国粗钢总产量比例

(%)

序号	钢企	年份						
		1946	1950	1955	1959	1960	1965	1970
1	USS	32	32.5	30.2	26.2	27.5	24.8	23.9
2	Bethlehem	15	15.6	16.1	15.3	16.1	16	15.7
3	Republic	9.4	8.8	8.3	8	7.8	7.5	7.5
4	National	4.9	4.8	4.8	5.7	5.8	6.5	7.5
5	J&L	5.7	5.1	5.3	5.2	5.8	5.5	5.3

续表 2-1

序号	钢企	年份						
		1946	1950	1955	1959	1960	1965	1970
6	Armco	4.1	4.1	4.4	5.3	5	5.9	6
7	Youngstown	4.9	4.3	4.8	4.4	4.2	4.6	3.9
8	Inland	4.2	3.8	4.4	4.5	5.2	4.9	5.4
粗钢总量/万吨		6041	8785	10617	8477	9007	11926	11931
合计占粗钢总量比/%		80.2	79	78.3	74.6	77.4	75.7	75.2

信息来源：《日本铁钢统计要览》。

1957 年美国钢铁工业布局如图 2-2 所示，钢铁企业主要布局在五大湖地区，钢铁产能最为集中的是宾夕法尼亚州，当年粗钢产量在 3000 万吨以上，其次为俄亥俄州，粗钢产量在 2000 万吨以上，印第安纳州粗钢产量在 1000 万吨以上，伊利

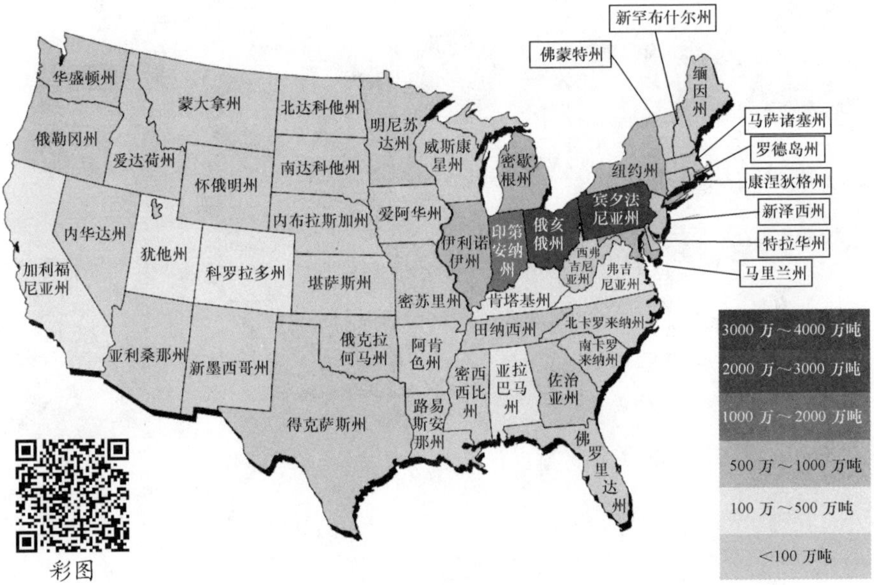

彩图

图 2-2 美国 1957 年钢铁工业布局
（信息来源：MB）

诺伊州、密歇根州、纽约州和马里兰州粗钢产量都在 500 万~1000 万吨。还有少量的钢铁产能分布于中西部地区、东南沿海以及南部的得克萨斯州，这些州当年的粗钢产量不超过 500 万吨，100 万吨以下居多。

C　1974 年美国钢铁工业空间格局

1974 年美国钢铁工业布局如图 2-3 所示。1974 年美国钢铁工业布局仍然以五大湖地区为主，产量最集中的为宾夕法尼亚（3000 万吨以上），伊利诺伊州钢铁产量上升至与俄亥俄州相当，在 2000 万吨以上，其次为印第安纳州和密歇根州，产量在 1000 万吨以上，纽约州和马里兰州产量仍在 1000 万吨以下，而处于西部的加利福尼亚和南部的得克萨斯州产量也跻身 500 万~1000 万吨的行列。

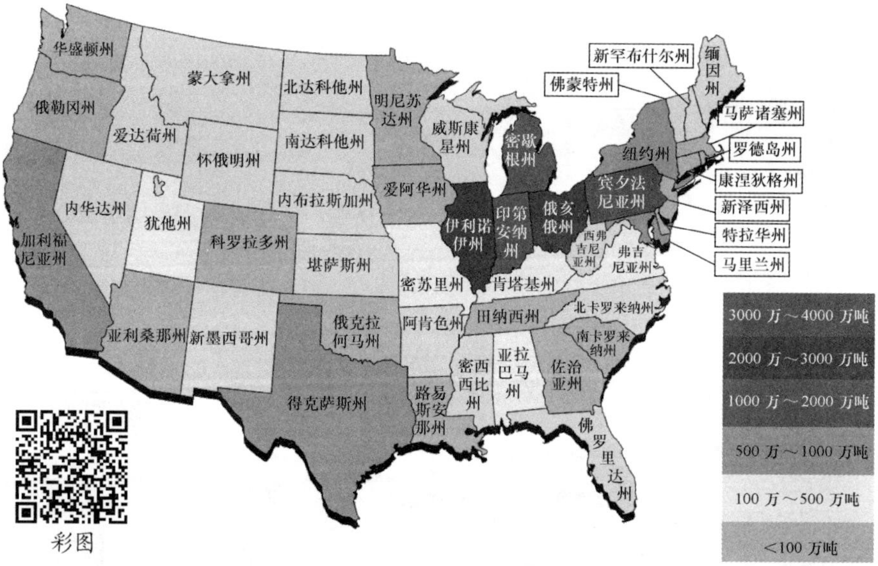

彩图

图 2-3　1974 年美国钢铁工业布局

（信息来源：MB）

美国在后工业化时期，逐渐形成了东北部工业区、南部工业区和太平洋沿岸工业区三大工业带，构成美国钢材生产和消费的主力。一方面由于水路运输铁矿石相比铁路运输成品钢材具有明显的成本优势；另一方面随着 Nucor 等短流程电弧炉炼钢占比增加，废钢成为重要原材料，而从消费区域获取废钢成本较低。所以当东北部工业区发展基本饱和，资源运输和成本问题开始显现时，美国钢铁工业纷纷转移，布局上呈现向沿海（太平洋沿岸工业区）和沿消费区域（南部工业区）集中的趋势。

在这个阶段的钢铁企业可以分为三类：老牌大型钢铁企业、老牌钢铁企业转型电弧炉炼钢工艺和新建的 Minimill。

1973~1988 年是美国钢铁工业的困难时期，表 2-2 为 1973~1988 年美国钢铁企业产量占比统计，从表 2-2 可知，美国粗钢产量从 1973 年的 13768 万吨下降到 1988 年的 9065 万吨，其中排名前两位的 USS 和 Bethlehem 的粗钢产量比例逐年下降，前十大钢企产量占比由 1973 年的 79.05%下降到 1988 年的 58.77%，产业集中度进一步下降。

表 2-2　1973~1988 年美国各钢铁企业粗钢产量比例（%）

序号	钢企	年份					
		1973	1976	1979	1981	1985	1988
1	USS	23.2	22.1	21.9	19.4	18.9	15.6
2	Bethle-hem	15.0	14.7	14.3	13.8	11.8	12.9
3	Republic	7.5	7.5	7.4	7.8	LTV	LTV
4	National	7.5	8.4	7.9	6.7	5.4	5.4
5	J&L	5.3	5.5	8.4	9.0	LTV	LTV
6	Armco/AK	6.3	5.9	5.9	6.8	6.1	5.8
7	Inland	5.4	6.2	6.0	6.7	6.9	6.1
8	Youngstown	3.9	3.9	J&L	J&L	LTV	LTV
9	Kaiser	2.1	2.0	2.0	1.7		

续表 2-2

序号	钢企	年份					
		1973	1976	1979	1981	1985	1988
10	Wheeling-Pittsburgh	2. 9	3. 1	2. 9	2. 4	2	2. 5
11	LTV					14. 8	10. 5
总产量/万吨		13680. 4	11606. 7	12611. 0	10961. 4	8006. 8	9065. 0
汇总占比/%		79. 05	79. 41	77. 42	74. 86	65. 90	58. 77

信息来源：日本《铁钢统计要览》。

D　1996 年美国钢铁工业空间格局

1989~2000 年美国钢铁产业兼并重组和多元化发展。该阶段主要企业有大型钢铁企业和 Minimill 钢厂。从表 2-3 数据统计看，大型钢铁企业的粗钢产量占比从 1990 年的 57. 3%下降到 2000 年的 42. 9%，而 Minimill 产量占比则由 7. 32%上升到 17. 18%。

表 2-3　1990~2000 年美国各钢铁企业粗钢产量占美国粗钢总产量比例

(%)

类型		序号	钢企	年份			
				1990	1995	1999	2000
Integrated	转炉为主、电弧炉为辅	1	USX/USS	12. 9	11. 7	10	10. 5
		2	Bethlehem	10. 5	9. 2	7. 8	8. 9
		3	LTV	6	5. 1		
		4	National	5. 8	5. 7	5. 7	5. 5
		5	AK	5. 6	4. 2	6. 1	5. 7
		6	Wheeling-Pittsburgh	8. 6	8. 2	7	7. 3
		7	Inland	5. 4	5. 3	5	5
		8	Weirton	2. 5	2. 5	2. 4	
		合计		57. 3	46. 5	41. 6	42. 9

续表 2-3

类型		序号	钢企	年份			
				1990	1995	1999	2000
Minimill	100%电弧炉	1	Nucor	4	8.1	8.1	9.8
		2	Birmingham	1.02	1.99	2.7	2.8
		3	North Star	2.3	2.4	2.6	2.6
		4	SDI				1.98
		合计		7.32	12.49	13.4	17.18
粗钢总量/万吨				8973	9519	9740	10180

信息来源：日本《铁钢统计要览》，Birmingham 和 North Star 占比为估算。

1996 年美国钢铁工业布局如图 2-4 所示。1996 年五大湖地区已没有粗钢产量在 2000 万吨以上的州了，宾西法尼亚州、俄亥俄州和印第安纳州钢铁产能最为集中，当年粗钢产量均在

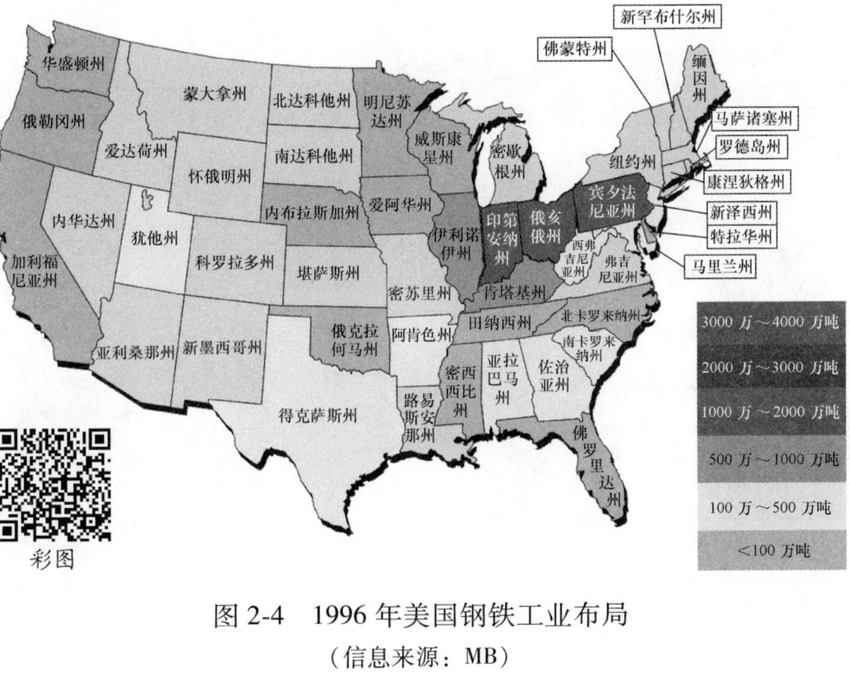

彩图

图 2-4 1996 年美国钢铁工业布局
（信息来源：MB）

1000 万~2000 万吨。其次为伊利诺伊州和肯塔基州，粗钢产量处于 500 万~1000 万吨，马里兰州粗钢产量降至 500 万吨以下。

E　2014 年美国钢铁工业空间格局

2014 年美国钢铁工业空间布局如图 2-5 所示。2001 年美国粗钢产量为 9010 万吨，2008~2009 年国际金融危机爆发，2009 年粗钢产量降为 5820 万吨，随着经济的复苏，2015 年美国粗钢产量又回升至 7890 万吨，2016 年和 2017 年分别为 7850 万吨和 8161 万吨。2005~2017 年美国各钢铁企业产量比例情况如表 2-4 所示。2017 年联合企业粗钢产量占美国粗钢总产量的比例进一步下降至 31.8%，短流程企业粗钢产量占比高达 68.2%。

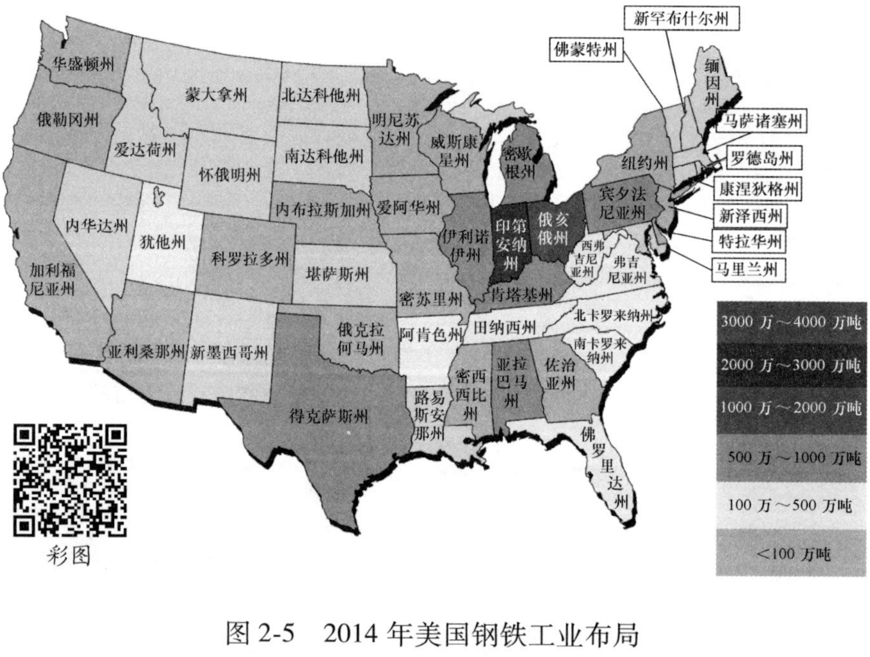

图 2-5　2014 年美国钢铁工业布局
（信息来源：MB）

表 2-4　2005~2017 年美国主要钢铁企业粗钢产量占美国粗钢总产量比例　（%）

类型	序号	钢企	年份					
			2005	2009	2012	2015	2016	2017
Integrated	1	USS	20.3	26.2	24.6	18.4	18.1	17.68
	2	AM	18.8	6.8	11.2	8.9	8	7.17
	3	AK	5.9	3.9	5.1	8.1	6.43	6.95
	合计		45	36.9	40.9	35.4	33	31.8
Minimill	1	Nucor	19.4	13.4	19	20.7	27.96	29.9
	2	Gerdau	未知	未知	未知	未知	6.9	6.6
	3	SDI	3.5	3.4	5	6.97	6.88	10.13
	4	AM	未知	3.6	未知	未知	4.5	4.5
	5	CMC	2.8	3	4	2.93	2.91	2.89
	6	BRS	0	0	0	0	0	1.8
	7	North Star	1.5	未知	未知	1.9	1.91	1.84
	6	其他					15.94	10.54
	合计						67	68.2
总产量/万吨			9490	5820	8700	7890	7850	

信息来源：各公司年报，AIST，日本《铁钢统计要览》，MB。其中 Gerdau、North Star 和 AM 数据为估算。

2.1.1.2　布局变化的主要影响因素

对钢铁企业发展环境和重点钢铁企业调整情况进行梳理和分析，美国钢铁企业关停并转情况如表 2-5 和表 2-6 所示。

表 2-5 钢铁产业调整影响因素分析表

项目	年份		
	1946～1970	1970～1989	1990～2001
发展环境及主要事件	1958 年工人大罢工； 1959 年进口 210 万吨； 1970 年进口 1460 万吨	1971 年工人罢工； 1982 年钢铁工业衰退	安全监管； 高产能利用率、疲劳工作、从事新工作的人比例增加、适应大量新技术
	应对美钢不断涨价，1962 年肯尼迪总统提出反垄断	20 世纪 80 年代反垄断，后期有所宽松	联邦私人养老金
	20 世纪 50 年代私人钢厂兴起，老牌国有钢厂仍然停留在平炉炼钢未引进 BOF，效率低下	1970 年空气法案； 1972 年水污染法案； 1984 年投入 60 亿美元，同期日本投入 55 亿美元用于环保治理	环境法案：对焦炉排放苯、硫化物、焦油、污水和电弧炉粉尘排放监管加强，提出具体要求
	日本新建钢厂效率更高，美国因大型工厂都建在小镇上面，无法新建，只能对旧工厂改造升级	1969 年日本对美国实施为期 3 年的自愿限制协议 VRA； 1972 年日本试图延长该协议未成功； 1977 年美国对日本提出反倾销； 1978～1982 年对 17 种钢铁产品实施价格触发机制 TPM； 1984 年 10 月～1992 年 3 月 VER 重新生效，涵盖日本、欧洲、巴西、墨西哥、南非和韩国	1989 年布什总统允许进口配额，时限为 2.5 年； 1992 年布什总统与他国谈判多边协议限制倾销和外国钢铁补贴，继任者克林顿总统继续执行； 1992～1995 年限制产能； 1994 年 NAFTA 北美自由贸易协议生效； 1995 年世界钢材需求大幅上升，美国进口下降； 2000 年 201 法案颁布

表 2-6 钢铁企业调整影响因素分析表

企业	年份		
	1946~1970	1970~1989	1990~2001
USS	收购和新建工厂，产品雷同； 向当时盛行的多元化方向发展； 20 世纪 60 年代中期进入水泥和化工领域	放弃长材，继续投资水泥、化工和化肥工厂；1979 年开始进军石油，关闭 50% 钢铁产能，收购 Marathon 和 Texas Oil & Gas；1989 年能源业务销售额占比 65%	1989 年有 5 个大型工厂； 20 世纪 90 年代大股东要求放弃钢铁进入石油，但多数投票建议保留钢铁业务； 1991 年将石油和钢铁分开； 2001 年收购 Slovakia 钢厂
Bethlehem	20 世纪 60 年代开始采用 BOF	关闭 2 家工厂，采用电弧炉替代 BOF 和平炉；20 世纪 80 年代关闭 1 家工厂，升级 EF 和连铸机，削减员工；拥有 3 个 BOF 和 2 个 EAF 工厂	收购 Lukens Steel 巩固其在板材方面的实力，但增加的债务和成本迫使其逐渐关闭 Lukens；2001 年破产
Republic	放弃 EF 和 BOF，扩张和改造旧工厂生产特钢；因工厂分散，想用 BOF 扩产未成功，被迫连 EF 一块放弃	对原工厂升级改造少；新建 1 个轧钢厂和连铸机；1984 年与 J&L 合并，隶属于 LTV；1979 年 LTV 购买 Youngstown	
J&L	1957 年放弃 BOF；1968 年被 LTV 收购，LTV 是电子和飞机制造商，其对钢铁管理处于真空，只关注现金流	20 世纪 70 年代仅有边际利润，主要是因为在 20 世纪 60 年代投资建设的工厂没有效益，另一原因是不善于管理，后来通过新管理者对技术升级和管理改进，情况得到了改善	进入铁矿石行业，1998 年 2 月收购 Copperweld，收购 VP 建筑，这些项目并没有产生效益反而导致其在 2001 年 12 月关闭

续表 2-6

企业	年份		
	1946～1970	1970～1989	1990～2001
National	收购煤矿和铁矿山，购买储备土地，同时新建钢厂	投资铝、房地产和医药，1971 年收购 1 家工厂，同时还新建 1 座工厂	National Steel 由 NKK 控股；National Intergroup 卖掉大部分资产转行医药产业；2001 年 NKK 将其卖给 USS
	1970 年全部为 BOF，新建 1 条连铸线；新建铝生产线，当时最强大的钢企	分拆工厂，建立 ESOP 员工股票期权计划未成功，将钢厂卖给日本企业	
Armco and AK		多元化早，拥有 1 个石油钻井供应公司和钛材公司；20 世纪 70 年代别人亏钱它挣钱，1981 年钢铁业务仅占 37%；1988 年卖给日本 Kawasaki 40% 股份	1989 年 AK 由 Kawasaki Steel 控股；1999 年 AK 与 Armco 合并。Armco 经营特钢，1992 年收购 Cyclops；1990～1992 年亏损；20 世纪 90 年代中期 AK 是成本最低的综合钢铁企业
CF&L		关闭转炉改为 EAF 工厂	
Inland			原美国第 6 大钢铁企业，20 世纪 90 年代早期与 Nippon 合资成立钢材加工公司 I/N Tek 和 I/N Kote；1997 年因股东产生分歧分拆公司
Nucor		Nucor 由摩托制造商发展为钢厂；与 Yamato 成立合资公司；在印第安纳建立薄板厂；Nucor 无工会，工资成本低，用高回报激励员工	20 世纪 80 年代后期与 Yamato Steel 合资成立大型结构梁制造公司，1989 年 EAF-CSP 成功投产；之后又建 1 条 EAF-CSP 产线；2001 年建立另一家板材公司

A 1946~1970 年：美国钢铁工业繁荣发展期

早期（1901~1948 年），钢材价格由 USS 主导，市场呈垄断寡头格局，USS 享有丰厚的利润，在此期间保持了较强的竞争力。1948 年，美国通过政策法案改变寡头定价的格局，FOB 离岸价格诞生，自此钢材定价向市场定价方向发展，USS 的定价权逐渐被削弱。后来，工会的崛起导致美国钢铁企业工资成本不断上升，而市场定价机制无法保证价格，美国钢铁企业利润开始下滑。1959 年，钢铁工人大罢工，美国国内消费者开始部分选择采购进口钢材以保证产品供应的稳定性；1962 年，肯尼迪总统根据 USS 不断涨价的行为提出了反垄断法，并取消政府对 USS 的劳资协议，该政策导致了美国钢材进口量暴增和 USS 市场份额丢失，自此美国成为钢材净进口国，同时也说明相对于进口产品，USS 的竞争优势已经不在。

美国钢铁企业竞争力下降主要源于工人工资不断上涨和技术装备相对落后。20 世纪 50 年代后，美国钢厂仍然停留在平炉炼钢工艺而没有重视转炉技术，在该时期几乎没有新建钢厂，大都是对原设备进行技改升级，与同期大量新建钢厂的日本相比，美国钢厂对新技术的应用比较落后，生产效率非常低下，在此背景下，美国私人钢厂开始大量兴起并扩张。有些学者认为美国仅对主要旧工厂改造升级而没有新建钢厂是因为这些大型工厂都建在小镇上面，不经过搬迁来新建钢厂是非常困难的[34]。

技术装备的落后为后面一些大型钢厂的破产倒闭埋下了伏笔，而 National Steel 及时采用新技术而成为当时表现最好的企业，USS 和 AK Steel 转向多元化对其长期发展也发挥了重要作用。

B 1970~1989 年：美国钢铁衰退调整时期

在该时期，粗钢产量达到峰值，钢铁产能过剩严重，钢铁产业面临诸多挑战，比如1970年和1972年美国政府通过了空气和水污染法案，1971年钢铁职工大罢工，1982年采取了反倾销政策，1985~1988年实施进口配额。可见，环保政策给钢铁企业带来了一定压力，工会罢工给企业生产带来较大困难，贸易保护政策给企业带来一定限制，另外还推出了触发价格机制TPM，1982年经济大衰退，钢铁企业由于大衰退都进行了相关调整。此时，日本企业进入美国合资建厂较多。Nucor等Minimill企业没有工会，工资相对也较低，采用高回报激励员工的方式将大型联合钢铁企业挤出了长材市场。

C 1990~2001年：企业兼并重组和多元化发展

在此期间，美国在环境方面对焦炉和电弧炉粉尘的监管加强，政府让大型企业建立联邦私人养老金，对安全的监管也进一步加强。贸易政策方面，布什政府修改配额政策，对外国钢铁企业实施反倾销和补贴调查，1992~1995年，钢铁企业得到良好发展，但政府对企业产能进行限制。这个时期，美国政府通过了NAFTA北美自由贸易协议和2000年201法案，钢铁工业受到的环境约束更大，对焦炉和电弧炉排放提出了具体要求，对安监和职工养老也采取了相关政策。贸易政策方面，对进口钢材实施反倾销和反补贴调查措施保护国内钢铁企业。企业方面，大型联合企业National退出钢铁进军医药，Inland向下游产业延伸，Bethlehem和LTV破产。而短流程企业Nucor是采用先进技术最积极的企业，并没有多元化发展，而是壮大钢铁主业，这与其没有工会、低工资和高效率等有很大关系。

在这个时期破产的企业不仅仅是Bethlehem、LTV、Geneva等大型联合企业，还包括像Birmingham和Trico等Minimill企业，其原因包括：一是废钢价格波动太大；二是钢筋、棒材、线材和钢轨等长材同质化竞争太激烈；三是进口钢材也给美国钢铁企业带来很大压力。

2.1.2 美国大型联合企业的布局和规模变化

1946~2017 年美国大型钢铁企业（20 世纪 80 年代排名前十的联合钢铁企业：USS、Bethlehem、Republic、National、J&L、Armco/AK、Youngstown、Inland、Wheeling-Pittsburgh、Weirton）粗钢产量及占比变化情况如图 2-6 所示。由图 2-6 可见，曾经显赫一时的美国十大钢企粗钢产量规模由 1946 年的 80.2%下降到 2017 年的 31.8%，产量降到 2595 万吨。

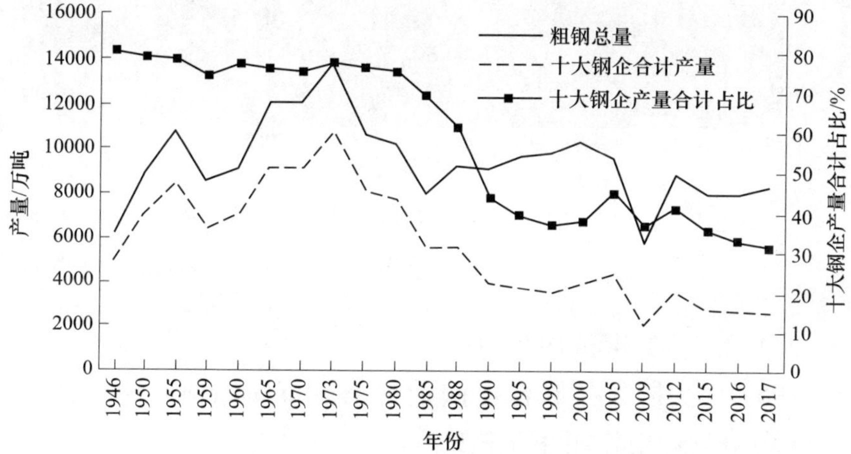

图 2-6 1946~2017 年美国大型钢铁企业产量及占比变化

（信息来源：AISI，日本《铁钢统计要览》）

1946~1970 年八大钢企发展到 20 世纪 80 年代的十大钢企，到 2000 年前后，一些企业陆续关停或被重组，如被安赛乐米塔尔收购。

重点对 USS、Bethlehem、Republic Steel 和 National Steel 四大联合钢铁企业的布局情况进行分析，如图 2-7 所示。大型联合钢铁企业在城市布局相对比较稳定，属于资源型布局，仅 1973 年在犹他州、加利福尼亚州和得克萨斯州有布局，1996 年后又逐步萎缩，到 2017 年仅在宾夕法尼亚州、俄亥俄州、密歇根州、印第安纳州、伊利伊诺州、亚拉巴马州和肯塔基州有布局，其中亚拉巴马州和肯塔基州的已停产。

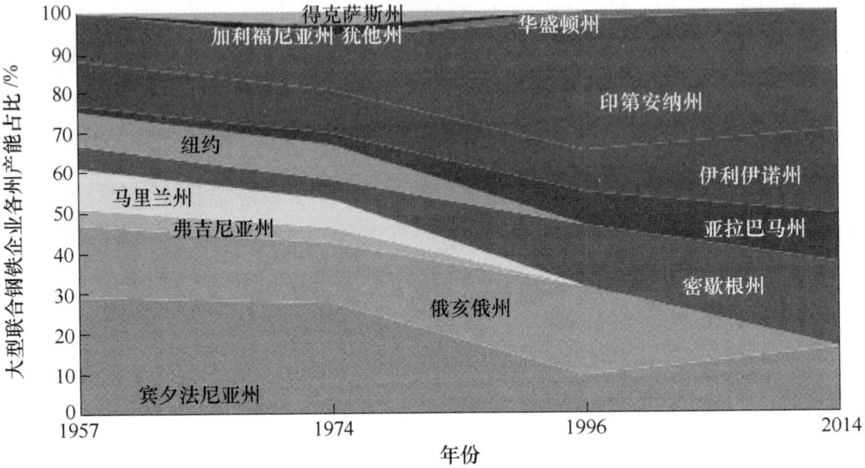

图 2-7 1957~2014 年美国大型联合钢铁企业产业布局
（信息来源：MB，AISI）

2.1.2.1 1945~1970 年

1957 年美国大型联合钢铁企业工业布局如图 2-8 所示。

（1）USS 在此期间的主要活动：

1）20 世纪 50 年代，USS 收购了 Defense 钢铁集团在 Geneva 和 Utah 的钢厂。

2）新建了一座钢厂，命名为 Firless Work。

3）新建了采用电弧炉炼钢工艺的板坯工厂。

（2）Bethlehem Steel 在此期间的主要活动：

1）Bethlehem Steel 的总裁 Stewart P. Cort 对平炉工艺热衷，在纽约州的 Lackawanna 和马里兰州的 Sparrow Point 新建了平炉。

2）20 世纪 60 年代，Stewart P. Cort 的儿子 Stewart S. Cort 接管 Bethlehem Steel，新建了转炉工厂。

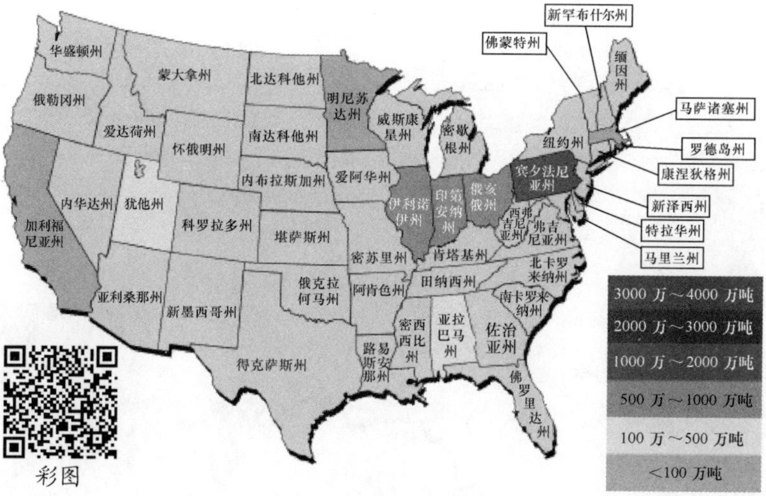

图 2-8 1957 年美国大型联合钢铁企业工业布局
（信息来源：MB）

3）1955 年 Bethlehem Steel 计划收购 Youngstown 的板材和钢管厂，但被美国政府否决；1963 年，Bethlehem Steel 在印第安纳州的 Burns Harbor 新建了当时最大的一座钢厂。

4）20 世纪 50 年代，Bethlehem Steel 的运营主要集中于东海岸线的 Johnstown、Steelton、Pennsylvania 和 Sparrows Point。

2.1.2.2 1971～1988 年

1974 年美国联合钢铁企业工业布局如图 2-9 所示。

A USS

1988 年之前，USS 依旧是美国最大的钢铁企业。

1973～1974 年，增加投资计划，在俄亥俄州的 Conneaut 新建一座“greenfield”工厂，但在 20 世纪 70 年代后期由于业绩较差被关停，同期关闭还有位于俄亥俄州 Youngstown 的工厂。

1982～1983 年，USS 表现进一步低迷，因此采取了更多的消减措施。关闭了位于印第安纳州芝加哥区域的 Gary 轧钢厂，

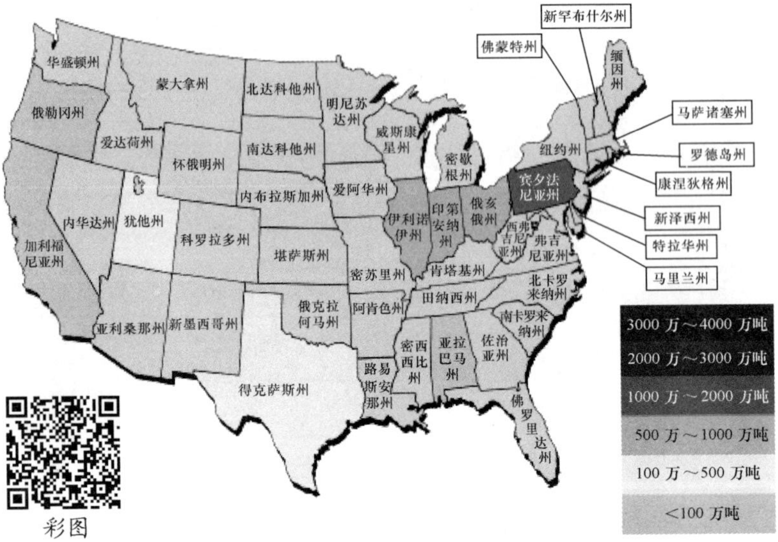

彩图

图 2-9　1974 年美国联合钢铁企业工业布局

（信息来源：MB）

并放弃了钢轨厂，同时关闭了在俄亥俄州 Cleveland 的工厂。

USS 将位于亚拉巴马州的 Farifield 厂关停两年后，又重新启动并升级了高炉和转炉，新建了连铸设备和钢管产线；关闭了得克萨斯州相对落后的产线 Baytown 工厂；关闭了位于犹他州的 Geneva 厂，这个工厂随后被韩国浦项收购并升级了轧钢系统；USS 还尝试与 British Steel 合作收购位于宾夕法尼亚州的 Fairless 工厂，但最终没有成功。USS 为了巩固匹兹堡区域的钢铁产业，对该区域进行重新布局，关闭位于宾夕法尼亚州 Homestead 和 Duquesne 区域的炼钢厂，保留位于宾夕法尼亚州 Clairton 区域的焦化设施，焦化产品供应位于 Duquesne 和 Braddock 区域的高炉，铁水供应位于 Braddock 的转炉，钢坯供应位于 Irvin、Homestead 和其他地区的轧钢厂。因此，USS 在位于 Monongahela 流域不同乡镇之间形成了一个巨大的综合工厂。

为了保证利润增长，USS 开始向非钢领域延伸，在此期间收购了水泥厂、化工厂和化肥工厂。1986~1988 年又收购了两家大的石油公司，分别是 Marathon 和 Texas Oil & Gas，这种多元化发展使其保持了长期稳定的收益，USS 也因此更名为 USX，一直到 2000 年又改回到 USS。

USS 还尝试收购 National Steel，但被政府禁止；当 CF&L 退出铁路业务时，USS 也曾尝试收购这家企业。

上述充分说明，USS 通过压缩产能、降低成本、放弃部分没有竞争力的产品（一部分长材产品）和多元化发展等手段，度过了美国钢铁工业最困难的时期，USS 成为少有的几个没有破产的大型钢铁联合企业之一，退休工人还能按月领取养老金。

B　Bethlehem Steel

20 世纪 70 年代，Bethlehem 有 6 家综合钢厂，即使在美国钢铁行业非常困难的 1977 年依然保持盈利。为了应对亏损，Bethlehem 关停了位于 Lackawanna 和 New York 的两家工厂，将位于 Johnstown 和 Pennsylvania 的转炉和平炉流程替换为电炉流程。

20 世纪 80 年代后，Bethlehem 公司运营困难，为节省支出，Bethlehem 放弃了 Lackawanna 工厂，将 Steelton 工厂转为电弧炉厂，在 Burns Harbor、Steelton 和 Sparrows Point 工厂建设了连铸设备。

2.1.2.3　1989~2000 年

1989 年，USS 仍然拥有 5 个大型分厂，粗钢产量为 1100 万吨左右（其中连铸能力为 695 万吨，连铸比达到 53.1%）。

1991 年 6 月，USS 关闭宾夕法尼亚州的法尔勒斯钢铁厂（Fairless PA Works），1992 年 4 月又关闭了伊利诺伊州的南方钢铁厂（South IL Works）。至此，USS 不再生产建筑钢材。

1993 年 USS 关停全部模铸产线，连铸生产能力为 1185 万吨。到 1994 年，经过调整改造后实现了全连铸，当年粗钢产量为 1167.7 万吨，连铸比为 99.4%。

1996 年，USS 只剩下 3 个具有冶炼能力的生产厂，合计粗钢产能约为 1250 万吨，铁水产能为 1100 万吨，生产的钢铁产品主要以热轧板、镀锡板为主，部分为管材。这三家工厂分别是：位于宾夕法尼亚州的蒙瓦莱（MonValley）工厂，产能约为 300 万吨；位于亚拉巴马州的法菲尔德（Fairfield）工厂，产能约为 200 万吨；位于印第安纳州的加里（Gary）工厂，产能约为 750 万吨。这个产能规模一直至 2000 年基本没有变化，但其市场占有率却从 12.9%下降为 10.5%。

上述分析可见，USS 已经逐渐将投资转向连铸，并全面退出了长材市场。

1996 年美国联合钢铁企业工业布局如图 2-10 所示。

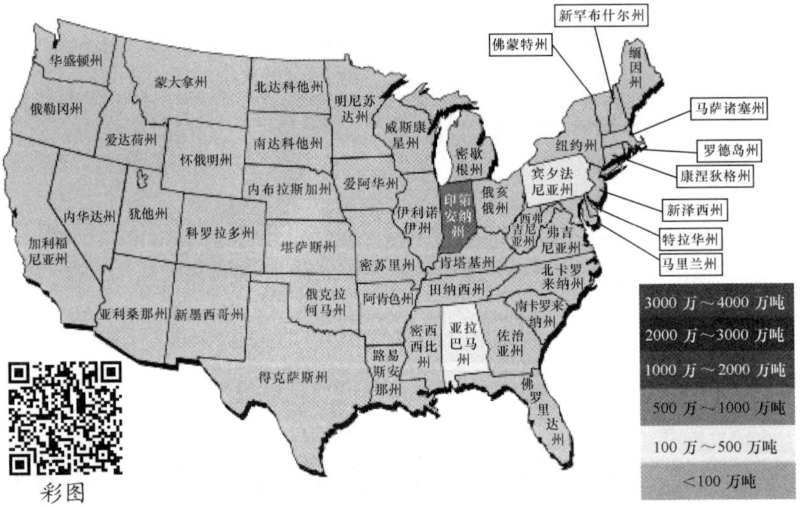

彩图

图 2-10　1996 年美国联合钢铁企业工业布局

（信息来源：MB）

2.1.2.4　2001~2017 年

2001 年，USS 收购了 Slovakia 的 Vychodoslovenske Zeleziarne AS 钢铁企业，同年，USS 尝试收购 National Steel，但由于细节

问题没有成功。

2003 年，USS 成功重组 National Steel，同年国际钢集团（ISG）以 15 亿美元并购了有 99 年历史的 Bethlehem Steel。自此，USS、Nucor 和 ISG 三大钢铁巨头形成，三家公司的年产能均达到 1600 万吨以上。2005 年后 ISG 被 Mittal Steel 整合。

2008 年俄罗斯北方钢铁公司以 8.1 亿美元的价格从安赛乐米塔尔集团手中购得位于美国的斯帕罗斯角钢厂（Sparrows Piont），此次收购使得北方钢铁公司成为当时美国第四大钢铁生产厂。斯帕罗斯角钢厂拥有 390 万吨粗钢生产能力，是美国东海岸地区唯一一家综合性扁钢生产企业。但很快这家钢厂就破产了，目前美国只有三家长流程企业，分别是安赛乐米塔尔美国公司、美国钢铁公司和 AK 钢铁，根据 2018 年 AIST 统计数，这三家企业合计产能 3960 万吨。

2017 年美国联合钢铁企业工业布局分别如图 2-11 和表 2-7 所示。

图 2-11　2017 年美国长流程钢铁企业工业布局

（信息来源：AIST 2017）

彩图

表 2-7　美国高炉—转炉长流程企业产线明细及图例标识

公司	工厂	高炉			转炉				合计产能/万吨·a^{-1}	图例	
		数量/座	容积/m^3	产能/万吨·a^{-1}	建设年份	数量/座	容量/t	产能/万吨·a^{-1}		≥300 万吨 <300 万吨	停产
AK 2 座高炉 6 座转炉	Ashland（停产），Ky		1954	200	1963	2	180	220	520		
	Dearborn，Mich	1	1796	219	1963	2	255	260			
	Middletown，Ohio	1	1460	230	1969	2	225	260			
AM 7 座高炉 15 座转炉	Burns Harbor，Ind	1	2644	273	1969	3	305	470	1590		
		1	2390	273							
	Cleveland East（原 Republic-LTV），Ohio	1	1545	159	1961	2	275	230			
	Cleveland West（原 J&L-LTV），Ohio	1	1594	151	1956	2	220	200			
	Indiana Harbor East No. 2（原 Inland，停产）	1	1621	159	1972	2	210	200			
	Indiana Harbor East No. 3（原 LTV）	1	1941	160	1970	2	300	270			
	Indiana Harbor East No. 4（原 Inland）	1	4161	340	1966	2	280	330			
	Rlverdale（CSP，从外部运铁水），Ⅲ				1959	2	100	90			
U. S. Steel 8 座高炉 15 座转炉	Fairfield（原 USS，停产），Al		1438		1974	3-BOP	205	260	1320		
	Gary，Ind	1	1495	150	1965	3	220	380			
		1	1506	136							
		1	1298	118	1973	3-QBOP	220	360			
		1	3242	280							
	Granite City（原 USS，停产），Ⅲ		1423	120	1967	2	220	260			
			1401	120							
	Great Lakes，Mich	1	1644	135	1970	2	250	320			
		1	1507	140							
	Mon Valley，Pa	1	1597	120	1972	2	250	260			
		1	1219	110							

信息来源：AIST 2017. 2。

彩色表格

2.1.3 美国 Minimill 钢厂布局及规模变化

2.1.3.1 美国 Minimill 钢厂布局变化

Minimill 不同阶段的定义不相一致，第二次世界大战后定义为产能不大于 100 万吨的企业，20 世纪 90 年代后 Minimill 是指区别于拥有大型高炉—转炉设备的钢铁联合企业的现代大、中、小短流程电弧炉炼钢厂。

美国 Minimill 在不同年代的产量占比和产量如表 2-8 所示，2017 年美国 Minimill 的产量增加到 5582 万吨，比重达到了 68.2%。

表 2-8 Minimill 产量及比例统计

分类	年份				
	1957	1974	1996	2014	2017
粗钢产量/万吨	10225	13680	9553	8817	8161
Minimill 产量/万吨	763.16	3240	4324	5465	5582
Minimill 产量不大于 10 万吨比例/%	19.92	3.36	3.24	3.39	3.3
Minimill 产量占比/%	7.46	23.68	45.26	61.98	68.2

信息来源：冶金咨询中心。

图 2-12 为美国各州 Minimill 粗钢产量变化情况。从图 2-12 可以看出 Minimill 从早期主要集中于宾夕法尼亚州、俄亥俄州和伊利伊诺州等钢铁生产和消费重镇，以便获得成本低廉的废钢。随着钢铁消费区域和各地建设需求的变化，Minimill 钢厂开始向中南部扩展、向分散的而非集中区域转移，仍然选择靠近城市周边、贴近原料和消费市场的区域布局，充分利用城市的废钢资源和电网谷电，销售半径一般不超过 200km，物流费用低。到 2014 年已经扩散到亚拉巴马州、田纳西州、南卡罗来纳州、北卡罗来纳州等地区，原来的区域呈萎缩态势。

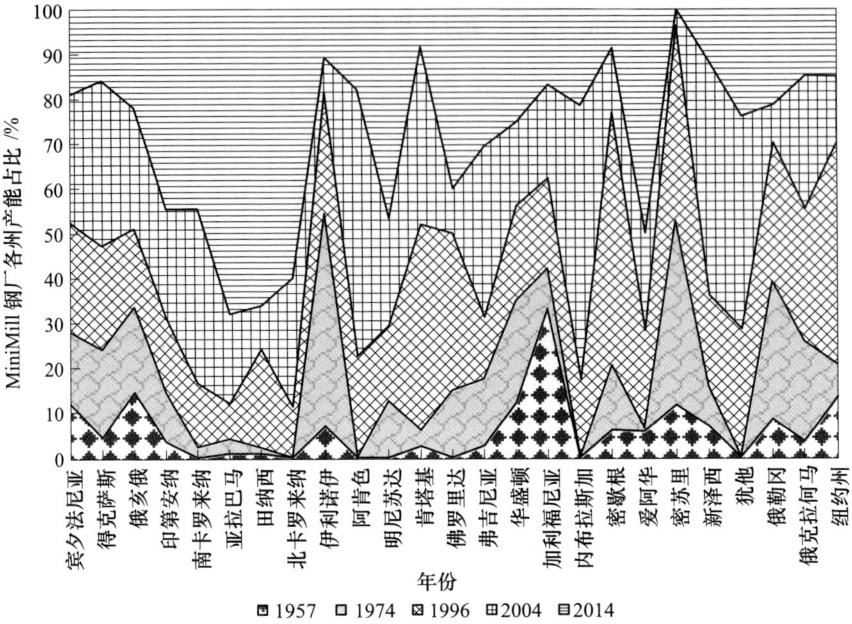

图 2-12　美国各州 Minimill 粗钢产量变化趋势

A　1950~1970 年

小钢厂起初生产规模较小，一般在 10 万~100 万吨/a，主要生产普通长材，特别是用于钢筋混凝土结构的钢筋，当时小钢厂（Small Integrated Firms+Minimill）合计年产量约为 1500 万吨，约占美国粗钢总产量的 15%，随着技术的不断完善，小钢厂规模逐渐扩大，钢铁产量显著提升，到 1970 年小钢厂粗钢产量合计占比上升至 24.91%。

（1）Small Integrated Firms。小型联钢铁企业 Wheeling Steel，因对新技术重视程度不够导致产品竞争力下降，同时受到 Minimill 钢铁产品和进口产品的严重冲击，经营业绩大幅下滑，1967 年被 Pittsburgh Steel 收购。类似的小型联合企业还有 Colorado Fuel & Iron 和 Sharon Steel，这些企业还要面对来自同区域竞争对手的竞争，比如在美国西海岸的 Kaiser Steel 与日本企业竞争就处于弱势地位，同时还要面对来自 Minimill 的竞争。

（2）Minimill。第二次世界大战后部分企业采用电弧炉工艺生产一些产品，比如钢筋和线材。许多钢材用户也开始新建自己的 Minimill，在满足自身使用的情况下还向市场出售，如 Timken 和 Nucor。1950～1970 年，Minimill 的市场份额从 2%增加到 6%。1957 年美国 Minimill 钢铁工业布局如图 2-13 所示。

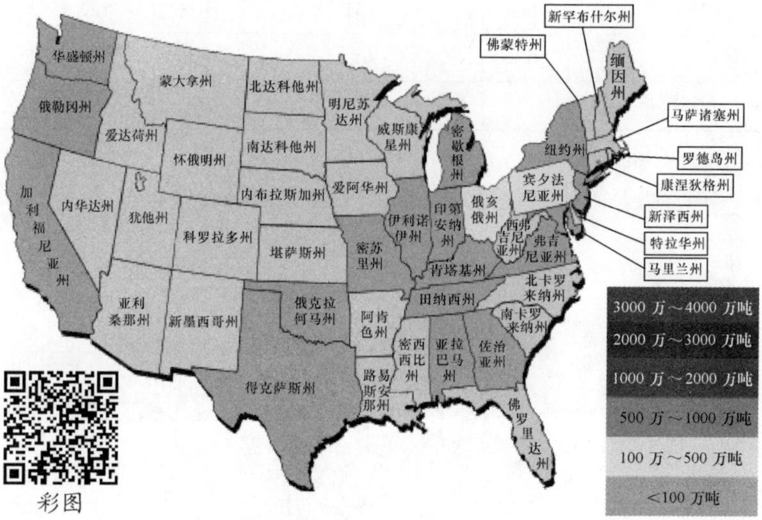

图 2-13 1957 年美国小钢厂工业布局
（信息来源：MB）

B 1970～1988 年

第二阶段为 20 世纪 70～80 年代，尤其是 80 年代美国小钢厂异军突起，生产规模迅猛扩大。1989 年以前，美国大部分长材由小钢厂生产，如钢筋占 100%、小型型材约占 95%、轻型结构钢占 80%、线材占 75%，其年产量已达 3000 万吨，约占总粗钢产量的 30%，典型代表就是 Nucor 和 Florida Steel（Ameristeel）。1970～1988 年美国 Minimill 钢厂产量情况和布局分别如表 2-9 和图 2-14 所示。

表 2-9　1970~1988 年美国小钢厂产量　　（万吨）

年份	产量	CF&I (OI)	Lukens (OI)	Northwest Steel & Wire (M)	Nucor (M)	Georgetown (M)	Florida (M)
1970	11928						
1973	13678	162	80	131			
1975	10576	142	70	126			
1980	10143	142	66	131	108	126	720
1985	8014	55	43	78	171		
1988	9063	68			190		

信息来源：iron age。

注："OI" 指老牌钢企转型电弧炉炼钢，"M" 指 Minimill 企业。

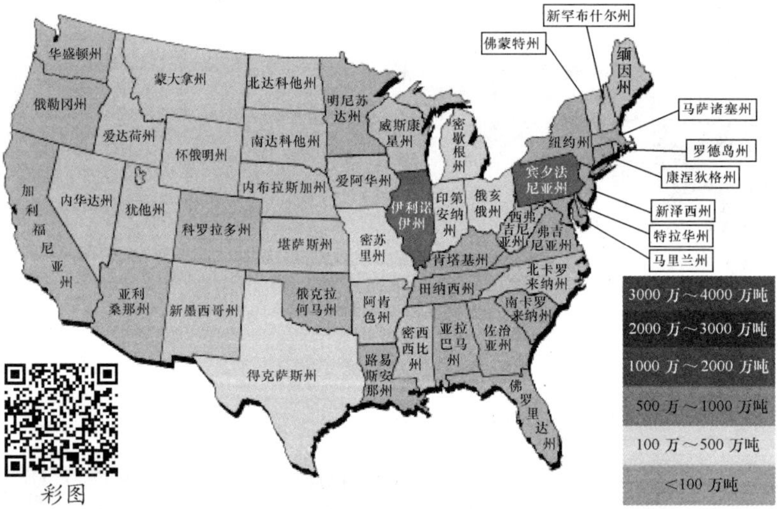

图 2-14　1974 年美国 Minimill 钢铁工业布局

（信息来源：MB）

"OI" 指老牌钢企转型电弧炉工厂，CF&L、Lukens 和 McLouth 是典型的代表。1970 年，CF&L 隶属于 Crane Company，

1座工厂位于Colorado的Pueblo，其他四个厂位于美国东部地区。到了20世纪80年代，CF&L放弃了东部海岸线的工厂，CF&L的Pueblo工厂原来是长流程工厂，主要生产钢轨用钢和石油管，1982年的经济衰退对CF&L造成了巨大的冲击，CF&L选择关闭Pueblo工厂的设备，并着手建立电弧炉炼钢产线。后因出售公司失败建立了员工股票期权计划，在Frank J. Yaklich的领导下，1988年又恢复了盈利。

Lukens Steel在20世纪70年代主要生产船板，新建了两家电弧炉厂。1978年它从破产的Alan Wood Company购买了中厚板轧机，产品主要服务于国防工业，在能源危机中受到的影响较小，1988便恢复了盈利。

Nucor最初是一家汽车公司，由于对汽车钢市场价格不满意，于是在南加利福尼亚兴建了电弧炉厂，主要生产建筑钢筋和其他技术含量比较低的钢材。为了扩大市场份额，Nucor相继在内布拉斯加州、犹他州和得克萨斯州兴建分厂。为了提高技术水平，Nucor首先与Yamato Steel成立合资公司，位于阿肯色州的Blythesville；其次，Nucor在印第安纳州的Crawfordville建了一座生产板坯的Minimill，根据Nucor公司年报统计，1974年Nucor产能为30万吨，到1981年产能增加到200万吨。

Florida Steel的发展相对保守，20世纪80年代，在佛罗里达州、北卡罗来纳州和田纳西州共有5家分厂，主要生产和销售钢筋、棒材和小型型钢，1974年Florida Steel产能约为20万吨，到1981年产能增加到120万吨左右。

C 1989~2000年

第三阶段从Nucor钢铁公司薄板坯连铸连轧生产线1989年7月第一次生产热轧带卷开始，小钢厂开始进入扁平材市场，且生产能力逐年提高。1995年，小钢厂粗钢产量所占比例超过 40%，1996 年达到 42%，1997 年为 45%。

当前，美国小钢厂的含义与 20 世纪 70 年代完全不同了，Minimill 是指区别于拥有大型高炉—转炉流程的钢铁联合企业的大、中、小型短流程钢厂。Nucor 是短流程钢厂最为典型的代表。1996 年美国 Minimill 钢铁工业布局如图 2-15 所示。

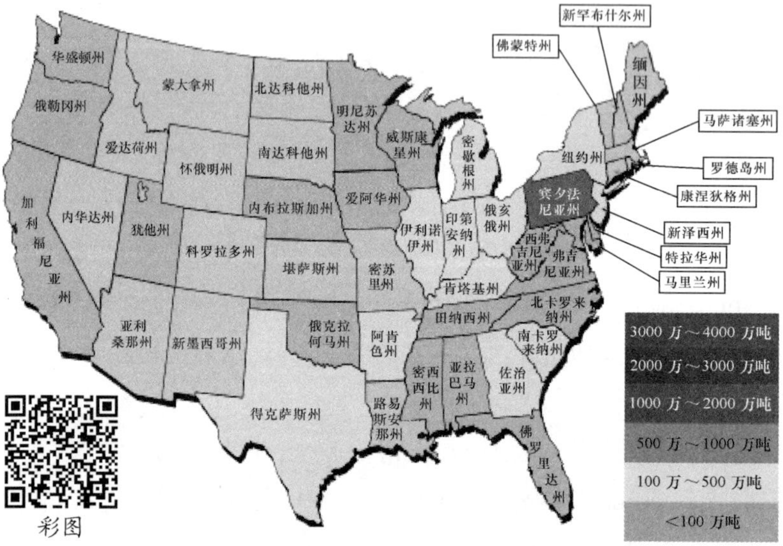

彩图

图 2-15　1996 年美国 Minimill 钢铁工业布局

（信息来源：MB）

除 Nucor 外，其他电弧炉炼钢企业特别是 Minimill 也得到了非常大的发展。这些企业可以划分为：Lukens 和 Lone Star 综合钢厂；由用户发展到钢厂的企业如 Timken 和 Worthington；为实现产品多元化而成立的合资企业，其中如薄板合资企业 Trico 是由 LTV、British Steel、Japanese Sumitomo Steel 组成，另外薄板合资企业 Gallatin Steel 是由 Canadian firms、C-Steel 和 Defosco 组成；类似于 Nucor 拥有多家分厂的企业还有 North Star 和 Florida Steel（Ameristeel）等。

大部分 Minimill 首先面临的一个问题是市场竞争太残酷，

有来自国内生产钢筋、棒线材和钢轨产品企业的同质化竞争，更有来自于同类进口产品双重冲击。第二个问题是废钢价格起伏波动，1990~2001 年美国废钢价格如图 2-16 所示。1988 年开始，美国钢铁工业去产能取得初步成效，废钢资源开始富余，价格开始下调。可查询数据显示，美国废钢价格由 1990 年的 105 美元/t 降至 1992 年的 84 美元/t，但随着 20 世纪 90 年代 Minimill 的批量达产达效，对废钢需求显著增加，同时转炉企业也在提高废钢比，两个因素叠加导致废钢价格一跃升至 1995 年的 141.98 美元/t。20 世纪 90 年代末，废钢价格高企导致一些钢铁企业关停、破产或重组，Laclade Steel 和 Birmingham Steel 就是在此背景下破产的，废钢价格开始回落，2001 年降至 76.18 美元/t。

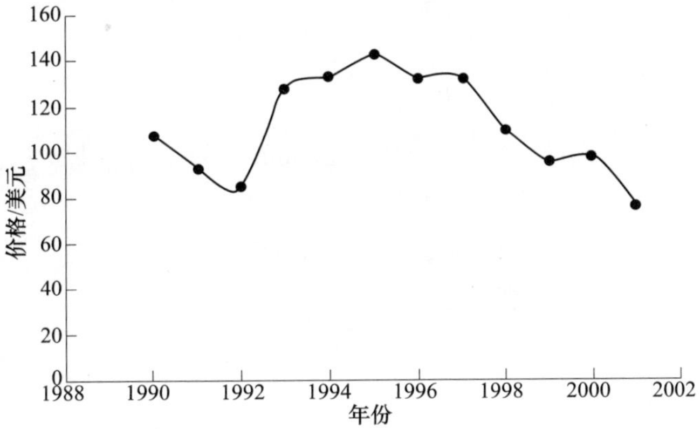

图 2-16　1990~2001 年美国废钢价格
（信息来源：WSD Several Years）

D　2001~2017 年

2001 年 Nucor 在 South Carolina 兴建了另一家板材工厂，在美国西北部具有较强的竞争力，为了让板材产品向下延伸，Nucor 在 North Carolina 的 Hertford County 建立了一座板材加工厂。

2014 年 Nucor 以 7.7 亿美元从 Arcelormettal 与巴西 Gerdau 集团手中收购加拉廷钢铁公司，产能达到了 2600 万吨/a。自此，Nucor 超过 USS 成为美国第一大钢铁公司。2017 年美国 Minimill 钢厂布局如图 2-17 和表 2-10 所示。

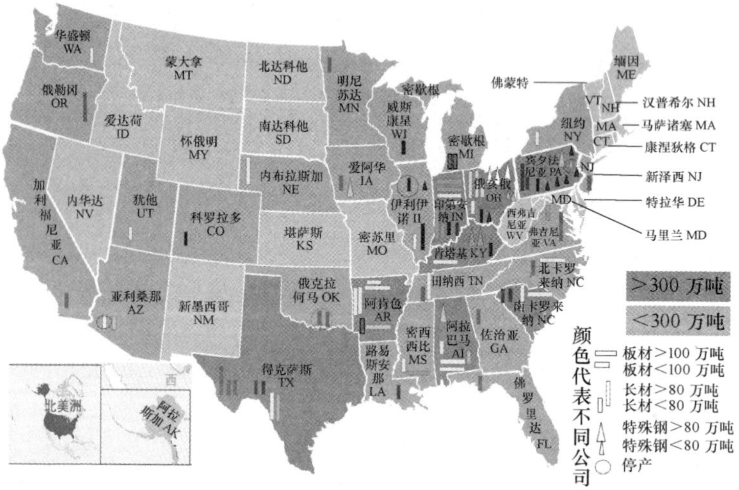

图 2-17　2017 年美国 Minimill 钢铁工业布局

（信息来源：AIST）

表 2-10　美国电弧炉炼钢企业产线布局明细及图例标识

彩色表格

序号	公司(产能:万吨;产线:条)	长材+特钢	板材	闲置
1	Gerdau(61+77+100+77+41+54+43+109+68+27+27+68+54+30=830)　14	长		
2	Arcelor-Mittal(80+45+45+45+62+100+11+11=400)　8	长		
3	Steel Dynamics(45+145+145+154+50+59+9.1=600)　6	长		
4	Nucor(136+159+245+136+154+118+54+109+67=1178);　板 9 (45+50+54+45+84+11+40+109+91+76+91+109+45+127+127=1013)　长 15	长	Castrip	

续表 2-10

序号	公司(产能:万吨;产线:条)	长材+特钢	板材	闲置
5	CMC Steel(64+84+25+91=260) 4	长		
6	Republic(95+91+27=213) 3	长		
7	North Star BlueScope Steel(163) 1			
8	Big River Steel(160) 1			
9	Cascade Steel(90) 1			
10~16	Charter (59+47) Kentucky Electric Steel (27)/Keystone Steel & Wire Co. (91)/EVRAZ North American(54)/sterling(61+127) NLMK (68)/Lehigh Specialty Melting(68) 9	长		○
17	Timken(81+91+91=263) 3	特钢		
18	North American stainless(80+80=160) 2	特钢		
19	SSAB(127+113=240) 2	特钢		
20	AK(91+28+27+36=182) 4	特钢		
21~28	ATI(25+30=55) Carpenter(14×3+3.7=45) TMK(50) Finkl (41) North American Hoganas (30) Elwood Quality (40)/Vallourec star(73) Erie Forge and steel(35) 11	特钢		

2.1.3.2 Minimill 钢厂产能规模及原料结构变化

A Minimill 钢厂产能规模变化

1977~2017 年美国电炉炼钢厂与同期转炉炼钢产能对比如表 2-11 所示。

表 2-11 美国长短流程粗钢产量对比 (万吨/a)

年份	1977	1989	1999	2010	2015	2016	2017
电弧炉炼钢	1874	4295	5092	5771	6514	6465	5945
转炉炼钢	8106	5512	6102	5442	4422	3630	2772

信息来源：AIST。

从表 2-11 可以看出，1977 年，美国电弧炉炼钢产能不到转炉炼钢产能的 1/4。随着美国钢铁产业结构调整，到 1989 年，美国电弧炉炼钢产能达到 4300 万吨，增长了一倍多，而转炉炼钢产能下降到 5500 万吨，下降了 32%；1989 年，电弧炉炼钢产能持续快速增长；到 2010 年，美国电弧炉炼钢产能超过转炉炼钢产能，并在随后的年份里持续增长，转炉炼钢产能持续下降，到 2015 年，美国电弧炉粗钢产量达到 6514 万吨/a 的历史峰值，转炉炼钢产量降到 4400 万吨/a，到 2017 年，美国电弧炉粗钢产量为 5900 万吨/a，转炉炼钢产量进一步降至 2772 万吨/a。

以电弧炉炼钢的典型企业 Nucor 为例，Nucor 的电弧炉炼钢产能由 1977 年的 65 万吨/a，快速增长到 1989 年的 318 万吨/a，增长了 3.9 倍；到 1999 年电弧炉炼钢产能达到 695 万吨，2010 年为 1638 万吨/a，2016 年达到 1900 多万吨/a，40 年间，Nucor 电弧炉炼钢产能增长了 28 倍。

1999 年，AK Steel 粗钢产能为 490 万吨/a，全部为转炉钢，2010 年转炉钢产能增长到 544 万吨/a，电弧炉炼钢产能为 93 万吨/a；目前 AK Steel 转炉炼钢产能为 520 万吨/a，电弧炉炼钢产能增长到 182 万吨/a。

1984 年，Republic Steel 与 LTV Corp. 的 Jones & Laughlin 分部合并组建 LTV Steel，1989 年 LTV Steel 的转炉炼钢产能为 834 万吨/a，平炉钢产能为 145 万吨/a，电弧炉炼钢产能为 124 万吨/a；1999 年 LTV Steel 转炉炼钢产能为 771 万吨/a，电弧炉炼钢产能为 36 万吨/a；2000 年，LTV Steel 宣布破产，主要产线被安赛乐米塔尔钢铁公司收购。

新的 Republic Steel 于 2011 年 9 月重新成立，是美国特钢棒材（SBQ）主要供应商之一，总部位于俄亥俄州的 Canton，Minimill 主要位于俄亥俄州的 Canton 和 Lorain，并在多地设有加工中心，公司主要产品包括热轧棒线材、冷轧棒材和线材产品，目前粗钢产能 146 万吨/a。该公司前身为 Republic Engineered Products，其于 2003 年 12 月从 AM 集团剥离，2005 年 7 月被一家墨西哥快速发展起来的钢铁生产商和加工商 Industrias CH S. A de C. V. （ICH）收购。Republic Steel 作为墨西哥瓜达拉哈拉 Grupo Simec 的子公司。Republic Steel 在美国钢铁工业调整过程中，经历了合资、收购等一系列活动后，其电弧炉炼钢产能由 1977 年的 82 万吨/a，增长到 1999 年的 196 万吨/a，同期转炉钢产能为 200 万吨/a；2010 年其电弧炉炼钢产能下降为 122 万吨/a，同期转炉炼钢产能增长至 300 万吨/a。2015 年以来其电弧炉炼钢产能稳定在 193 万吨/a 左右。

CMC Steel Group 也是典型的 Minimill，通过投资收购和新建，其电弧炉炼钢产能持续增加，1989 年该公司电弧炉炼钢产能为 81 万吨/a，1999 年增长到 159 万吨/a，2010 年增长到 190 万吨/a，2015 年增长到 252 万吨/a，2016 年产能增长到 263 万吨/a。

B　Minimill 钢厂原料结构变化

美国 Minimill 钢厂电弧炉原料结构的变化主要与直接还原铁的使用有关，其中生产板材产品的工厂原料结构为废钢+高炉生铁或直接还原铁，生产长材产品的工厂原料结构中废钢比例较高，大部分都是 100%废钢。

以 Nucor 为例，自 2002 年开始，Nucor 开始投资或者合资建立直接还原铁厂来优化原料结构，抵消因废钢价格变化对公司盈利带来的影响。2002 年 4 月，Nucor 与力拓集团、三菱商事和中国钢铁企业首钢总公司合资成立西澳 Kwinana 商业 HIsmelt 工厂；2003 年 4 月，Nucor 与巴西淡水河谷公司（“淡水河谷公司”）成立合资公司，在巴西北部建设和经营一个环保生铁项目。这个名为 Ferro GusaCarajásS. A. （“FGC”） 的项目利用巴西北部 Carajás 矿山的铁矿石，以两座传统的小型高炉每年生产约 38 万吨生铁。2008 年，Nucor 以 14.4 亿美元收购了 David J. Joseph 废钢公司，该公司是美国最大的废钢加工商和经纪商之一，此次收购使 Nucor 控制的废钢原料占全美废钢回收市场的 75%~90%。2011 年，在路易斯安那州圣詹姆斯区新建第一座直接还原铁项目，该厂投资 7.5 亿美元，设计产能 227 万吨，采用 Tenova HYL 气基直接还原技术生产直接还原铁，2014 年正式运营投产。通过一系列的收购和投资新建，Nucor 共有 35 家钢铁相关子公司，3 家位于意大利，其余均在美国本土，共有电弧炉 25 座，美国本土有 24 座，最小的 40t，最大的 250t，大多数在 100~170t，粗钢冶炼能力约为 2600 万吨/a。

为了保证板材产品质量，Nucor 还建设了两家 DRI 生产企业，合计产能 450 万吨/a。目前，Nucor 钢铁冶炼原料结构已由原来的纯废钢转变为废钢+直接还原铁，其中直接还原铁已占到其原料结构的 10%~20%，主要在板材生产过程中添加。例如 Nucor-Berkeley 厂在 2010 年的原料结构是 60%废钢、28%其他生铁和 12%直接还原铁，2015 年以来该厂废钢比例为 65%，生铁+直接还原铁为 35%；生产长材产品的工厂原料结构中废钢比例较高，大部分都是 100%废钢。

AK Steel 的产品主要是板材，尤其是其生产高端硅钢产品，但是从 2010 年 AK Steel 电弧炉原料结构来看，其废钢比例达 90%，废钢比例较高的主要原因是其所用废钢质量较高，可以保证其板材等高端产品的质量；2015 年到现在，其电弧炉原料结构中，废钢比例为 100%。

Republic Steel 公司的产品主要是特殊钢棒材 SBQ（Special Bar Quality），其原料结构中废钢比例为 100%。

ArcelorMittal 的 Georgetown 厂的废钢比例为 47%，生铁比

例为53%，该厂废钢比例较低的原因是产品多为高端盘条和线材，该厂于2015年8月关闭。

CMC Steel Group是典型的Minimill，由早期的废钢回收加工公司逐渐发展而来的，其电弧炉原料结构基本为100%废钢。

2.1.3.3 Minimill钢厂的典型产品结构

A Nucor Corporation[35]

截至目前，Nucor主要有13家棒材厂（769万吨/a）、5家薄板厂（2家Castrip，薄板1098万吨/a）、两家结构钢厂（295万吨/a）、2家中厚板厂（256万吨/a）、2家管材厂（94万吨/a），合计钢材总产能约为2512万吨/a。2003年以来美国Nucor产能结构和利用情况如图2-18所示。

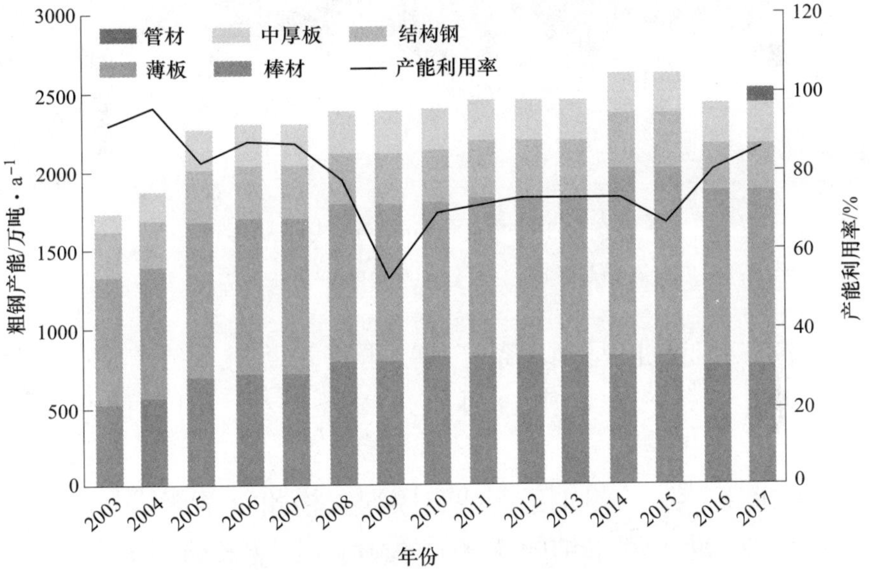

图2-18 2003年以来美国Nucor产能结构和利用率变化

（信息来源：2002—2018 Nucor Annual Report）

a Nucor主要产线布局

Nucor拥有26家短流程钢厂，用于生产棒材、薄板、中厚板、结构钢和管材，产线主要布局在美国南部、东北部、中部和西部，海外也有一定的布局，Nucor 产线布局如图 2-19 所示，产线分布具体如下。

彩图

图 2-19　美国 Nucor 产线布局

（信息来源：2018 Nucor Annual Report）

南部：亚拉巴马州 5 条产线、得克萨斯州 2 条产线、路易斯安那州 1 条产线、密西西比州 1 条产线、田纳西州 1 条产线；

东北部：纽约州 1 条产线、康涅狄格州 1 条产线；

东部：北卡罗来纳州 1 条产线、南卡罗来纳州 2 条产线、肯塔基州 1 条产线、佐治亚州 1 条产线；

中部：印第安纳州 1 条产线、伊利诺伊州 3 条产线、俄亥俄州 2 条产线、密歇根州 1 条产线；

西部：亚利桑那州 1 条产线、内布拉斯加州 1 条产线、华盛顿州 1 条产线、犹他州 1 条产线、阿拉斯加州 2 条产线；

海外：意大利 3 条产线以及特立尼达和多巴哥 1 条产线。

b Nucor 产品结构特点

Nucor 是世界上最现代化、最高效的钢铁厂之一，以回收废钢和废旧金属为原料，采用电弧炉冶炼，并利用高效率的连铸连轧工艺生产螺纹钢、角钢、圆钢、槽钢、扁钢、薄板、钢梁和中厚板等产品。2016 年钢材产量为 1931 万吨，同比 2015 年的 1750 万吨增长了 10%，产能从 1970 年的 11 万吨/a 增长到 2017 年的 2500 万吨/a。

2017 年 Nucor 分品种产能分配情况见表 2-12 和图 2-20。

表 2-12 2017 年 Nucor 分品种产能分配情况

产品品种	产能/万吨 · a^{-1}	生产厂数量	占总产能比/%
棒材	769	13	30
薄板	1098	7	44
结构钢	295	2	12
中厚板	256	2	10
管材	94	3	4
总计	2510	27	100

信息来源：2018 Nucor Annual Report。

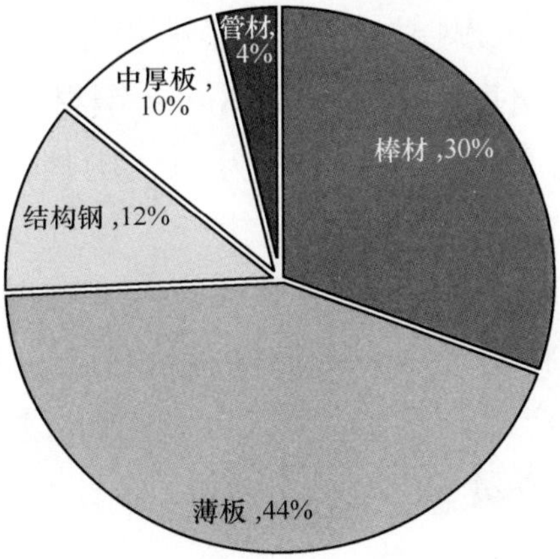

图 2-20 2017 年 Nucor 分品种产能分配情况

（信息来源：2018 Nucor Annual Report）

在 Nucor 钢铁生产成本中，废钢和废钢替代品是其总成本中最重要的因素，废钢和废钢替代品的平均成本从 2015 年的 270 美元/t 降至 2016 年的 228 美元/t，下降了 16%，这主要取决于市场行情。当时情况下，Nucor 实施原材料附加费或价格调整机制帮助公司保持经营利润。

电力和天然气也是 Nucor 钢铁生产重要成本因素。2016 年 Nucor 能源总成本同比 2015 年每吨下降 4 美元，主要是通过提高生产效率和降低电力和天然气的单位成本来实现的，2016 年 Nucor 能源成本约占总成本的 6%。

Nucor 的运营是高度自动化的，2016 年 Nucor 人工成本约占总成本的 11%，Nucor 员工的流失率极低，所有员工有相当大的部分都是在按劳取酬、按照生产业绩来激励和考核的，增加生产收入的额外奖励是每周支付的。另外，Nucor 是电弧炉炼钢厂，短流程生产可以较容易地按照短期市场需求变化来调整生产，相对传统的长流程钢厂有比较优势。Nucor 利用这种高度可变的低成本结构，可以在市场疲软情况下更好地控制成本。

2016 年，Nucor 钢材的 86%都销售给了外部客户，其余 14%用于公司内部使用。2016 年 Nucor 钢材外部客户出货量为 1709 万吨，同比 2015 年的 1543 万吨，增长了 11%。

自 2012 年以来，Nucor 已经投资了超过 60 亿美元的项目，不仅使产品多样化，而且可不受市场束缚地服务各领域客户。这些收购和投资将增强 Nucor 长期盈利能力，扩大产品覆盖面和服务渠道，生产更高附加值产品，改善成本结构，进一步巩固市场地位，图 2-21 是 2016 年销售给外部客户的产品结构情况。

按照棒材、薄板、结构钢、中厚板、管材、下游产品和原材料供应分析如下。

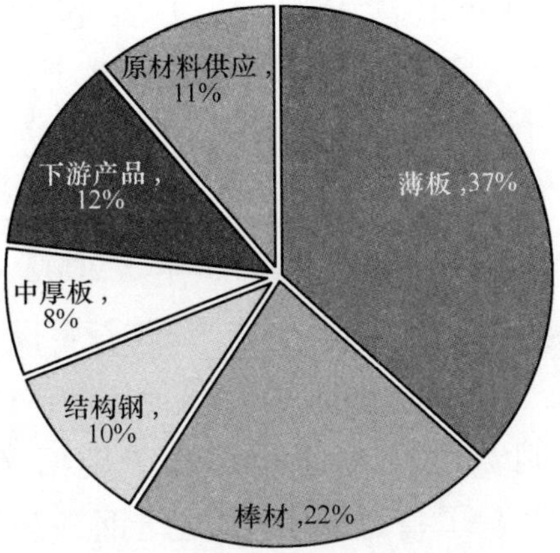

图 2-21 2016 年 Nucor 销售给外部客户的各钢材产品比重（不含管材）
（信息来源：2017 Nucor Annual Report）

（1）棒材。Nucor 在美国拥有 13 家棒材生产厂，主要生产混凝土用钢筋、热轧带肋钢筋、圆钢、小型钢、结构用角钢、槽钢、线材等碳素钢与合金钢产品。其中 4 家于 1969~1981 年投资建设，通过近些年不断的产能扩张及产线改扩建，钢厂设备现代化程度提高，能够在全球保持竞争力。其余的生产厂是自 2000 年以来通过收购的方式获得的。Nucor 自 2012 年 1 月在内布拉斯加州、南卡罗来纳州、田纳西州的棒材厂启动了一项 2.9 亿美元的战略投资，目的是将特殊棒材 SBQ（Special Bar Quality）和盘条钢产品产能提高到 91 万吨，其特殊棒材主要面向具有高价值但又不值得进口的工程用钢市场。最近，Nucor 为田纳西州生产厂安装了热处理设备，为内布拉斯加厂安装了新盘条输送系统，显著改善了质量。2017 年 Nucor 继续增加投资来改善和提高 SBQ 产品的质量和性能。Nucor 棒材产品广泛用于农业、汽车、建筑、能源、家具、机械、钢结构、铁路、造船、重卡和拖车等细分市场。Nucor 棒材相关产品总计产能为 769 万吨/a。

（2）薄板。Nucor 薄板产品主要包括热轧板、基板（SURESTRIDE™）、薄带连铸（Castrip®）产品、冷轧板、热/电镀锌板，主要用于汽车、家电、建筑、管道等领域。Nucor 的薄板生产厂中，有 5 家利用薄板坯连铸连轧工艺生产普通薄板产品，其中 3 个建于 1989～1996 年。2002 年以 1.2 亿美元收购了主要生产薄板的 Trico 钢厂（1997 年投产，产能 190 万吨/a）。2011 年，对南加州伯克利厂开展了一项战略投资，使伯克利厂能够轧制宽度在 1830mm 的薄规格产品。2014 年 10 月以 7.7 亿美元收购了肯塔基州加拉廷钢铁公司，主要生产板卷的短流程钢铁企业，产能约为 160 万吨/a，收购加拉廷钢铁公司有助于 Nucor 拓展美国中西部地区市场，该地区是美国最大的扁平材消费地区。Nucor 的四家普通薄板厂都装备了全套热轧、冷轧和镀锌生产线，并通过战略投资和持续的产线设备技术改造，不断提升薄板产品的质量和性能，包括生产更薄、更高强度的汽车用板。2016 年 9 月，Nucor 宣布将投资 2.3 亿美元在位于阿肯色州布莱斯维尔（Blyt heville）的希克曼厂（Hickman）新建高附加值冷轧卷生产线，产能为 45 万吨/a。新的生产线于 2016 年开工建设，计划在两年内建成，新的冷轧生产线将主要生产汽车行业用先进高强度冷轧卷，以拓宽公司高附加值汽车用钢产品大纲，生产的冷轧卷将运送至迪凯特厂（Decatur）及伯克利厂（Berkeley）进行镀锌，然后供应汽车生产企业。

新建冷轧生产线也符合公司通过增加高附加值产品比例以提高盈利水平的长期发展战略。新的冷轧生产线选址位于阿肯色州，邻近墨西哥，将有助于 Nucor 进一步开拓墨西哥汽车用钢市场并降低物流成本。新生产线除了生产目前 Nucor 能够生产的钢种之外，还将生产一些新钢种以进一步拓宽产品大纲，如冷轧硅钢片。

Nucor 还拥有两家薄带连铸 Castrip®生产厂，分别于 2002 年 5 月在印第安纳州克劳福兹维尔（Crawfordsville）和 2009 年阿肯色州布莱斯维尔（Blytheville）投产。

Nucor 薄板相关产品总计产能为 1098 万吨/a。

（3）结构钢。Nucor 拥有两家结构钢生产厂，一家是 1988 年与日本大和工业株式会社合资建立 Nucor-Yamato 厂，该厂位于阿肯色州布来斯维尔（Blytheville），Nucor 持股 51%；另一家是在南卡罗来纳州伯克利（Berkeley）的全资结构钢厂。两家钢厂都采用特殊的近终形铸造方式生产结构钢，与传统工艺相比，异型坯的形状更接近成品梁。两家钢厂主要生产宽翼缘工字钢梁、钢桩和大型型钢，主要应用在工厂、建筑、制造和钢材服务中心等领域。Nucor 结构钢相关产品总计产能为 295 万吨/a。

近些年来，Nucor-Yamato 厂投入大量资金提升产品质量和性能。2012～2014 年，Nucor-Yamato 厂完成一项 1.15 亿美元的战略投资以提高该厂热轧钢板桩产能，新的钢板桩车间占地面积更大、安装成本更低，能够生产质量更轻、强度更高、能用于更多领域的低成本产品。2016 年下半年，Nucor-Yamato 厂还投资 7500 万美元新建淬火+回火产线项目，这一投资加强了 Nucor-Yamato 厂作为北美唯一高强度低合金钢梁生产商的地位。高强度低合金钢梁主要用于高层建筑、体育场和会议中心等长跨度桁架的重力柱。

此外，Nucor 于 2012 年 5 月以 6.05 亿美元收购安赛乐米塔尔旗下分销公司 Skyline Steel LLC 及其附属企业的计划获得美国政府的批准。Skyline Steel 总部位于新泽西州帕西帕尼（Parsippany），业务遍布美国、加拿大、墨西哥和加勒比海地区，产品包括螺旋焊钢管桩、轧制及焊接钢管桩、冷弯钢板桩等，用于建造海洋平台、桥梁、高速公路、防波堤、商业地下停车场等。

（4）中厚板。Nucor 中厚板产品主要用于驳船、重型设备、轨道车辆、炼油厂油罐、船舶、风力发电塔架等的制造。

2016 年 8 月，Nucor 斥资 2900 万美元收购位于得克萨斯州朗维尤（Longview）的 Joy Global 中厚板公司。Joy Global 中厚板公司主要生产高附加值碳钢和合金钢热处理中厚板，产能约为 12.5 万吨/a，雇员约为 140 人，生产的中厚板厚度为 1～12in，最大宽度为 138in。Nucor 首席执行官 John Ferriola 表示，收购 Joy Global 中厚板公司对 Nucor 已有的两家中厚板生产企业是有益的补充，特别是在高附加值中厚板产品方面，有助于满足高端中厚板用户需求。此前，Nucor 在北卡罗来纳州赫特福德县（Hertford County）以及亚拉巴马州塔斯卡卢萨（Tuscaloosa）拥有两家中厚板生产企业，Nucor 三家中厚板厂合计产能 256 万吨/a。

Nucor 持续对其中厚板厂进行技术改造升级来增加中厚板产品的附加值。2011 年，Nucor 在北卡罗来纳州的厚板厂增加 1 套热处理装置，经过热处理的厚板强度、耐磨性和和韧性要求更高。2012 年，又增加了 1 套真空脱气设备，2013 年，该厂又增加 1 条新的常化作业线。这些举措都是为了增加中厚板产品的附加值。

（5）管材。2016 年 10 月，Nucor 以 4.3 亿美元收购了独立钢管公司（ITC）。独立钢管公司是美国领先的中空型钢（HSS）生产企业，年产能 59 万吨，其下属的四家生产企业位于伊利诺伊州和亚拉巴马州，产品主要应用于非住宅建设、基础设施、农业及建筑机械等行业，在美国中空型钢市场占据第二大市场份额。由于独立钢管公司在非住宅建筑市场的显赫地位，Nucor 收购该公司后，进一步增强了服务能力，为客户提供了更多的选择。

2017 年 1 月，Nucor 斥资 1.3 亿美元收购位于亚拉巴马州伯明翰的中空结构型钢（HSS）生产企业——南部钢管公司（Southland Tube）。南部钢管公司是美国第三大中空结构型钢生产企业，位于亚拉巴马州伯明翰市，年发货量为 22 万吨。其生产的中空结构型钢在钢结构、机械制造、非住宅建设、基础设施建设和重型设备等领域得到广泛的应用。通过收购南部钢管公司，Nucor 可以为旗下钢板生产企业找到新的市场，收购完成后 Nucor 对自产钢材产品进行深加工的比例将由 2006 年的 8%提升至约 20%，从而增加产品的附加值，提高公司整体盈利能力。

2017 年 1 月，Nucor 与总部位于卢森堡的泰纳瑞斯集团（Tenaris）签署协议，斥资 3.35 亿美元从后者手中收购焊管生产企业共和导管公司（Republic Conduit）。收购共和导管公司不仅使 Nucor 获得了 1 条高附加值钢管生产线，扩充了产品大纲，还有助于 Nucor 扩大在美国钢管市场的份额，进一步巩固公司市场地位。

共和导管公司在肯塔基州路易斯维尔（Louisville）和佐治亚州锡达斯普林斯（Cedar Springs）拥有两家生产企业，实际年产能 13 万吨，其主要产品为电力行业用电镀锌金属管、金属导管以及热镀锌金属导管，广泛应用于医院、学校、办公室、宾馆、体育馆、教堂及购物中心等建筑的电力管线。

Nucor 管材产品总计产能 94 万吨/a。

（6）下游产品。

1）螺纹钢加工、安装。哈里斯钢铁公司是 Nucor 集团的子公司，该子公司在美国和加拿大为公路、桥梁、商业和住宅等基础设施生产、分销、安装螺纹钢等，一直是 Nucor 螺纹钢加工业务的重要增长平台。自从 2007 年 Nucor 收购哈里斯钢铁公司以来，Nucor 螺纹钢的年加工能力翻了一番以上，达到

154 万吨/a。2016 年哈里斯钢铁公司螺纹钢销量为 101 万吨，同比 2015 年的 108 万吨下降了 6%。

哈里斯钢铁公司在美国和加拿大拥有 70 多个螺纹钢加工和制造厂，每个工厂都服务于当地市场。美国和加拿大的建筑市场在过去几年稳定下来，但仍远低于历史最高水平。

2）Nucor 钢筋网架、钢格板和紧固件业务。

钢筋网架（Steel Mesh）：Nucor 康涅狄格公司（Nucor Steel Connecticut）、Nucor 线材犹他公司（Nucor Wire Products Utah）和加拿大 Laurel 和 Laurel-LEC 的哈里斯（Harris Steel）钢铁公司开展钢筋网架业务，总计钢筋网架产能 12 万吨/a。

钢格板（Grating）：Nucor 钢格板业务在美国的 Nucor Grating 和加拿大的 Fisher & Ludlow 生产钢格板和铝格板，主要侧重新建筑和维修相关市场。2017 年 2 月，Nucor 收购了 Nucor Grating 公司的其他战略资产，该措施有助于 Nucor 扩大在北美地区的地理覆盖面，增强 Nucor 在北美地区的领导地位，为客户提供额外价值。自此，Nucor 钢格板产能增加到 14 万吨/a。

紧固件（Fastener）：Nucor 主要在印第安纳州的螺栓制造厂生产碳钢、合金钢六角螺钉、六角螺栓、结构螺栓、螺母、垫圈、六角螺母和定制工程紧固件。Nucor 生产的紧固件广泛应用于汽车、机床、农具、建筑和军事领域，产能约为 6.8 万吨/a。

3）钢制托梁（Joist）。Nucor 所属的 VULCRAFT / VERCO 集团是美国最大的生产商和领先企业，主要生产用于非住宅建筑钢制托梁、桁架梁和钢甲板等。

Nucor 主要通过遍布美国的 7 个 Vulcraft 设施进行生产和销售，目前钢制托梁产能为 65 万吨/a，2016 年，Vulcraft 销售了 40 万吨钢制托梁主梁，同比 2015 年的 39 万吨增长了 4%。

2015~2016 年，材料成本（主要为钢材）约占钢制托梁销售额的 49%。

4）装饰板（Deck）。Nucor 主要通过美国各地的 9 家装饰板工厂进行生产和销售，其中 6 个工厂毗邻 Vulcraft 钢梁厂，目前 Nucor 装饰板产能约为 48 万吨/a。2016 年，Nucor 装饰板销售量为 40 万吨，同比 2015 年的 36 万吨增长了 10%。装饰板生产中，材料成本（主要是卷板）占了较大比例，2015~2016 年，材料成本分别占装饰板销售额的 68%和 64%。2017 年，Nucor 将在加拿大东部的一家工厂开始托梁和装饰板的生产，以便更好地为加拿大客户提供服务，Vulcraft 拥有庞大的卡车运输团队，可确保准时交付托梁和装饰板产品。

5）建筑钢结构（Buildings Group）。Nucor 为建筑工程定制的钢结构和组件，主要通过 Nucor Building Systems、American Buildings Company、Kirby Building Systems 和 CBC Steel Buildings 在美国各地的工厂生产，总计有 11 家钢结构工厂，产能 42 万吨/a。2016 年销售量为 27.6 万吨。目前美国的建筑市场已经企稳，但仍远低于历史最高水平。

6）冷加工产品。Nucor 冷加工产品（Nucor Cold Finish）是北美地区最大和最多元化的冷加工棒材生产商。2015 年通过收购 Gerdau 在美国俄亥俄州和佐治亚州的冷加工工厂，进一步扩大了领先优势。这项收购是 Nucor 在密苏里州、内布拉斯加州、南卡罗来纳州、犹他州、威斯康星州和加拿大安大略省拥有冷加工工厂的有益补充，其中加拿大的冷加工厂是哈里斯钢铁公司的一部分，在 Laurel Steel 运营。目前 Nucor 冷加工的产能超过 83 万吨/a，2016 年冷加工产品销售量为 38.6 万吨。2016 年 Nucor 冷加工产品产能结构见表 2-13 和图 2-22。

表 2-13　2016 年 Nucor 冷加工产品产能结构

产品品种	产能/万吨 · a^{-1}
钢筋	158
冷加工产品	83
钢制屋顶	65
屋顶承板	48
建筑钢结构	42
钢筋网	12
钢格板	9
紧固件	7
总计	424

信息来源：2017 Nucor Annual Report。

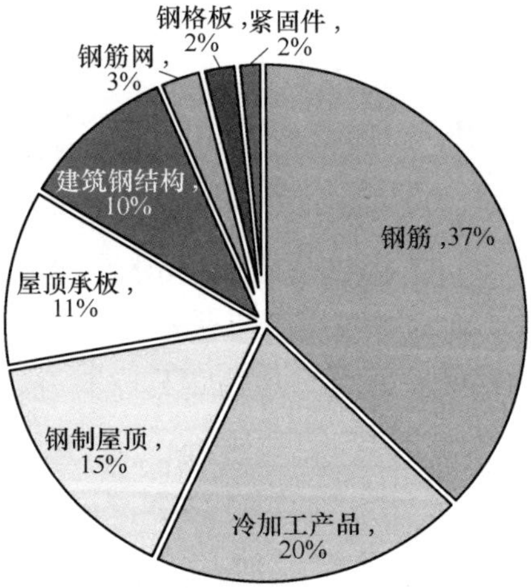

图 2-22　2016 年 Nucor 冷加工产品产能结构

（信息来源：2017 Nucor Annual Report）

Nucor 冷加工产品主要采用拉拔、车削、研磨和抛光等机加工工艺生产碳钢、合金钢、含铅易切削钢等产品，包括圆钢、六角钢、扁钢和方钢，广泛应用于轴承和机加工领域，包括家电、汽车、建筑装备、电动机、农业机械和流体动力工业等。数以万计的产品使用Nucor冷加工棒材，例如空调压缩机用地脚螺栓、液压缸、轴承、吊扇电机、车库门开启器、电动机和割草机等。

7）原材料供应。Nucor认为废钢及其替代品成本在其生产成本中所占的比例最大，因此始终执行其在原材料领域的投资策略，以改善钢铁制造业务的成本结构。在原材料方面，Nucor将重点放在废钢来源、直接还原铁制造及天然气资源三方面。

① 废旧资源回收及循环利用。Nucor于2008年收购了美国最大的废旧资源回收公司David J Joseph Company（简称DJJ）。DJJ拥有近70套废物循环利用设备，其中包括15套汽车破碎机以及其他破碎、打包、剪切、分拣设备等，见表2-14。

表2-14 Nucor DJJ公司设备数量及分布

子公司	设备数量	地区分布
优势金属回收（Advantage Metals Recycling）	15	堪萨斯州、密苏里州
金属回收服务中心（Metal Recycling Services）	4	北卡罗来纳州
大河金属回收（River Metals Recycling）	10	伊利诺伊州、印第安纳州、肯塔基州、俄亥俄州
得克萨斯港回收（Texas Port Recycling）	4	得克萨斯州
Trademark金属回收（Trademark Metals Recycling）	27	佛罗里达州、佐治亚州
西部金属回收（Western Metals Recycling）	8	科罗拉多州、内华达州、新墨西哥州、犹他州

信息来源：2017 Nucor Annual Report。

DJJ 的主营业务包括废钢、黑色金属及有色金属废料的回收、加工与运输服务，铁合金、球墨铸铁及生铁的生产与销售，工业废料回收处理，轨道车辆的租赁、采购、销售与拆解等。DJJ 回收的废钢占 Nucor 废钢原材料的 75%～90%，收购使得 Nucor 能够持续稳定地获得生产用原材料废钢。所有这些业务都为 Nucor 成为北美最多元化的钢铁生产商的竞争策略贡献了价值。

② 直接还原铁制造。Nucor 运营着两座直接还原铁厂，总产能 450 万吨/a，拥有世界级的金属化率和碳含量水平。DRI 是 Nucor 用于高品质废钢和生铁的替代原料。有足够多高品质金属原料来生产更高品质的钢材，是支持 Nucor 持续增长战略的关键。Nucor 的 DRI 生产能力为其快速调整原料组合提供了极大的灵活性，可以快速适应当前的市场状况，应对废钢市场的波动是 Nucor 具备竞争力的关键所在，也有利于 Nucor 管理和控制供应链风险。

Nucor 的第一家 DRI 厂 Nu-Iron Unlimited 位于中美洲地区的特立尼达岛。Nu-Iron 的前身是位于美国路易斯安那州康文特（Convent）地区的美国还原铁公司（American Iron Reduction，简称 AIR），AIR 建于 1998 年 1 月，1999 年 9 月投产，采用气基还原工艺（Midrex）。在经营了几年后，由于北美地区天然气价格的飙升，抬高了生产成本，2005 年 Nucor 决定将其搬迁到中美洲的特立尼达岛并成立新公司 Nu-Iron。搬迁到特立尼达岛主要得益于当地低成本的天然气供应，较容易获得来自巴西的铁矿石和将 DRI 成品运回美国。2006 年 12 月 Nu-Iron 投产，年产能由原来的 40 万吨提高到 180 万吨，2011 年又提高至 200 万吨。

2010 年 9 月，Nucor 宣布在美国本土建设 DRI 厂。第一个项目建在路易斯安那州的圣詹姆斯教区，项目于 2011 年 2 月开工，于2013年底建成投产，该项目投资7.5亿美元，占地约16km^2，该项目中的DRI单体设备设计产能250万吨/a，位居全球首位，2014年该厂运行势头良好，但是2014年该厂因辅助设备故障而停产，2015年第一季度末重新启动，2015年10月下旬因为钢铁市场下滑和价格低迷，该厂开始停产检修，一直持续到2016年1月下旬才再次重启。

路易斯安那州直接还原铁厂采用达涅利Energiron ZR直接还原技术。Energiron ZR工艺是由达涅利、Tenova HYL和Techint等公司组成的Energiron公司研发的。这种技术的最大特点是生产的高度灵活性并且不需要煤气重整器，生产过程中产生的废气、废水不仅量少且很容易控制，可以满足严格的环境排放标准。通过对DRI生产过程中产生的CO_2进行捕获和再利用，还可以获得稳定的经济效益。此前，阿布扎比的阿联酋钢铁工业公司采用这项技术使产能达到200万吨/a。埃及Suez钢公司在2011年底建成投产产能为190万~220万吨/a的设备。

DRI中的碳大部分以渗碳体的形式存在，如Fe_3C，碳含量高低可以通过控制还原性气体成分或氧气含量来调节。通过ZR技术生产的DRI，与通过其他工艺生产的DRI相比，稳定性更高。此次Nucor兴建的DRI厂，其产品金属化率为96%，碳含量不低于3%。

圣詹姆斯教区DRI生产厂是Nucor在路易斯安那州多阶段发展计划中的第一步，该计划包括建立一个综合性钢厂，除目前在建的DRI厂外，还将再建一座DRI厂（年产能也是250万吨）、一座焦炭厂、一座高炉、一座球团矿厂和一座炼钢厂。2011年1月，Nucor获得由路易斯安那州环境质量部门签发的两个DRI厂建设许可。未来通过3个DRI厂，可以实现600万~700万吨 的DRI产能，作为高品质的废钢替代材料。

③ 天然气资源。DRI 的生产需要大量天然气，而美国的“页岩气革命”，大大降低了天然气成本，使得 Nucor 能够在美国本土建设直接还原铁生产厂，而无须像特立尼达岛厂那样依赖国外的低价天然气。

Nucor 之所以将新钢厂厂址选在路易斯安那州的圣詹姆斯教区，是由于该地区所在的海恩斯维尔盆地页岩气储量在美国居第六位。此外，Nucor 还参与了 Encana 石油与天然气公司的长期投资计划，双方签署了 20 年的长期供给合同，保证天然气的长期稳定供应。

2012 年 Nucor 收购了亨特里奇能源服务公司（Hunter Ridge Energy Services LLC）50%股权，该公司主要收集、分离和压缩天然气等能源产品，包括由 Nucor 投资开采的天然气。

2016 年 10 月 1 日，Nucor 为了获得低成本天然气资源的长期供应，在保持资本灵活性的同时，Nucor 完成了多笔天然气投资，Nucor 购买了 Encana 公司 49%的租赁权益，在 South Piceance 盆地占地 54000 英亩，同时出售其在亨特里奇能源服务公司 50%的股权，终止了之前的两个 C&E 天然气钻探协议。在这次新的调整中，未来是否参与和投资所有的钻探工作，Nucor 拥有完全的自由裁量权。

通过特立尼达厂的产能提升、路易斯安那州钢厂的重启以及 Nucor 参与页岩气开发所带来的长期稳定的低成本天然气，每年可为 Nucor 的钢铁生产基地提供 500 万~700 万吨高品质的生铁。

c　Nucor 技术特点

在 Nucor 的组织机构中没有设立专门的研发部门，但这并不代表其不关注技术的发展，相反，在 Nucor 的发展历程中，一向以大胆采用新技术新工艺而闻名，逐渐形成了一些独具竞争力的工艺技术，如短流程生产工艺、薄板坯连铸连轧、Castrip®工艺等。

（1）短流程钢厂 Minimill。Nucor 推动了早期短流程钢厂的发展。在短流程出现之前，主流的生产技术是采用能源密集型的高炉—转炉—连铸（或模铸）流程。短流程钢厂以废钢或海绵铁为冶炼原料，采用电弧炉炼钢—薄板坯连铸流程。与传统长流程相比，短流程钢厂具有投资少、建设周期短、生产成本低、能耗少等优点。

Nucor 于 1969 年投产了全球第一个短流程钢厂，年产能 20 万吨。当时短流程钢厂的钢水主要是供给 Nucor 下属的 Vulcraft 厂，用于建筑材料的生产。很快这种经济可靠的生产方式为其他钢厂所接受，并迅速扩大普及。

（2）电弧炉。电弧炉是短流程钢厂炼钢的主要设备，虽然短流程钢厂有造价低、建设快等优势，但电弧炉的电耗高是其不足之处。因此 Nucor 十分重视电弧炉的技术改造。1984 年，Nucor 将达林顿钢厂一座容量为 30t 的交流电弧炉改造为直流电弧炉，这是世界上第一个采用直流电弧炉生产的短流程钢厂。Nucor 率先在超高功率直流电弧炉炼钢生产中采用了复合吹炼、氧燃助熔、炉料预热、水冷炉壁、水冷炉盖、水冷电缆、泡沫渣操作以及偏心炉底出钢等新技术，使得电弧炉具有低石墨电极消耗、低电力消耗等优势，电弧炉的生产效率提高，生产成本降低。

（3）薄板坯连铸。Nucor 克劳福德斯维尔厂在钢铁生产历史上创造了多个第一，其中包括第一个实现薄板坯连铸商业化生产。

薄板坯连铸连轧技术是钢铁工业的一项重大革新，相比常规生产工艺，该工艺投资少，产线建设周期短，占地面积小，生产成本低，经济规模灵活。克劳福德斯维尔厂于 1987 年动工建设，总投资 2.7 亿美元，设计产能 80 万吨，由德国 SMS

公司承建，采用 CSP 技术。该厂于 1989 年建成投产，成为世界上第一个用薄板坯连铸技术生产热轧卷的钢厂。

（4）微型钢厂 Mirco Mill。微型钢厂 Mirco Mill 的概念是相对于短流程钢厂（Minimill）提出的，主要采用双辊薄带连铸连轧工艺 Castrip®，将液态金属浇铸到两个相对旋转的结晶辊（铸辊）之间生产金属带材，是将快速凝固与加工变形结合于一体的工艺。Castrip®生产线薄板坯连铸连轧工艺更紧凑，轧线总长度（钢包回转台到卷取机）为 60m。

2000 年 3 月，Nucor 与澳大利亚博思格（Bluescope）、日本川岛石播磨重工业株式会社 Ishikawajima-Harima Heavy Industries（IHI），以 47.5∶47.5∶5 的参股比例，合资建立了 Castrip LLC，目标是将 Castrip®技术应用于商业化生产。

2001 年 2 月，Nucor 的首个，也是世界首个微型钢厂 Castrip®在印第安纳州克劳福德斯维尔厂附近破土动工，2002 年 5 月建成投产。Castrip®的核心设备由西门子提供，Nucor、博思格、INI 及西门子共同拥有超过 1500 项关于 Castrip®生产的专利。

Castrip®目前可生产厚度在 0.9~1.5mm 的产品。已经实现商业化生产的钢种主要是强度不超过 380MPa 的普通低碳钢，包括普通商品材和结构钢。目前 Castrip®的研发人员正在研究开发覆盖 0.9~1.5mm 更高强度的超薄带连铸钢种，强度等级从 400MPa 到 550MPa，主要方法是采用铌微合金化。铌在热轧中可以抑制奥氏体的形变再结晶，达到细化晶粒的目的，提高淬透性和时效硬化。近期 Castrip®已经成功开发部分低碳铌合金钢种，铌质量分数在 0.014%~0.084%，锰在 0.6%~0.9%，成品带钢厚度在 1.0~1.5mm。

在总结了第一个 Castrip®厂的成功经验后，Nucor 于 2008 年投资建设第二座 Castrip®，位于阿肯色州布莱斯维尔厂，于

2009 年投产。

d Nucor 经营发展的主要特点

纵观 Nucor 的发展历程，其发展历程主要特点如下：

(1) 以技术革新为先导，敢于第一个吃螃蟹，技术创新与设备升级改造不断，提高市场竞争力。

从起初的电弧炉炼钢紧凑型小钢厂（Minimill）到交流电弧炉到直流电弧炉改造，大容量超高功率交流电弧炉的采用，第一个采用薄板坯连铸连轧工艺（CSP），采用直接还原铁解决优质汽车薄板质量问题，大容量超高功率直流电弧炉的采用，开发 Castrip®薄带连铸工艺的 Mirco Mill，Nucor 在近 50 年的发展历程中，在采用新工艺、新装备方面都走在世界钢铁工业的前列，始终将技术革新、装备升级、降低生产成本、改善产品结构作为公司的核心发展战略。

Nucor 1969 年成为第一个年产 18 万吨的紧凑型小钢厂，1984 年第一个将 30t 交流电弧炉改造成 30t 直流电弧炉，电能比同行业节省 5%~10%。1987 年第一个采用 150t 大容量超高功率交流电弧炉，1989 年第一个兴建年产能 91 万吨的薄板坯连铸连轧带钢（CSP）现代化紧凑型钢厂，加上采用直接还原铁解决了优质汽车薄板的质量问题，使过去联合企业垄断薄板市场的局面被打破，很快占领美国 11%的市场。Nucor 1991 年第一个采用 150t 大容量超高功率直流电弧炉，1998 年兴建现代化的中厚板钢厂，创下了多个世界第一。目前，Nucor 每年仍投入大量的资金用于技术引进和改造升级，如，用异型断面连铸坯轧制大断面 H 型钢也和薄板坯连铸连轧具有同样的效果。由于该公司第 1 个在美国应用，并很快建成第 2 条生产线，很快占领了美国 30%的市场。从日本引进了连续生产螺栓标准件生产工艺，一下子占领了全部国产标准件市场。还有 CSP 设备改造，新建冷镦钢生产线，新建 SBQ 生产线，淬火+

回火生产线等。

（2）产品定位以市场为导向，盈利为导向，产品多样化，走高效低成本策略，产线迅速达产达效，抢占市场先机，并能快速适应钢材市场的波动。

在产品定位上，Nucor 以线材、螺纹钢、工字钢和槽钢等低端产品为切入点，慢慢向镀锌板、优质棒材和中厚板产品辐射，同时增加二次材产品比例，提高产品附加值。由于成本结构与联合钢厂大不相同，投入少，折旧费用低，没有遗留成本，没有研究与开发费用，销售费用少，一般管理费用可以减至最低，按需生产。

回顾 Nucor 发展的历史不难发现，坚持采取低成本炼钢技术，已经成为 Nucor 的一个发展战略模式选择。其紧凑型钢厂的基建投资是大型联合钢厂投资的 1/4；产品生产成本比大型联合钢厂低 10%~15%，建设周期短，可以对市场变化迅速做出反应，企业职工人数少，人均产钢量为 918t，这在人力成本高昂的美国具有绝对优势。正是 Nucor“低成本”的策略，一步步吞噬了由联合钢铁企业垄断的高利润空间，也为 Nucor 在钢铁行业存活下来打牢了基础。

（3）重视上下游行业的垂直整合，完善的产业链，稳定的原料供应，确保了物料匹配的合理性与质量保证，同时通过收购、合资钢铁下游企业延伸产业链，拓宽产品地理覆盖面的同时，强化优势产品的市场地位。

Nucor 在大力发展的短流程炼钢，对整个产业链做了充分的考虑，为了确保原料供应的灵活性，其炼钢原料包括直接还原铁、热压块铁、生铁和废钢等，并没有对某一个品种产生完全依赖，Nucor 在不断投资建设新生产线的同时，并没有放弃上游产能扩张匹配的计划，如，2008 年收购了 David J. Joseph 废钢公司，使其具备废钢加工处理能力，从而可以从市场上收购废钢，加工后用于冶炼粗钢，保证了废钢的供应与质量。为保证电弧炉炼钢能生产出汽车用优质薄板，需在炉料中掺用15%~30%的直接还原铁，起初 Nucor 采用进口直接还原铁。为减少对进口的依赖，1993 年，该公司在南美洲东北端的特立尼达多巴哥建设 32 万吨/a 的生产线，利用资源丰富而价廉的巴西产富铁矿粉和当地产天然气自行生产直接还原铁，从而大幅降低了成本。2013 年底，在路易斯安那厂建的第一座直接还原铁项目投产，该厂投资 7.5 亿美元，设计产能 250 万吨，采用 Tenova HYL 气基直接还原技术生产直接还原铁。截至目前，Nucor 已具备直接还原铁产能 450 万吨/a 的能力。一系列的措施，既可以防止原料供应过度依赖废钢，同时也为未来废钢过度重复利用带来的杂质超标提供了解决方案。目前，Nucor 第二座直接还原铁项目基础设施建设工作也早已开始，其绝非是单纯想成为全球最大的直接还原铁生产企业，而是从源头上，充分保证自身产线不断扩张的原料供给能力与质量保证。

Nucor 通过收购、合资等方式拓展产品的地理覆盖面，强化优势产品的市场地位，产品销售范围覆盖整个北美地区，同时也提高了对既有客户的服务质量。表 2-15 为历年来 Nucor 主要收购和合资活动汇总。

表 2-15 Nucor 历年来主要收购与合资活动汇总

年份	国家	投资对象	价格/万美元	主要产品	产能/万吨·a^{-1}	备注
1962	美国	Vulcraft		钢梁		收购
1988	美国	Nucor-Yamato		宽翼缘工字钢梁		合资
2001	美国	Auburn	11500	小型材	41	收购
2001	美国	Itec	900	轻量型钢结构		收购
2002	澳大利亚	西澳 Kwinana-HIsmelt		直接还原铁		合资

续表 2-15

年份	国家	投资对象	价格/万美元	主要产品	产能/万吨 · a^{-1}	备注
2002	美国	Trico	11770	薄板	172	收购
2002	美国	伯明翰	61500	棒线材	200	收购
2003	美国	北极星 Kingman 厂	3500	棒线材	45	收购
2003	巴西	Ferro Gusa Carajás S. A.		生铁	38	合资
2004	美国	Corus Tuscaloosa	9000	压力容器钢卷/中厚板	109	收购
2004	美国	Worthington-Decatur 冷轧厂	8030	冷轧薄板	91	收购
2005	美国	Fort Howard Steel	4410	冷加工棒材	13	收购
2005	美国	Marion 钢公司	11700	小型材	41	收购
2006	美国	NEXFRAME，LP		轻型钢结构		合资
2006	美国	Connecticut	4390	盘条/钢筋/钢丝网/结构网	40	收购
2006	美国	Verco 制造公司	18000	钢制屋顶/屋顶承板		收购
2007	加拿大	哈里斯钢铁集团（Harris Steel Group）	107000	钢筋/线材/冷轧棒材/工业用钢格板/铝格板	96	收购
2007	美国	South Pacific Steel Corporation		钢筋		收购
2007	美国	LMP Steel & Wire	2720	冷轧棒材	9	收购
2007	美国	Consolidated Rebar，Inc.		钢筋		收购
2007	美国	Barker Steel Company		钢筋		收购
2007	美国	Magnatrax	27520	金属建筑	39	收购
2007	美国	Nelson	5320	网用线材	11	收购
2008	美国	David J. Joseph	144000	废钢回收		收购
2012	美国	Skyline Steel LLC	60500			收购
2014	美国	加拉廷（Gallatin）	77000	板卷	163	收购
2015	美国	Gerdau 长材银亮棒线材厂		棒线材	7	收购
2016	美国	Joy Global	2900	中厚板	16	收购

续表 2-15

年份	国家	投资对象	价格/万美元	主要产品	产能/万吨·a^{-1}	备注
2016	美国	Nucor-JFE 墨西哥	27000	汽车板	36	合资
2016	美国	南部钢管公司(Southland Tube)	13000	中空结构型钢	22	收购
2017	美国	共和导管公司(Republic Conduit)	33500	电镀锌金属管、金属导管、热镀锌金属导管	13	收购
2017	美国	独立钢管(Independence Tube)	43500	中空型钢	54	收购

信息来源：2002—2018 Nucor Annual Report。

（4）精简的管理机构，扁平化的管理层次，个性与公平的管理机制，实施弹性化人力资源管理。

Nucor 有世界最先进的短流程工艺和世界最先进的炼钢技术，但它没有专门的研发部门，它的技术都由设备制造商开发和外包引进；Nucor 每年投入大量资金用于基建和设备更新，但它没有专门的技改设计和建造部门，所有这些工作都是通过招投标由外单位承建。Nucor 实行的是充分的放权，公司总部除了对资金实行集中控制和管理，负责战略规划和战略控制外，其他日常经营工作都是由下属单位负责。这是因为 Nucor 的领导层认为第一线的管理人员最了解情况，因而最有资格对日常生产经营做出决策，而公司总部则不必设置专人负责这些业务。

Nucor 只有 4 个管理层次：董事长/副董事长/总经理，副总经理/厂长，部门经理/主管，小时制工人。与美国其他大型钢铁联合企业的多个管理层次相比，Nucor 仅设置 4 个管理层次，因为 Nucor 的最高管理层相信最好的公司应有最少的管理层。正如 Nucor 前总裁肯·艾佛逊所说："管理层次越少，与员工沟通效率越高，也最有利于做出快速、有效的决策"。因此，艾佛逊一直坚持抵制增加管理层次的请求。他认为，增加管理层次与 Nucor 倡导的缩小等级差别相悖，另外还会削弱公司上下级之间的信息沟通。

弹性化的人力资源管理策略，可以根据企业运营需要调剂内部人力资源，既有助于节约企业成本，又可以最大限度地发挥企业内部人力资源的效用。我国钢铁企业应借鉴 Nucor 公司的经验，积极开展交叉培训，拓展员工的职业技能，根据生产节奏适时调整人员工作时间，根据企业效益适时调整薪资水平，采用适宜的雇佣政策调整人员数量等。

B　Gerdau North America[36]

Gerdau 集团是美洲主要的长材生产和加工销售企业（粗钢年产能约 2500 万吨），2016 年粗钢产量为 1595 万吨，世界排名第 18 位。Gerdau 集团业务涉及钢铁生产及销售的全产业链，包括炼钢、轧钢、钢材制品加工、加工服务中心及下游销售。Gerdau 集团的产品市场不局限于巴西国内，其子公司和分支机构还积极拓展非洲、中美、南美、北美、欧洲和亚洲（主要是中东地区）等地区市场。其营业收入中，约有 28%来自亚洲市场，26%来自南美洲市场，21%来自北美洲市场，10%来自中美洲市场，7%来自非洲市场，6%来自欧洲市场，2%来自中东市场。Gerdau 集团布局如图 2-23 所示。

Gerdau 于 1989 年收购加拿大安大略 Courtice 钢厂，进入北美市场。目前 Gerdau Long Steel North American 拥有约 18 座生产厂，2016 财年粗钢产量约为 599 万吨，产能约占 Gerdau 总产能的一半。

Gerdau Special Steel North America 成立于 1974 年，是 Gerdau 集团的子公司，总部位于密歇根州杰克逊，在密歇根州的杰克逊和门罗以及阿肯色州的史密斯堡拥有世界级的钢铁制造工厂。该公司主要生产普通特钢，具体包括热轧棒线材和光亮材产品。

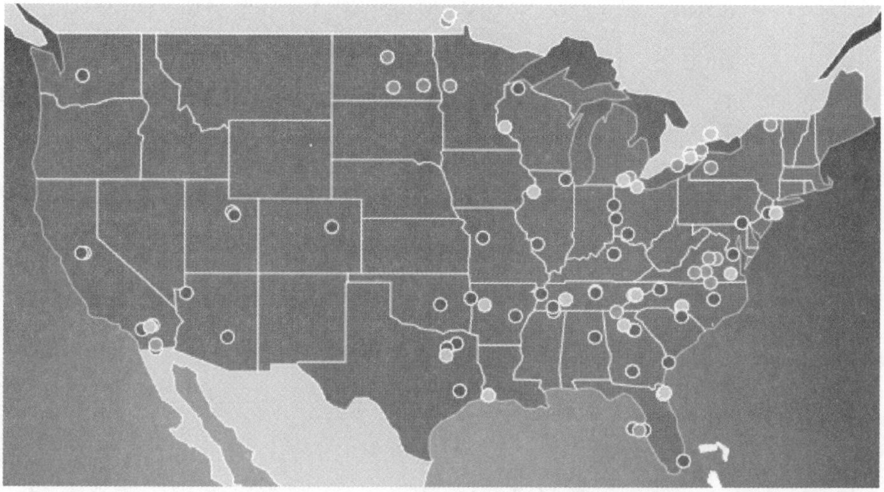

图 2-23 Gerdau 北美公司布局
（信息来源：Gerdau Long Steel North America 网站）

Gerdau 北美业务历史变化如下：

Gerdau 在 20 世纪 80 年代成为巴西最大的钢铁生产企业，占据了巴西国内约 50%的市场份额，因此 Gerdau 在巴西国内的发展空间已十分有限，同时由于市场单一使公司经营面临比较大的风险，这使 Gerdau 走上了国际化道路。

20 世纪 80 年代末开始，Gerdau 进入全球收购的快速增长期。1989 年 Gerdau 收购加拿大安大略 Courtice 钢铁公司。1995 年 Gerdau 又收购了加拿大 Manitoba Rolling Mills Inc.，后来改名为 Gerdau MRM。

1999 年，Gerdau 向日本共英制钢支付 2.62 亿美元收购了位于美国佛罗里达州 AmeriSteel 的 75%股份。当时 AmeriSteel 是美国第二大螺纹钢生产商，在佛罗里达州、田纳西州和北卡罗来纳州拥有四座 Minimill。这笔交易使 Gerdau 进入美国市场，并使其粗钢产量增加超过 700 万吨，跻身全球前 25 名钢铁企业，国际收入占集团总收入占比从 10%增加到 36%。在收购后，Gerdau 又投入超过 3.4 亿美元，将 AmeriSteel 四座 Minimill 产能扩大了 25%。

2002 年，Gerdau 收购美国第五座钢铁厂——位于佐治亚州卡特斯维尔的 Birmingham Southeast Mill。2002 年底，Gerdau 收购位于加拿大多伦多的 Co-Steel，并将其合并到 AmeriSteel，更名为 AmeriSteel Whitby。

2003 年 Gerdau 投入 6000 万美元，用于整合和扩大其北美业务。2004 年，Gerdau AmeriSteel Whitby 收购 North Star 的 4 条长材生产线。

2007 年 Gerdau 收购 Quanex 公司美国钢铁业务（MacSteel），收购价格是 15 亿美元，再加上承担其部分债务。Quanex 钢铁厂下属 MacSteel 在收购时是北美第二大特钢长材生产商，年产粗钢 120 万吨，钢材 110 万吨。MacSteel 在密歇根州的杰克逊（Jackson），密歇根州的门罗（Monroe）和阿肯色州的史密斯堡（Fort Smith）拥有 3 家钢铁厂，在密歇根州、俄亥俄州、印第安纳州和威斯康星州拥有 6 家轧钢厂。2007 年 Gerdau 还以 42 亿美元收购美国 Chaparral 钢铁公司，当时 Chaparral 钢铁公司在得克萨斯州 Midlothian 经营两座 Minimill，另一座 Minimill 位于弗吉尼亚州的 Dinwiddle County。

2010 年 Gerdau 购买了 Gerdau AmeriSteel 的剩余股份，成为其全资子公司。同年，收购位于美国西部的螺纹钢生产厂 TAMCO。

2011 年 Gerdau AmeriSteel 改名为 Gerdau Long Steel North America，并整合其在美国和加拿大的钢铁业务（除特钢业务）。

2013 年收购位于美国弗吉尼亚州从事废金属回收业务的 Cycle Systems，当时在弗吉尼亚州中西部有 9 个工作场所，包括一个切碎厂和几个堆放场。Cycle Systems 在 2011 年处理了近 17 万吨废旧材料。

a Gerdau 北美长材公司主要钢铁生产装备产线

Gerdau Long Steel North America 在北美地区拥有 15 座钢铁生产企业，其中 12 家位于美国本土[37]。Beaumont 厂位于美国得克萨斯州 Beaumont；Calvert 厂位于美国肯塔基州 Calvert，无冶炼装备；Charlotte 厂位于美国北卡罗来纳州 Charlotte；Jackson 厂位于美国田纳西州 Jackson，隶属于 Gerdau Special Steel North America；Jacksonvile 厂位于佛罗里达州 Baldwin；Knoxville 厂位于田纳西州 Knoxville；Midlothian 厂位于得克萨斯州 Midlothian，没有冶炼设备；Rancho Cucamonga 厂（原 TAMCO）位于加利福尼亚州 Rancho Cucamonga；Sayreville 厂位于新泽西州 Sayreville；St. Paul 厂位于缅因州 St. Paul；Wilton 厂位于爱阿华州 Wilton；Cartsville 厂位于佐治亚州的 Cartsville；Fort Smith 厂位于阿肯色州 Fort Smith，属于 Gerdau Special Steel North America；Monroe 厂位于密歇根州 Monroe，属于 Gerdau Special Steel North America。12 家产线装备细节如表 2-16~表 2-29 所示。

表 2-16 Beaumont 厂主要产线装备

生产设备	设备细节
电弧炉	1 座 124t 电弧炉，变压器功率 66MV · A，袋式除尘器
钢包冶金	1 座 LF 炉
连铸	产能 65 万吨/a，4 流；钢包规格 125t/回，钢坯规格 $5in^2$
加热炉	产能 130t/h
轧机	棒线材轧机，产能 70 万吨/a，Stelmor 冷却

表 2-17 Calvert 厂主要产线装备

生产设备	设备细节
加热炉	步进式加热炉
轧机	单机架往复式轧机；4 机架常规轧机，2 立辊

表 2-18　Charlotte 厂主要产线装备

生产设备	设　备　细　节
电弧炉	1 座 41t 电弧炉，产能 35 万吨/a，变压器功率 40MV · A，袋式除尘器
连铸	产能 35 万吨/a，3 流，钢包规格 42 净吨，钢坯规格 4.5in^2、5in^2
加热炉	推钢式；单炉膛；产能 85t/h；炉膛尺寸：长 10~48in，宽 21~30in
轧机	棒材轧机，产能 36 万吨/a，21 机架

表 2-19　Jackson 厂主要产线装备

生产设备	设　备　细　节
冶炼设备	2 座 45t 电弧炉，变压器功率 27MV · A，1 座 52t VAD 精炼炉
连铸	产能 65 万吨/a，4 流，钢包规格 140t，方坯尺寸 5in^2； 产能 30 万吨/a，2 流，钢包规格 55t，钢坯直径 6in、7in
加热炉	推钢式，单炉膛，产能 100t/h，炉膛尺寸 33in×98in
轧机	棒材轧机，产能 60 万吨/a，16 机架，无控冷设备

表 2-20　Jacksonvile 厂主要产线装备

生产设备	设　备　细　节
电弧炉	1 座 110t 电弧炉，产能 110 万吨/a，变压器功率 90MV · A，袋式除尘器
连铸	产能 76 万吨/a，4 流，钢包规格 92t，钢坯规格 130mm^2
加热炉	推钢式，单炉膛，产能 90t/h，炉膛尺寸 32in×68in
轧机	棒材轧机，产能 68 万吨/a，控冷设备

表 2-21　Knoxville 厂主要产线装备

生产设备	设　备　细　节
电弧炉	1 座 60t 电弧炉，产能 60 万吨/a，变压器功率 40MV · A，袋式除尘器
连铸	产能 60 万吨/a，3 流，钢包规格 60t，钢坯规格 5in^2、5.5in^2
加热炉	推钢式，单炉膛，产能 90t/h，炉膛尺寸 24in×60in
轧机	棒材轧机，产能 57.5 万吨/a

表 2-22 Midlothian 厂主要产线装备

生产设备	设备细节
中型型钢轧机	产能 75 万吨/a；14 机架，2 剪切
棒材轧机	产能 45 万吨/a；2 粗轧，16 精轧；无控冷
重型型钢轧机	产能 55 万吨/a；11 机架，无控冷

表 2-23 Rancho Cucamonga 厂主要产线装备

生产设备	设备细节
电弧炉	1 座 125t 电弧炉，产能 56 万吨/a，变压器功率 100MV · A；袋式除尘器
连铸	产能 56 万吨/a，5 流，钢包规格 125t，钢坯规格 $135mm^2$
加热炉	步进梁式，单炉膛，产能 83t/h
轧机	棒材轧机，16 机架，无控冷

表 2-24 Sayreville 厂主要产线装备

生产设备	设备细节
电弧炉	1 座 85t Consteel 电弧炉（75 万吨/a），变压器功率 89/90MV · A，袋式除尘器
连铸	产能 80 万吨/a，6 流，钢包规格 85t，钢坯规格 $115mm^2$、$130mm^2$
加热炉	步进梁式，单炉膛，产能 135t/h
轧机	棒材轧机，产能 60 万吨/a，14 机架，无控冷

表 2-25 St. Paul 厂主要产线装备

生产设备	设备细节
电弧炉	1 座 77t 电弧炉，变压器功率 88MV · A，袋式除尘器
连铸	4 流（60 万吨/a），90t 钢包，钢坯 4.7~9.75in^2
加热炉	推钢式，单炉膛
轧机	16 机架棒材轧机，产能 49.5 万吨/a

表 2-26 Wilton 厂主要产线装备

生产设备	设备细节
电弧炉	1 座 80t 电弧炉，变压器功率 31MV · A，袋式除尘器
连铸	产能 33 万吨/a，3 流，钢包规格 80t，钢坯规格 5.5in^2

续表 2-26

生产设备	设 备 细 节
加热炉	推钢式，单炉膛
轧机	14 机架棒材轧机，产能 33.5 万吨/a

表 2-27 Cartsville 厂主要产线装备

生产设备	设 备 细 节
电弧炉	1 座 41t 电弧炉，变压器功率 40MV · A，袋式除尘器
连铸	4 流（80 万吨/a），118t 钢包，方坯 $5in^2$、$6in^2$，6in×(9～13) in，异型坯 11in×7in×13in
加热炉	推钢式，单炉膛
轧机	棒材轧机，产能 31 万吨/a

表 2-28 Fort Smith 厂主要产线装备

生产设备	设 备 细 节
电弧炉	2 座 60t 电弧炉，变压器功率 40MV · A，LF、VD 和 VAD 精炼炉
连铸	产能 47 万吨/a，3 流，钢包规格 55t，钢坯直径 5.5～9in
轧制	1 座棒材轧机

表 2-29 Monroe 厂主要产线装备

生产设备	设 备 细 节
电弧炉	1 座 125t 电弧炉，变压器功率 75MV · A，LF、VD 和 VAD 精炼炉
连铸	2 条线，产能 60 万吨/a，4 流，钢包规格 128t，方坯尺寸 $6in^2$ 和 $7in^2$
轧制	1 座棒材轧机

信息来源：AIST。

b Gerdau 北美长材公司品种结构特点

Gerdau 北美长材公司产品结构以长材产品为主，主要包括钢梁、钢板桩、方坯、角钢、槽钢、扁钢、圆钢、方钢、异型钢、钢筋、SBQ 长材和线材等。具体到各个生产厂，如下所示。

Beaumont 厂产品主要包括 7/32～1/2in 盘条，No. 3～5

钢筋。

Calvert 厂产品主要包括扁钢、槽钢、角钢、钢梁和特殊型钢。

Charlotte 厂主要包括 1/2～13/8in 圆钢，1/2～1in 方钢，No. 4～8 钢筋，1～2in 角钢和 1～21/2 扁钢。

Jackson 厂产品主要包括 2in×2in～4in×4in 等边角钢，3in×2in～5in×31/2in 不等边角钢，3～6in 槽钢，3/4～2in 圆钢，2～6in 扁钢，No. 14～18 钢筋。

Jacksonvile 厂产品主要包括 No. 3～11 钢筋，7/32～1/2in 棒材。

Knoxville 厂产品主要包括 No. 4～11 钢筋。

Midlothian 厂产品主要包括 S3-W14 中型型钢，No. 3～11 钢筋，5/8～4in 圆钢，13/4～3in 扁钢，W8×8～W24×9 重型型钢。

Rancho Cucamonga 厂产品主要包括 No. 4～18 钢筋。

Sayreville 厂产品主要包括 No. 3～11 钢筋和栏杆。

St. Paul 厂产品主要包括特殊棒材、普通棒材和钢筋等。

Wilton 厂产品主要包括棒材，钢筋，轻型型钢，SBQ 扁钢、圆钢和方钢等。

Cartsville 厂以钢筋和工字钢为主。

Gerdau Special Steel North America 产品结构以特钢棒材为主，具体包括直径 0. 5625～5in 合金圆棒、6in×6in 方棒、冷轧状态直径 0. 625～5in 光亮棒材、轴承钢和工程用钢。

c 小结

Gerdau 集团经过 20 世纪 70～80 年代的快速发展后，成为巴西国内最大钢铁生产企业，出于国内发展空间减少以及减少经营风险的考虑，Gerdau 集团走上国际化道路。1989 年起进入加拿大市场，分别收购了 Courtice 钢铁公司和 MRM。

Gerdau 集团进入美国市场是在 1999 年收购 AmeriSteel 的四座 Minimill（分别是目前的 Charlotte 厂、Knoxville 厂、Jacksonvile 厂和 Jackson 厂），这也使 Gerdau 粗钢产量迅速提高，跻身全球前 25 名钢铁企业。在收购后，Gerdau 又投入 3.4 亿美元，将上述四座 Minimill 产量提高了 25%。之后 Gerdau 又分别在 2002 年、2003 年和 2007 年收购 Birmingham Southeast Mill、North Star、Macsteel 和 Chaparral，扩大了其在美国的钢铁产能和地理布局。2010 年，Gerdau 又收购了位于美国加州的 TAMCO，将其钢铁生产销售网络覆盖到美国西海岸。2011 年，Gerdau 将北美钢铁业务（除特钢业务）进行整合，成立 Gerdau 北美长材公司。

Gerdau 北美长材公司生产线特点均为短流程 Minimill 或无冶炼只有棒线材轧制设备，生产产品主要为建筑用长材产品，面向美国国内市场销售。产品发展需要更贴近下游用户布局，降低物流成本，提高产品物流效率，这是其产线布局基本覆盖美国大部分地区的原因。同时 Gerdau 还积极在美国收购废钢回收厂和加工厂，打通垂直产业链，降低生产成本。

Gerdau 作为美国 Minimill 企业的典型代表，进入美国市场的时机是在 Minimill 产线已经成熟运作以后，因此公司可以利用成熟技术进行生产，将精力主要放在业务布局、如何提高产量与生产效率、如何提高客户服务质量，后发优势使其中前期业务扩张速率非常快，但在市场遇到低谷时，调整能力有限。

C　钢动力公司（Steel Dynamics, Inc.）[38]

钢动力公司（以下简称 SDI）是美国大型钢铁企业之一，公司成立于 1993 年，主要在美国和加拿大开展业务；1997 年，SDI 开始建设 Iron Dynamics 子公司，SDI 股票（代码 STLD）在纳斯达克证券交易所（NASDAQ）上市；2007 年，SDI 收购 Techs 工业公司（Techs Industries），SDI 收购 Omni-

Source 公司；2008 年，SDI 的 OmniSource 子公司收购 Recycle South 公司，SDI 收购印第安纳州废钢回收加工企业——Sturgis Iron & Metal 公司；2009 年，SDI 由于公布的业绩预期有误，导致股价大幅波动，涉嫌违反联邦证券法。

SDI 下属 3 大业务部门：钢铁部门、金属回收部门以及钢结构加工装配部门。SDI 的钢铁部门包括电弧炉、连铸、轧机和下游精整设备，该分部占公司对外净销售额的 60%以上。SDI 生产的钢产品包括高质量的板材和长材产品，用于各种终端市场，如汽车、建筑、制造和能源。

SDI 的金属回收业务由 OmniSource 公司实施，是一家全资附属公司，业务包括运输、市场、黑色和有色金属废料。此外，金属回收业务还能提供咨询服务，并为整个北美洲和墨西哥的工业制造公司提供定制的废料管理服务。黑色金属废料的主要终端用户是美国短流程钢厂，包括 SDI 自己的炼钢设备。有色金属废料被各种特殊钢生产商、精炼厂和冶炼厂以及电线电缆生产商使用。

2014 年，SDI 完成了美国迄今为止最大的并购，购买了位于哥伦布密西西比州的第六炼钢厂，这一收购使 SDI 的生产能力增加 40%。2014 年 SDI 销售收入 88 亿美元，拥有超过 7700 名员工，生产设施位于美国各地（包括 6 个轧钢厂、8 个加工中心、6 个铁生产基地、超过 90 个金属回收地点和 6 个深加工中心）。

SDI 主营钢材生产和销售，以及废旧金属回收、加工、销售，提供的主要产品包括：扁平材（热轧卷、冷轧卷、彩涂卷和镀锌卷）、棒材（含特殊钢棒材 SBQ）、钢丝、结构钢、中型 H 型钢、圆钢、中型角钢、中型槽钢、重轨、轻轨、废钢（含不锈钢废钢）、有色金属废料（纯铜、黄铜、铝等）、建筑系统和拱顶。SDI 主要产线及产品[37]如表 2-30 所示。

表 2-30　SDI 产线装备情况

产线	电弧炉			连　铸		热轧产品规格(厚×宽)/in×in	冷轧产品规格(厚×宽)/in×in	镀锌产能/万吨·a^{-1}	炼钢产能/万吨·a^{-1}
	数量/座	容积/t	功率/MV·A	类型	主要断面尺寸/in×in				
Engineered Bar Products Div. Pittsboro, IN	1	100	80	小方坯 矩形坯	7×7 10×14				45.4
Flat Roll Group Butler, IN	1	165	120	薄板坯	2.4×(36~64)	(0.040~0.5)×(36~62.5)	(0.013~0.086)×(36~64)	62	145
	1	165	120	薄板坯	2.4×(36~64)			62	145
Flat Roll Group Columbus, MS	2	175	85	薄板坯	(2.3~2.6)×(36~76.75)	(0.052~0.625)×(36.5~76.75)	(0.01~0.06)×(36~74)	72	154
				薄板坯	(2.3~2.6)×(36~76.75)			72	
Roanoke Bar Div. Roanoke, VA	1	95	56	小方坯	6×4.75 4×6				58.5
Structural and Rail Div. Columbia City, IN	2	120	120	矩形坯 异型坯	10.2×6 17×10 38×15				
				小方坯 矩形坯	8×10, 10×14				
Steel of West Virginia Inc. Huntington, WV	2	70	25/28	小方坯 异型坯	4×4 9×6.75				9.1

信息来源：AIST。

D　Commercial Metals Company[39]

a　公司概况

Commercial Metals Company（以下简称 CMC）成立于 1915 年，总部位于美国得克萨斯州 Irving，主要从事钢筋和建筑用钢生产加工以及黑色和有色金属回收和分销业务，在全球超过 12 个国家设有 120 多个回收中心、钢铁厂、加工厂、营销中心、建筑相关产品商店、热处理设施和其他相关机构。CMC 主要业务分为回收、钢铁生产和钢铁产品加工。CMC 回收业务在全球拥有 60 多个分支机构，废钢回收产能 317.5 万吨/a，有色金属回收产能 45.4 万吨/a；CMC 钢铁生产为 5 座 Minimill 厂，其中 1 家企业位于波兰（是波兰第二大、美国第三大长材生产企业，粗钢总产能约为 360 万吨/a），5 家企业位于美国，全部为 Minimill 钢厂，粗钢产能超过 280 万吨/a，主要生产螺纹钢、圆钢、方钢、扁钢、角钢、槽钢、特殊钢棒材、T 型钢、特殊型材等；在钢铁产品加工业务方面，在北美和欧洲设有超过 85 个加工中心，具体包括螺纹钢和结构钢加工厂、围栏制造厂、热处理厂、丝网生产厂和建筑相关产品商店，总体加工产能超过 200 万吨/a。

CMC 公司历史整理如下。

第一阶段：1919 年～第二次世界大战结束，CMC 从创业初的奋力维持生存到第二次世界大战后的繁荣发展，成为美国同类型最大公司之一。1919 年，创始人摩西·费尔德曼（Moses Feldman）在美国达拉斯建立了第一座废钢处理厂。1926 年，摩西·费尔德曼的长子大卫（David）被派到佛罗里达州去监督铁路打捞工作，这促使了 CMC 第一次从迈阿密港口向国外出口废钢。1932 年，首次使用 Commercial Metals Company 名称。该公司由作为废品交易经纪人的雅各布·费尔德曼（Jacob Feldman）组建，资本金为 10 万美元，雅各布拥有

98%的股份，公司的联合董事是他的高中朋友汤姆·克莱曼（Tom Kleinman)，负责公司数十年的财务状况。这是一个两个人的经济公司，雅各布和 Lou Broad 是交易员。在同一年摩西·费尔德曼把公司的控制权交给了他的儿子雅各布·费尔德曼。

1940 年，CMC 收购位于德州沃思堡（Fort Worth）的 Hutchison Pipe & Waste Material Co.。1947 年，马文·塞利格（Marvin Selig）以 300 美元的价格在得克萨斯州的塞甘（Seguin）买下了一片玉米田，并正式成立了 Structural Metals, Incorporated（SMI）。SMI 于 1963 年成为 CMC 的一部分。1949 年，CMC 购买位于德州博蒙特（Beaumont）的 Southern Iron & Metal 全部资产。同年 SMI 开始生产并出售螺纹钢产品，生产了 2300t 螺纹钢，公司第一年实现盈利，公司客户包括加工商、供应公司、承包商和 Texas Highway Department。

1951 年，CMC 在德州圣安东尼奥（San Antonio）开设了一家回收工厂，为墨西哥客户服务。1953 年，CMC 收购 Charles Harley Company。1955 年，新的独立贸易部门 Cometals 在纽约成立。1957 年，CMC 收购位于达拉斯（Dallas）的 Liberty Iron and Metal Co.。1959 年，SMI 准备成为一家钢铁生产企业，尝试在电弧炉中熔炼废钢来铸造铸锭。1960 年，CMC 上市，成为美国主要交易所 American Stock Exchange 中上市的第一家二次金属公司。

第二阶段：20 世纪 60 年代，CMC 废钢业务蓬勃发展，这促使 CMC 将公司利益多元化，并进入制造业，开始收购钢铁制造商。1962 年，SMI 开设 Dallas Rebar，一座新螺纹钢生产和加工工厂。随着 CMC 收购越来越多的电弧炉炼钢厂，CMC 营业额从 1963 年的不到 6000 万美元到四年后的接近 1.5 亿美元，净收入在四年间也从 60 万美元提高到 185 万美元。1963 年收购 Structural Metals 74%的股份，为 CMC 在非金属行业提供了重要推动力。在此十年间，CMC 积极拓展海外废钢业务，成为美国最大的黑色金属废料出口公司。

1968 年，CMC 通过收购位于弗吉尼亚州纽马基特（New Market）的一家铜管制造商 Howell Metal 进入铜制造市场。1970 年，CMC 首次被财富 500 强企业收录。同年，查理·梅里特（Charlie Merritt）成为公司总裁。

第三阶段：20 世纪 70~80 年代。1970 年 CMC 营业额达到 2.9 亿美元，净收入接近 650 万美元。1971 年，由于全国性的经济衰退、海外需求减少以及公司主管的意外变化，导致 CMC 财务增长突然停顿，1972 年营业额仅为 2 亿美元。1973 年美国经济反弹，废钢价格上涨，使 CMC 经营状况顿时好转，1973 年营业额超过 3.2 亿美元，1974 年翻了近一番达到 6.43 亿美元。经营业绩改善后，CMC 继续扩大业务范围，于 1976 年，收购 Parts of General Export Iron 和 Metals Company and the Pinto Island Metals Company 两家公司，从而进入新的金属领域。同年，SMI 通过增加三流方坯连铸机扩大产能。1978 年，CMC 收购位于休斯敦从事栅栏柱精加工业务的 Price Steel 公司，并将其更名为 Southern Post Company。1979 年，40 岁的斯坦利·拉宾（Stanley Rabin）被任命为 CMC 总裁兼首席执行官。

进入 20 世纪 80 年代后，CMC 再一次陷入经济衰退，财务恶化，但同 70 年代相似，CMC 很快恢复了元气。1981 年，SMI 安装新型电弧炉以进一步提升产能。1982 年，CMC 位于德州塞金（Seguin）的 SMI Minimill 新建电弧炉和连铸机投产，实现从区域经营到世界级钢铁厂的转变。同年，CMC 开始在纽约证券交易所上市，股票代码为“CMC”。1983 年，CMC 收购位于亚拉巴马州伯明翰（Birmingham）的 Connors Steel 等多家钢铁厂和废钢处理厂，不断扩大自身业务规模。1984 年，

CMC 收购位于亚拉巴马州伯明翰的 Island City Iron & Supply Inc. 、Newell Recycling Company、Richelson Iron & Metal 和 1 条 Minimill。1986 年，CMC 现金流比前一年增长了 33%，SMI 位于塞金（Seguin）的 Minimill 收入和出货量创造纪录。1987 年，CMC 重新启动 Arkansas 工厂，专注于生产和加工钢栅栏柱。1989 年，SMI 安装了一座当时最先进的轧机。同年，CMC 收购了位于德州的废钢处理厂 Two Victoria 和位于阿肯色州霍普（Hope）的一家钢制托梁制造厂，并更名为 SMI Joist。

第四阶段：20 世纪 90 年代~21 世纪初。20 世纪 80 年代 Minimill 开始抢占美国钢铁市场份额，促使废钢价格的快速上涨。1993 年，CMC 收购 Shepler's Equipment Co. 和 Construction Materials Inc. ，以扩大其在德州、路易斯安那州和密西西比州的混凝土相关产品业务。1994 年，CMC 收购 Tri-State Recycling Corporation 和 Owen Steel Company，并改名为 SMI-Owen Steel。1995 年，CMC 进入服务中心和仓储业务，收购 Coil Steel Australia 22%的股份，这是 CMC 首次在国外投资实物资产。同年收购 Atlas Iron & Metal、Federal Iron & Metal 和 Laredo Scrap Metals。1998 年，CMC 收购位于得克萨斯州休斯敦的 A-1 Iron & Metals Company, Inc. 。1999 年，CMC Arkansas 厂增加了 1 条角钢新生产线，用于生产床架。同年 CMC 收购了 Suncoast Steel Corporation。

2000 年，CMC 在美国西海岸收购了几家钢筋加工厂，扩大了包括螺纹钢配售在内的产品服务范围。此时，CMC 财年销售额达到 27 亿美元，净利润为 4630 万美元，Minimill 出货量达到 185 万吨，较前一年增长了 17 万吨。2001 年，CMC 收购位于佛罗里达州的 Allform Inc. of Tampa。2002 年，CMC 位于德州的工厂获得新一代加热炉。同年，CMC 出售重型钢结构加工厂 SMI-Owen Steel。

第五阶段：21 世纪初至今。CMC 公司在 21 世纪前十年继续实现经营业绩的大幅度提升。2003 年，CMC 将公司总部迁至德州欧文市（Irving）。2006 年，CMC 宣布在亚利桑那州建设第一座“Greenfield”钢厂。同年，穆雷·麦克莱恩（Murray McClean）接替斯坦·拉宾（Stan Rabin）出任 CMC 首席执行官。2007 年，CMC 收购位于克罗地亚的钢管厂，将其更名为 CMC Sisak。2008 年，CMC 销售额提升至近 100 亿美元，主营业务利润近 11 亿美元，并积极布局海外产线，提高 Minimill 生产技术。2009 年经济危机后，营业额降至 64 亿美元，CMC 调整经营战略，实行更多元和更有盈利质量的经营战略，逐步缩小营业额，使主营业务利润稳定在 6 亿美元左右。同年，CMC Arizona 厂采用 Minimill 连铸连轧生产，减少电力消耗，提高生产效率。2010 年，CMC 新轧机投产，产能增加了 190 万吨/a，CMC 成为波兰第二大钢铁厂。

2011 年，乔·阿尔瓦拉多（Joe Alvarado）成为 CMC 新的首席执行官。同年，CMC 收购位于澳大利亚的 G. A. M. Steel Pty. Ltd。2012 年，myCMC 门户网站启动，可实现客户和供应商与 CMC 进行网络连接。2013 年，CMC 安装新的有色金属回收系统，以更高效地从德州塞金（Seguin）的汽车粉碎业务中提取铜、铝和不锈钢。

2014 年，CMC 波兰公司用新电弧炉替代旧电弧炉，实现从双炉到单炉的转换。2015 年，CMC 庆祝公司成立 100 年。同年，CMC 宣布在俄克拉马州杜兰特（Durant）建造其第二座技术先进、连续生产流程的 Minimill。2016 年，CMC 主营业务营业额为 41.8 亿美元，但营业利润达到 5.94 亿美元，利润率大幅度提高。同年，CMC 收购 Associated Steel Workers. Limited 钢铁加工业务。2017 年，CMC 出售 CMC Cometals Division。

b 主要钢铁生产装备产线[37]

CMC 目前在美国本土有 5 条钢铁生产线，分别为 Alabama、Arizona、Arkansas、South Carolina 和 Texas，均为 Minimill。此外，还有一座 Minimill（Oklahoma 厂）正在进行施工建设。Alabama 厂、South Carolina 厂、Texas 厂和 Arizona 厂的产线装备如表 2-31～表 2-34 所示。

表 2-31 Alabama 厂主要产线装备

生产设备	设备细节
电弧炉	EBT 电弧炉 1 座（80 万吨/a），规格 90t/回，变压器功率 2×33MV · A，2 台除尘设备
钢包冶金	工位 1 座，电弧加热电磁搅拌，变压器功率 15MV · A
连铸	产能 80 万吨/a，4 流，90t 钢包
加热炉	BricMart/推钢式，1 个炉膛，产能 120t/h，炉膛尺寸 37in×67in
轧机	棒线材轧机（60 万吨/a）：6 机架粗轧+4 机架中轧+4 机架精轧，冷床

表 2-32 South Carolina 厂主要产线装备

生产设备	设备细节
电弧炉	EBT 电弧炉 1 座(80 万吨/a)，规格 95t/回，变压器功率 80/90MV · A，袋式除尘器
钢包冶金	工位 1 座，电弧加热电磁搅拌，变压器功率 15MV · A
连铸	产能 85 万吨/a，4 流，钢包规格 95t/回
加热炉	步进梁式，1 个炉膛，产能 120t/h（冷坯）、200t/h（热坯）
轧机	棒线材轧机（85 万吨/a）：7 机架粗轧+6 机架中轧+4 机架精轧，冷床（可喷水/雾）

表 2-33 Exas 厂主要产线装备

生产设备	设备细节
电弧炉	EBT 电弧炉 1 座（100 万吨/a），规格 120t/回，变压器功率 80MV·A，袋式除尘器
钢包冶金	工位 1 座，电弧加热电磁搅拌，变压器功率 25MV·A
连铸	产能 85 万吨/a，4 流，钢包规格 140t/回
加热炉	三区加热步进梁式，1 个炉膛，产能 115t/h（冷方坯）、150t/h（热坯）
轧机	棒线材轧机（80 万吨/a）：7 机架粗轧+ 6 机架中轧+ 4 机架精轧

表 2-34 Arizona 厂主要产线装备

生产设备	设备细节
电弧炉	电弧炉 1 座（28 万吨/a），规格 38t/回，变压器功率 50MV·A，袋式除尘器
钢包冶金	LF 炉，工位 1 座，产能 28 万吨/a
连铸	产能 30 万吨/a，4 流，钢包规格 90t/回
轧机	1 座产能 28 万吨/a 棒材轧机

信息来源：AIST。

Arkansas 厂位于阿肯色州马格诺利亚（Magnolia），1 座电弧炉、1 座方坯轧机、1 座钢轨轧机（产能 13.6 万吨/a）和 1 条轻型型钢生产线。

CMC Steel Oklahoma 位于俄克拉何马州杜兰特市（Durant），目前正在建设中，采用 CMC 连铸连轧连续生产技术，预计粗钢产能 31.8 万吨/a。

c 品种结构特点

CMC 产品主要为各种长材和钢筋产品。具体各厂产品大类如下：

Alabama 厂产品为角钢、扁钢和槽钢；Arizona 厂产品为 ϕ10~36mm 钢筋和各种规格圆钢；Arkansas 厂产品为角钢、钢筋、扁钢和钢轨；South Carolina 厂产品为角钢、扁钢、方钢、槽钢、圆钢和 ϕ10~57mm 钢筋；Texas 厂产品为角钢、扁钢、方钢、槽钢、MBQ 和 SBQ 棒材和 ϕ10~57mm 钢筋。

d 经营状况

CMC 公司 2016 财年钢材发货量为 388.4 万吨，同比略有下降，净销售收入 41.78 亿美元，同比降低了 22.9%。其中美国本土业务占 70%，欧洲业务占 17%，亚洲业务占 9%，其他地区业务占 4%。

在金属回收业务方面，2016 年 CMC 在黑色和有色金属方面利润率较同期均有所回升，但黑色金属货运量下降，有色金属货运量保持稳定，这导致 2016 财年经营亏损调整为 6130 万美元，2015 年调整后亏损则为 2920 万美元。

在钢铁生产业务方面，北美各厂在 2016 年均面临严重的利润压缩，钢材平均销售价格与去年同期相比下降的幅度大大抵消了废钢平均成本的下降，该部分调整后的营业利润为 2.10 亿美元，而 2015 年为 2.56 亿美元。

在钢材加工业务方面，北美各加工厂受益于利用复合材料使成本下降从而使利润率提高，同时较前一年相比营业额也有一定增长，因此 2016 财年该部分调整后营业利润为 6860 万美元，而 2015 财年调整后营业利润为 2240 万美元。

CMC 国际生产企业部分 2016 财年调整后营业利润为 2890 万美元，而 2015 财年为 1760 万美元。CMC 国际营销与分销部门 2016 年调整后营业利润亏损 710 万美元，而 2015 年营业利润为 3540 万美元。

e 小结

CMC 是美国典型的 Minimill，其发展里程也是美国 Minimill 发展的缩影。该公司以美国国内和出口废钢贸易业务起家，经过 20 世纪 50 年代废钢业务的蓬勃发展，60 年代起开始多元化经营，向下游行业拓展，进入钢铁制造和有色金属领域，标志性事件是 1963 年收购长材生产企业 SMI，并在 60 年代收购多家电弧炉炼钢厂，主要成品为钢筋和角钢等建筑用长材，CMC 营业额也从 1963 年的不到 6000 万美元增长到 1967 年的接近 1.5 亿美元。

CMC 在 20 世纪 70 年代后逐渐形成废钢及有色金属回收、钢铁生产和钢铁产品加工三大业务模块，在扩充美国国内产能的同时，积极拓展海外市场。CMC 在海外市场以回收业务和加工业务为主，钢铁生产以在美国国内为主。随着 20 世纪 80 年代美国国内 Minimill 蓬勃发展，Minimill 钢铁产品市场份额提高到35%，这也促使废钢价格快速上涨和 CMC 的快速发展。2000 年 CMC 的 Minimill 出货量再创新高，达到 185 万吨。

在 21 世纪前十年，CMC 继续实现经营业绩的大幅度提升，但随着 2009 年经济危机的到来，美国制造业陷入困境，这也造成 CMC 经营业绩的大幅度下降。对此 CMC 积极调整公司发展战略，实行更多元更有盈利质量的经营战略，围绕三大业务模块精简集团结构，积极拓展海外业务，并积极对钢铁生产线进行技术升级。技术升级主要方向为不断提高钢铁生产的连续化水平，减少电力消耗，提高生产效率。

CMC 的 Minimill 钢铁生产业务是其钢铁回收业务向下游的有效延伸，以提升盈利水平并规避单一行业风险。而 CMC 的钢铁加工业务是其钢铁生产向下游的进一步拓展，由于其产品主要为建筑用长材，因此钢铁加工业务可使其直接面向终端用户，实现从原料到客户的生产垂直整合，最大程度地提升了公司盈利能力，Minimill 在这个产业链居于核心地位，因此高效率的 Minimill 是 CMC 维持稳定盈利的关键环节，这也是 CMC 2016 年在俄克拉何马州建设新 Minimill 的原因。

E Big River Steel[40]

大河钢铁美国最新的 CSP 线，位于阿肯萨斯州，毗邻密西西比河，占地 1400 英亩，有用于装运废钢/DRI/HBI 和产品的港口。

CSP 于 2016 年 12 月调试生产，2017 年 3 月 1 日正式投产，在岗员工 500 人。大河钢铁采用 SMS 的 Flex Mill ，专注质量、产能及环境。一期投入 13 亿美元，年产能 160 万吨，二期投入 6 亿美元在 GO 和 NGO 全工艺精整机上，另投入 6 亿美元，将熔炼车间的产能翻一番，达到 320 万吨。大河钢厂的布局如图 2-24 所示。

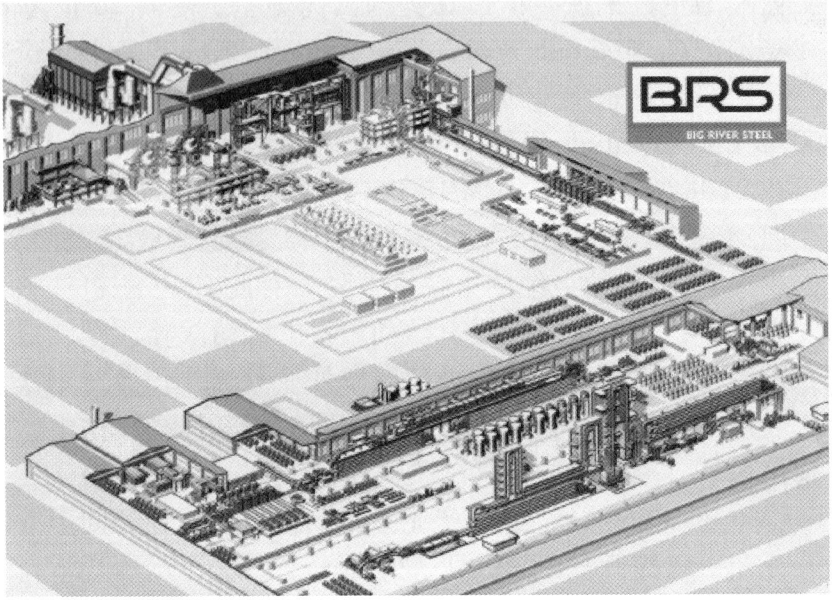

图 2-24 大河钢铁工厂布局

工艺路线：电弧炉（150t）—LF/RH—CSP—隧道式加热炉—热轧（6 机架）—卷取—酸洗连轧—镀锌线/罩式退火—精整。可将 DRI/HBI 直接装入 EAF 以生产低氮和低残余元素的钢种。目标是生产汽车用 AHSS 钢种（HSLA、DP）、管线钢（X70、X80）及 CRML，GO & NGO 电工钢（半工艺（第一阶段）及全工艺（第二阶段））。

板坯尺寸：(60～65mm)×(914～1930mm)；液芯压下能力：55～85mm；热轧尺寸（最大）：25.4mm×1930mm；冷轧

包括酸洗连轧机组，镀锌、罩式退火及光整机；冷轧尺寸：(0.28~1.4mm)×(914~1880mm)。

F ArcelorMittal USA LLC[41]

a ArcelorMittal USA LLC 历史概况

ArcelorMittal USA LLC 其前身为 Mittal Steel。2004 年，Ispat International N. V. 收购 LNM Holdings，并与 International Steel Group 合并组建 Mittal Steel。其中，Ispat International N. V. 曾在 1998 年并购 Inland Steel。所以，ArcelorMittal USA LLC 最初在美国境内的两个钢铁生产实体公司为 International Steel Group 和 Inland Steel。

International Steel Group（以下简称 ISG）成立于 2002 年，由 WL ROSS 投资基金购入 LTV Steel（Ling-Temco-Vought）和 Acme Steel 后组建而成，其中 WL ROSS 投资基金在 2017 年会同宝武集团、中美绿色基金、招商局金融集团在上海成立四源合钢铁产业结构调整基金。2003 年 ISG 并购 Bethlehem Steel 公司和 USS 的 Gary 厂，2004 年 ISG 购入 Weirton Steel 和 Georgetown Steel。

Ling-Temco-Vought（LTV）是美国著名的大型企业集团，存在于 1961~2000 年，2000 年底申请破产保护。其名称演变历史为 Ling Electric Company、Ling-Temco-Vought、LTV Corporation、LTV Steel。在公司高峰时期，涉及航空航天、电子、钢铁制造、体育用品、肉类包装、汽车租赁、药品等业务。LTV 钢铁业务主要包括 Jones and Laughlin Steel Corporation（J&L）和 Republic Steel Corporation（1984 年收购）两家公司。Jones and Laughlin Steel Corporation 是家古老的美国钢铁公司，1968 年被 LTV 兼并，在此十年后，J&L 兼并濒临破产的 Youngstown Sheet and Tube Co.（当时旗下 Youngstown Plant 已关闭，Indiana Harbor Works 濒临破产），使得 J&L 产能跃居美国第四位，旗下也拥有了五家钢铁厂，分别是 Aliquippa Works、Midland Plant、Indiana Harbor Works、Cleveland Plant 和 Pittsburgh Plant。Republic Steel Corporation 被 LTV 收购前有六家钢铁厂，其中五家为联合企业——Celeveland Works、Warren Plant、Chicago Plant、Buffalo Plant、South Plant of Gadsdan，以及一家为采用电弧炉冶炼的特殊钢厂——Canton-Masillon Facilities。

Bethlehem Steel 公司历史可追溯至 1857 年，20 世纪 80 年代前，该公司占据美国第二大钢铁联合企业位置长达 60 多年。2001 年公司破产，2003 年，旗下 Bethlehem Plant、Burns Harbor Plant、Lackwanna Plant、Sparrows Point Plant、Steelton Plant、Johnston Plant 等主要的生产厂并入 ISG。

Weirton Steel 是座百年老厂，1929 年作为参与方之一共同组建 National Steel。20 世纪 80 年代初，通过员工持股计划被员工购买，2004 年破产并被 ISG 收购。

Georgetown Steel 最早于 1973 年由一家德国公司成立，最初为一家轧钢厂。1993 年贝恩资本注资，后经贝恩资本操作与密苏里堪萨斯 Bolt and Nut Company 合并为 GST Steel，该公司 2001 年破产，Georgetown Steel 2003 年关闭，在 ISG 时代重新经营，但在 2015 年 8 月再次关闭。2017 年 5 月，据称 ArcelorMittal 已同意将企业出售给 Liberty Steel。

Inland Steel 成立于 1893 年，20 世纪 50 年代始，专业从事汽车用冷轧板带生产。20 世纪 70 年代开始美国钢铁工业逐步走向衰落，Inland Steel 也受到影响，70 年代与 Nippon Steel 成立了合资公司 I/N Tek 和 I/N Kote，但仍旧难以为继，后经过内部调整，1997 年 Inland Steel 成为美国联合企业中仅有的利润可观的钢企，也成为了理想的并购目标，1998 年被 Ispat International 并购。

b ArcelorMittal USA 现有电弧炉产线准备情况

当前，ArcelorMittal USA 主要电弧炉产线[37]见表 2-35。

表 2-35 ArcelorMittal USA 电弧炉产线及产品

公司名称	电弧炉	连铸			中厚板		棒线		铁道用钢	
	数量×容积（功率）	流	尺寸/in×in	产能/万吨·a^{-1}	厚×宽×长/in×in×in	产能/万吨·a^{-1}	直径/mm	产能/万吨·a^{-1}	长/ft	产能/万吨·a^{-1}
Coatesville（Coatesville，PA）	1×165t（67MV·A）	1	9×84	75	0.2×134×480	45				
					（0.2~3.5）×195×（106~390）	15				
Georgetown（Georgetown，SC）	1×85t（65MV·A）	6	4.75×4.75~8×8	100			5.5–9/16	75		
	1×85t（62MV·A）									
Indiana Harbor（East Chicago，IN）	1×115t（60MV·A）	4	6.5×6.5 和 7×7	60				65		
LaPlace（LaPlace，LA）	1×77t（60MV·A）	4	5×5，6×6、8×8 4.75×6.375	75				59		
Steelton（Steelton，PA）	1×140t（120MV·A）	3	14.6×23.6	120					80	84
Vinton（EI Paso，TX）	1×35t（20MV·A）	3	4.5×4.5 5.25×5.25	240						
	1×35t（20MV·A）									

信息来源：AIST。

G SSAB Americas[42]

a 企业介绍

瑞典钢铁公司（SSAB）是一家总部位于瑞典斯德哥尔摩的钢铁企业，是瑞典最大的钢铁制造商，主要致力于先进高强钢产品的开发、生产和销售，并提供解决方案，生产厂位于瑞典和美国，是全球领先的高附加值高强度钢材供应商。

SSAB 成立于 1978 年，由瑞典三家钢铁企业重组而成，最早可追溯至 1872 年。这三家公司分别是位于博伦厄（Borlänge）的 Domnarvets Jernverk（成立于 1872 年），位于乌克瑟勒松德（Oxelösund）的 Järnverks AB（成立于 1913 年），位于吕勒奥（Luleå）的 Norrbottens Järnverk（成立于 1940 年）。2007 年，SSAB 以 77 亿美元收购北美钢铁生产商 IPSCO，使其钢铁产能增加一倍，并在北美地区获得立足点。2008 年 3 月，SSAB 将 IPSCO 钢管业务以 40.3 亿美元的价格出售给俄罗斯耶弗拉兹集团。

SSAB 瑞典厂采用传统的以铁矿石和炼焦煤为原料的高炉—转炉工艺，而美国厂则采用以废钢为原料的电弧炉工艺。SSAB 的高强度钢具有高强度、高硬度和高韧性的特点，这要归功于钢材的纯度和独特的生产工艺。SSAB 与众不同之处在于它强调与客户进行紧密合作。通过直接向客户销售产品并参与客户的产品设计开发，SSAB 能够帮助客户发展业务，同时提高自身竞争力。SSAB 的专家和应用工程师目前已经在高强度钢的特性和应用方面积累了深厚的知识。

b 企业历史沿革

1978 年，三家瑞典钢铁企业合并成立瑞典钢铁公司（SSAB）；

1979 年，SSAB 收购 Tibnor 公司；

1989 年，公司股票在斯德哥尔摩证券交易所挂牌交易；

2006 年，SSAB 乌克瑟勒松德厂生产出世界上强度最高的中厚板 WELDOX 1300；

2007 年，SSAB 收购北美钢铁生产商 IPSCO；

2008 年，SSAB 宣布在北美成立研发中心；

2008 年 3 月，SSAB 将 IPSCO 钢管业务出售给俄罗斯耶弗拉兹集团；

2009 年，SSAB 将下属公司 SSAB Tunnplat 硬特钢（HASS）出售给 Duroc 公司；

2010 年 10 月，SSAB 位于美国的研发中心投入运营；

2010 年 10 月，SSAB 宣布计划在中国昆山成立研发中心；

2010 年 11 月，SSAB 在美国亚拉巴马州新建 1 条热处理生产线投产；

2014 年 7 月 29 日，SSAB 收购了钢铁巨头罗奇 Ruukki，9 月起新的 SSAB 公司划分为五大事业部：特种钢事业部、SSAB 欧洲事业部、SSAB 美洲事业部、Tibnor 以及 Ruukki 建筑业务事业部。

c 主要装备[44]

SSAB 在北美地区有两座电弧炉炼钢厂，分别是位于美国亚拉巴马州的 Mobile 厂和爱阿华州的 Montpelier 厂；在美国得克萨斯州休斯敦、明尼苏达州圣保罗以及加拿大安大略省多伦多拥有定尺剪切设备；在加拿大蒙特利尔（Montreal）和温哥华（Vancouver），巴西库里蒂巴（Curitiba）以及智利圣地亚哥（Santiago）拥有仓储中心。

Mobile 厂拥有一座 185t 双壳直径 25ft、148MV · A 福克斯直流电弧炉；一座拥有双工位的 185t、35MV · A 福克斯钢包炉；一套奥钢联板坯连铸机（6in×120in）；一套单机架 4 辊 7.46MW 、120in 宽达涅利斯特克尔式炉卷轧机（综合年产能 125 万吨/a）；一座 120in 宽辊底式正火炉；一座 100in 宽奥氏体化炉，配有辊式连续高压喷水厚板淬火机；一座 100in 宽辊底式回火炉。

Montpelier 厂拥有一座 158t 双壳直径 24ft、140MV · A 曼内斯曼德马格直流电弧炉，一座拥有双工位的 158t 25MV · A 曼内斯曼德马格钢包炉，一座采用蒸汽喷射泵的双罐真空脱气装置，一套单流曼内斯曼德马格板坯连铸机（$6\times120in^2$），一套单机架 4 辊 120in 宽曼内斯曼德马格斯特克尔式炉卷轧机（综合年产能 125 万吨/a）。

d　SSAB 北美业务分布

SSAB 在美国的两家钢厂 Mobile 厂和 Montpelier 厂年产能均为 125 万吨，2010 年产量达到 233 万吨，产能利用率保持在 90%以上。Mobile 厂和 Montpelier 厂主要生产中厚板。SSAB 在 Mobile 厂投资新建 1 条淬火生产线，将耐磨高强钢年产能从 10 万吨提高至 30 万吨。

SSAB 公司的品牌产品与普通钢材相比，质量更轻、强度更高、寿命更长。SSAB 公司的业务按地理位置划分为 3 个部分：SSAB EMEA、SSAB Americas 和 SSAB APAC。SSAB EMEA 是欧洲、中东和北美地区调质退火钢板和先进高强钢的主要生产商；SSAB Americas 是北美和拉丁美洲地区厚板和薄板产品主要供应商；SSAB APAC 是亚洲地区、澳大利亚和新西兰高强钢的销售商。另外，钢材经销商 Tibnor 是 SSAB 的全资子公司，是瑞典主要的钢材经销商。

e　主要产品

SSAB 主要产品包括先进高强钢板、淬硬钢、普通中厚板、普通钢板以及钢材加工。SSAB 北美业务部门主要生产中厚板，在美国亚拉巴马州 Mobile 和爱阿华州 Montpelier 拥有两家短流程钢厂（拥有完整的轧制生产线），并在美国休斯敦、圣保罗和加拿大多伦多拥有三家板材剪切加工企业。其中，亚拉巴马州 Mobile 厂主要生产高附加值中厚板（包括涂层板、淬火板、回火板和正火板）。其产品广泛应用于基础设施建设、交通、建筑业和重工业，如桥梁、驳船、铁路用车、风塔、输电塔、油田储罐、远洋平台、重型设备、造船、海洋设备以及钢管制造等。

SSAB 公司的品牌产品主要有以下 7 种。

Domex：热轧薄板，可用于制造轮船、桥梁、建筑、机械、汽车、起重设备和坦克等；

Docol：冷轧钢板，覆盖耐压和抗弯曲的低碳钢到超高强钢；

Prelaq：预涂层钢板，适用于可持续和耐久型建筑，比如屋顶、墙面、屋面排水及配件；

Hardox：淬火调质耐磨钢，适用于对最大有效载荷及使用寿命有需求的零部件，可用于制造卡车车身、翻斗车车身、容器、粉碎机、挖掘机铲斗和装载桶等，SSAB 公司的 Hardox 悍达耐磨钢厚度范围已扩展至 0.7~130.0mm；

Weldox：高强结构钢，可用于生产与普通钢种相比更轻或更高强度的产品，应用于起重机、拖车和汽车等；

Armox：安全保护板，主要用于生产贵重物品运输保护，如银行柜台、个人防护等；

Toolox：工具用钢，用于冲压模具和机械部件等。

除上述品牌产品外，SSAB 公司还可生产其他高性能产品，包括：激光优质钢板、轧制类产品（如桥梁用钢、冷成型钢、各种模型模具用钢等）、标准化钢板产品（焊接式压力容器用钢、海上结构用钢、公用电线杆底板用钢等）、Q&T 钢板产品（运输拖车及建筑设备等用钢、货车车台及挖斗、卸料斗等用钢）等。SSAB 北美钢厂生产及设备情况[37]如表 2-36 所示。

表 2-36 SSAB 北美钢厂（电弧炉厂）生产及设备情况

钢厂	年产能/万吨 · a^{-1}	主 要 设 备	主要产品
Mobile厂	125	1×185t（148MV · A，DC）双壳福克斯电弧炉，1×185t（35MV · A，DC）双工位福克斯电弧炉，一套奥钢联板坯连铸机（6in×120in），一套单机架 4 辊 120in 达涅利炉卷轧机，1×120in 辊底式正火炉；1×100in 奥氏体化炉（配有辊式连续高压喷水厚板淬火机）；1×100in 辊底式回火炉	中厚板
Montpelier厂	125	1×158t（140MV · A，DC）双壳曼内斯曼德马格电弧炉，VD（蒸汽泵，双罐），一套单流曼内斯曼德马格板坯连铸机（$6×120in^2$），一套单机架 4 辊 120in 宽曼内斯曼德马格炉卷轧机	中厚板

信息来源：AIST。

H AK Steel[43]

a 公司概况

AK Steel 成立于 1899 年，总部位于美国俄亥俄州西切斯特，该公司的名称源于其前身公司 Armco 和川崎钢铁公司（Kawasaki Steel Corporation）的缩写，川崎公司于 1989 年向该公司提供了若干生产设施，以换取该公司的大部分股权，目前主要生产扁平材碳钢、不锈钢、电工钢及钢管产品等。AK 目前拥有 8 座钢铁厂和 2 座钢管生产厂，均位于美国本土，主要下游市场包括汽车、基建、制造业、输变电和配变电市场。

AK Steel 目前粗钢年产能为 664 万吨，2016 年粗钢产量为 505 万吨，位居美国第 4 位、全球第 67 位，2015 年粗钢产量为 617 万吨，2014 年粗钢产量为 595 万吨。

AK Steel 历史整理如下。

阶段一：成立早期阶段。AK Steel 的前身为 The American Rolling Mill Company（Armco），1899 年成立于美国俄亥俄州米德尔顿（Middletown），生产线也位于同一地点。1922 年在肯塔基州阿什兰（Ashland）开设了第二座工厂 Ashland 厂，同时 Middletown 厂也开始生产带涂层板材产品。1948 年公司采用缩写名字“AMRCO”，并在不久之后更名为 Armco Steel Corporation。

阶段二：20 世纪 50~80 年代。在 Middletown 厂和 Ashland 厂取得成功的基础上，Armco 在 20 世纪 50 年代开始收购其他钢铁厂，并对并购的工厂采用 Armco 商标和业务流程，这种做法持续了二十年，Armco 也因此扩大了其在美国地理布局和整个钢铁行业中的业务基础。

20 世纪 70 年代末和 80 年代，Armco Steel 与当时的美国钢铁行业大部分企业一样遭遇到经营业绩和收入下滑问题，同时还面临着环境污染、产线落后和国际竞争力不强等问题，这导致其产能规模和盈利能力下降，因此关闭了几座生产设施。在 1971 年 Armco Steel 收购了位于堪萨斯城（Kansas City）的工程公司 Burns & McDonnell，然而在 1985 年，Burns & McDonnell 的雇员从 Armco 获得贷款购买了该公司。1978 年 Armco Steel 更名为 Armco Inc.，这更准确地反映了 Armco 在收购过程中增加了少数非钢业务，Middletown 厂和 Ashland 厂则被划分到新组建的东方钢铁部门。Armco 于 1985 年将其总部迁至新泽西州，认为新地点更适合为大部分股东和客户提供服务。

80 年代末，虽然 Armco 继续不断获得市场份额，并不断增加年销售额，但行业盈利能力不断走低，公司开始探索未来增长新模式。在 1989 年与川崎制铁（Kawasaki Steel Corporation）建立有限合作关系，合并了两家公司的部分公司，Kawasaki 向 Armco 提供了几座生产设备，组建 Armco Steel。另一个由 Armco 组建的合资公司是日本钢铁制造商伊藤忠公司（Itochu Corporation），该协议给了 Armco Nova Steel Processing 公司（目前依然在运行的部门之一）几乎 50%的股份。

阶段三：20 世纪 90 年代中前期。进入 20 世纪 90 年代，Armco 的年销售额已经超过 10 亿美元大关，1991 年销售额达到 13 亿美元，但利润额却逐渐降低，这使 Armco 意识到钢铁行业在大规模运营支出的情况下，很难实现高利润，同时发现公司背负有大约 6 亿美元的债务和负资产，因此这促使 Armco 采取措施。随之公司雇用了 65 岁的 Tom Graham 和 Richard M. Wardrop 来改善财务状况。Graham 早年在 J & L Steel、USS 和 Washington Steel 工作了很长时间，他的到来还带来了他的前同事 Richard M. Wardrop。

Graham 和 Wardrop 立即着手解决 Armco 的财务问题，首先对公司的持股进行了广泛评估，结果剥离了十多家子公司和业务部门。同时在 Graham 上任的第一年，公司高层和管理人员更换了 75 人。

后来，Armco 致力于改善其实际运营和产品服务，从而提高了其在建筑、汽车、大家电等行业的市场份额，产品质量也有显著提升。随后，Armco 将工作重心转向提高公司按时向买方交付产品的能力方面，进一步提升服务质量。

Armco 收购了 Cyclops Industries 特钢生产企业。1993 年 Armco 将总部迁至宾夕法尼亚州匹兹堡，次年 Armco 与川崎之间的有限合作伙伴关系发生了轻微变化，AK Steel Holdings 诞生。Armco 主要钢铁生产和经营部门更名为 AK Steel，钢铁生产继续进行，这时的 AK Steel 以长流程普钢生产线为主，Butler 和 Mansfield 等生产特钢（不锈钢、电工钢）的 Minimill

则留在了 Armco 公司。同年，AK 钢铁上市，普通股和优先股的出售帮助该公司获得了 6.54 亿美元的收益，这些钱被用于偿还 AK 的债务，财务状况得到改善。

阶段四：20 世纪 90 年代中后期。1995 年，AK Steel 将总部迁回 Middletown，并且公司对经营报以很大期望，但当年整个钢铁行业利润下降，AK Steel 盈利依然达到了 1.46 亿美元，销售额达到22.6 亿美元。由于取得这一成功，Regis ICM Small Company Mutual Fund 增加了对 AK Steel 的持股，并看好该公司发展前景。

Graham 随后做出了冒险的决定，计划在印第安纳州的罗克波特（Rockport）建设一个全新的最先进的钢铁生产厂。新厂房建设成本估计为 11 亿美元。很多分析师和行业专家立刻就批评了这个决定，有些人担心这样一个事实，即一个刚刚从大规模债务中解救出来的公司，会很容易回到负债累累的状态。紧接着，AK Steel 与竞争对手 Inland Steel 进行了比较，Inland Steel 在 20 世纪 90 年代初期与 Nippon Steel 公司建立了自己的 10 亿美元的钢厂。Inland 新工厂于 1993 年建成，四年后的成本仍然没有很好的回报。有人认为，AK Steel 应该从 Inland Steel 得到启示，并重新考虑其计划。

但 Graham 坚持认为，增加一个更新、更高效的生产厂对 AK 公司的未来非常重要。他认为如果建立新的 Rockport 工厂，通过提高效率和降低能耗有助于降低 AK Steel 的运营成本。此外，新设施将能够生产 80in 宽的碳钢卷，而当时所有现有的轧机只能生产宽度为 72in 的钢卷。Graham 认为，这将增加 AK Steel 的产品竞争力，因为这可以使汽车制造商有效地降低成本。

1997 年，Graham 退休，Wardrop 以公司总裁身份担任董事长兼首席执行官，目的不仅在于继续完成 Graham 对新钢厂的投资计划，而且还将继续实现公司的复苏。前 Wheeling-Pittsburgh Steel Corp. 总裁 James Wareham 成为 AK Steel 新总裁。

尽管 AK Steel 在经营业绩上上升势头明显，1996 年的销售额达到了 23 亿美元，但在安全和与工会关系上出现问题。在 1993~1996 年，AK Steel 发生 10 起死亡事故，导致被 Occupational Safety and Health Administration（OSHA）处以高达 200 万美元的罚款和审查。

1998 年，公司管理层将重点放在工厂安全生产上，改进安全制度，制订健康计划，并让员工和承包商参与安全意识方面的工作来解决安全问题。

随着安全问题的好转，AK Steel 取得了良好的经营业绩，1998 年 11 月，Rockport 厂提前 3 个月投产。虽然由于国外市场产能过剩，许多竞争对手因热轧钢材价格下滑而受害，但 AK Steel 的股价从 1998 年 8 月至 1999 年 1 月上涨了 50%。该公司专注于 Rockport 的冷轧板和涂层钢板产品使其产品竞争力优于竞争对手，并且几乎完全没有受到热轧钢材危机的影响。

1999 年，AK Steel 宣布以 13 亿美元收购 Armco Inc.，以确保其在美国第四大钢铁生产商的地位，其中就包括 Butler 和 Mansfield 这两座 Minimill。这笔交易使 AK Steel 获得 Armco 的特殊钢产品，包括 400 系列不锈钢，AK Steel 控制了 Armco 80%的份额。但 1999 年底劳资谈判失败时，主要涉及在 Mansfield 厂工作的 650 名美国钢铁工人，这使该公司再次受到劳务问题的困扰。AK Steel 用临时帮工和受薪雇员取代了这些工人，但是这使得该公司在当年的利润中损失了近 2100 万美元。不过，该公司当年创下了 46 亿美元的创纪录收入和 1.324 亿美元的收入。

阶段五：21 世纪至今。进入 21 世纪，AK Steel 面临着劳动力短缺、能源成本上涨和市场环境疲软等问题，公司将发展重点放在提升产品质量和服务以及安全生产上，由于热轧产品市场疲软，AK Steel 更加重视高附加值的冷轧产品生产和销售，热轧产品仅占公司出货量的 5%。

2007 年 AK Steel 将总部迁至俄亥俄州巴特勒县的西切斯特（West Chester）。2014 年，AK Steel 以 7 亿美元的价格收购了谢韦尔公司位于密歇根州迪尔伯恩（Dearborn）的钢铁生产厂，具体包括 1 座焦化厂和 3 家合资企业的资产，主要生产扁平材产品。2017 年 8 月，AK Steel 以 3.6 亿美元的价格收购加拿大工具钢生产企业 Precision Partners Holding Company，从而进入高增长的汽车轻量化领域。

b　主要钢铁生产装备产线[45]

Ashland 厂、Middletown 厂和 Dearborn 厂属于传统钢铁长流程生产厂，主要生产碳钢扁平材及涂镀产品。Mansfield 厂和 Butler 厂属于电弧炉短流程生产厂，主要生产硅钢、不锈钢等特殊钢产品；Zanesville 厂、Rockport 厂和 Coshocton 厂无冶炼和加热设备，主要生产热镀锌产品和不锈钢产品。这 6 家钢厂的产线装备细节如表 2-37～表 2-43 所示。

表 2-37　肯塔基州 Ashland 厂主要产线装备

生产设备	设备细节
高炉	产能 200 万吨/a，69050ft^3，热风炉数量 3 个
转炉	产能 220 万吨/a，2 个转炉炉身，转炉规格 180t/回，湿式除尘器
钢包冶金	工位 1 座，ASEA，规格 180t/回
连铸	产能 240 万吨/a，1 流
镀锌	1 号热镀锌线；3 号热镀锌线，产能 36 万吨/a

表 2-38 宾夕法尼亚州 Butler 厂主要产线装备

生产设备	设 备 细 节
电弧炉	3 座 175t/回，变压器功率 56MV · A，1 座 177t/回，变压器功率 170MV · A
AOD	100 万吨/a，3 个炉身，规格 175t/回
钢包冶金	LMF；吹氩搅拌，钙线处理，微调合金成分；产能 140 万吨/a；工位 2 座
连铸	2 号 2 流连铸机（50 万吨/a），1970 年建；3 号 2 流连铸机（50 万吨/a），1981 年建
加热炉	推钢式，固体炉顶部加热；炉膛数量 4 个；产能：300 系不锈钢 50t/h，硅钢 90t/h，400 系不锈钢 115t/h
热连轧	宽度 53in；70 万吨/a；粗轧：除鳞机，4 辊单机架带立辊往复轧机；精轧：5 机架 4 辊轧机，带温度和钢板规格检测
冷连轧	2 号冷连轧，宽度 51in，34 万吨/a，4 机架 4 辊； 3 号冷连轧，宽 52in，48 万吨/a，3 机架 4 辊
森吉米尔轧机	41Z-Mill，宽 36in，6.5 万吨/a；42 Z-Mill，宽 50in，9 万吨/a
酸洗退火线	23 号剪切酸洗线，不锈钢，21.5 万吨/a； 22 号退火酸洗线，产能 12 万吨/a； 12 号退火酸洗线，电工钢，36 万吨/a； 7 号退火酸洗线，电工钢中间退火，13 万吨/a； 4 号退火酸洗线，不锈钢用，产能 12.5 万吨/a； 2 号退火酸洗线，电工钢用，产能 8 万吨/a

表 2-39 俄亥俄州 Middletown 厂主要产线装备

生产设备	设 备 细 节
高炉	230 万吨/a，51594ft^3，热风炉数量 3 个
转炉	260 万吨/a，2 个转炉炉身，转炉规格 225t/回，湿式除尘器
RH	180 万吨/a，单工位，规格 225t/回
钢包冶金	LMF-CASOB，工位 1 座，规格 225t/回，RH，工位 1 座，规格 225t/回

续表 2-39

生产设备	设 备 细 节
连铸	产能 300 万吨/a，2 流，1972 年建
加热炉	3 个步进梁式，1 个推钢式；产能 300t/h（步进梁），250t/h（推钢）
热连轧	宽度 82in；530 万吨/a；粗轧：VSB，6 机架连轧，其中 3 机架 2 辊轧机，3 机架 4 辊轧机；精轧：7 机架 4 辊轧机
冷连轧	3 号冷连轧，宽度 80in，30 万吨/a，5 机架 4 辊轧机
酸洗退火线	4 号酸洗线，产能 190 万吨/a；5 号酸洗线，产能 130 万吨/a
罩式退火	64 号，产能 57 万吨/a；84 号，产能 35 万吨/a；94 号，产能 94 万吨/a
涂镀	EGL，产能 50 万吨/a； 3 号热镀锌线，产能 55 万吨/a； 4 号热镀铝线，产能 46 万吨/a； 2 号热镀铅锡线，产能 15 万吨/a

表 2-40 印第安纳州 Rockport 厂主要产线装备

生产设备	设 备 细 节
酸洗线	连续式酸洗线
冷连轧	宽度 80in，3 机架 4 辊轧机+2 机架 6 辊轧机
酸洗退火线	连续退火酸洗线
平整精整	宽度 80in，单机架 4 辊
涂镀	热镀锌，在线平整和张力矫直；GI、GA 板

表 2-41 俄亥俄州 Zanesville 厂主要产线装备

生产设备	设 备 细 节
森吉米尔轧机	ZR-21-44 往复式冷轧机，宽度 22~44in，产能 16.5 万吨/a
酸洗退火线	1 号退火酸洗线，不锈钢用，产能 2.5 万吨/a

表 2-42　密歇根州 Dearborn 厂主要产线装备

生产设备	设 备 细 节
高炉	产能 6000t/d，219 万吨/a；内部容积 63470ft^3；热风炉数量 4 个
转炉	产能 260 万吨/a，2 个转炉炉身，转炉规格 255t/回
钢包冶金	RH，工位 1 座，规格 250t/回
连铸	产能 260 万吨/a，2 流，1986 年建；产能 130 万吨/a，1 流，1996 年建
加热炉	三炉膛，8 区，WB 加热
热轧	产能 280 万吨/a；粗轧 2 机架 2 辊，2 机架 4 辊，1 机架 VSB，3 组紧耦合立辊；精轧 7 机架 4 辊
冷轧	PLTCM，产能 210 万吨/a，宽度 74in，5 机架 6 辊轧机
平整	1 号平整线，宽度 60in，产能 80 万吨/a，1 机架 4 辊
镀锌	1 号热镀锌线，产能 49. 9 万吨/a；成品最大宽度 72in；GI、GA 板

表 2-43　俄亥俄州 Mansfield 厂主要产线装备

生产设备	设 备 细 节
电弧炉	1 座 134t/回，变压器功率 28MV · A； 1 座 134t/回，变压器功率 49MV · A
AOD	产能 100 万吨/a，3 个炉身，规格 175t/回
钢包冶金	吹氩搅拌，钙线处理，微调合金成分；产能 140 万吨/a；工位 2 座；规格 175t/回；变压器功率 42MV · A
连铸	产能 80 万吨/a，1 流，钢包规格 140t/回
加热炉	炉膛数量 1 个，WB 式，5 加热区
热连轧	产能 60 万吨/a，粗轧 1 机架 2 辊往复轧机，精轧 6 机架 4 辊轧机

信息来源：AIST。

AK Steel 钢管生产主要在其旗下的 AK Tube LLC 公司进行，该公司有两条生产线，分别是位于俄亥俄州的 Walbridge 厂和位于印第安纳州的 Columbus 厂。Walbridge 厂拥有多条焊管生产线，此外还有酸洗涂油、镀铝、镀锌、镀锌铝、合金化镀锌和定尺切割等生产设备，钢管年产能约为 12 万吨。Columbus 厂拥有 8 条 ERW 和 2 两条激光焊接生产线，此外还有酸洗涂油、镀铝、镀锌、镀锌铝、合金化镀锌和定尺切割等生产设备，钢管年产能约为 13.8 万吨。

c 品种结构特点

AK Steel 钢铁产品结构以碳钢钢板/卷、不锈钢、电工钢和钢管产品为主。碳钢产品结构如表 2-44 所示。

表 2-44 AK Steel 碳钢产品结构

产品	产品分类	产品可执行要求	产品规格
热轧钢板	ASTM A568	一般要求	厚度 1.80~13.34mm 宽度 1016~2032mm
	ASTM A1011	CS/DS/SS/HSLA	
	ASTM A635	厚规格热轧，一般要求	
	ASTM A1018	厚规格 CS/DS/SS/HSLA	
	ASTM A659	CS，碳含量 0.16%~0.25%	
	SAE J1392	HSLA/SS	
	SAE J2340	HSLA	
	SAE J403	碳钢	
	SAE J404	合金钢	
冷轧钢板	ASTM A1008	CS/DS/DDS/EDDS/ SS/HSLA/DR/BH	厚度 0.381~3.429mm 宽度上限 2032mm
	ASTM A568	一般要求	
	ASTM A794	CS，碳含量 0.16%~0.25%	
	SAE J1392	HSLA/SS	
	SAE J2340	HSLA/DR/BH/RA	
	SAE J2329	CS/DS/DDS/EDDS	
	SAE J403	一般要求	
	Press Hardenable	全硬和退火/回火轧制	

续表 2-44

产品	产品分类	产品可执行要求	产品规格
电镀锌钢板 ZINCGRIP® ELECTRAS MOOTH®	ASTM A1008	一般冷轧规范	厚度 0.43~1.90mm 宽度上限 1904mm
	ASTM A568	一般要求	
	ASTM A879	涂层重量指示	
	ASTM A917	一般要求	
	SAE J1392	HSLA	
	SAE J2340	HSLA	
	SAE J2329	低碳钢	
热镀锌钢板 ZINCGRIP®	ASTM A653	基础成分、等级和涂层	厚度 0.43~3.40mm 宽度上限 2032mm
	ASTM A755	热镀锌卷应用于建筑物暴露面	
	ASTM A924	一般要求和公差	
	ASTM A929	波纹钢管	
	AASHTO M218	镀锌涵洞用钢板	
	SAE J2340	RA 830	
合金化热镀锌板 ZINCGRIPGA®	ASTM A653	基础成分、等级和涂层	厚度 0.46~2.54mm 宽度上限 2032mm
	ASTM A924	一般要求和公差	
搪瓷钢 UNIVIT®/VIT-PLUS®/I-F Enameling Steel	ASTM A424	钢板用于生产搪瓷钢	厚度 0.48~2.16mm 宽度上限 2032mm
	ASTM A568	一般要求	

AK Steel 不锈钢产品结构如表 2-45 所示。

表 2-45 AK Steel 不锈钢产品结构

产品	产品牌号	国际牌号	产品特征	典型应用
铁素体不锈钢	409	S40920/1.4512/SUS409	经济的耐蚀和抗氧化性	汽车排气系统/炉衬/换热器
	Aluminized 409	—	经济的耐蚀和抗氧化、盐和化学品腐蚀性能	汽车排气系统/炉衬/换热器

续表 2-45

产品	产品牌号	国际牌号	产品特征	典型应用
铁素体不锈钢	409 Ni	S40975 1.4516	耐蚀性能优于低碳钢	排气口凸缘/输煤/输送设备
	11Cr-Cb ULTRA FORM®	—	比 409 和 439 耐氧化和抗蠕变性能更好	汽车排气部件/高温环境/炉子
	41003	S41003	出色的焊接、韧性和制造性能	车框架/漏斗车/斜槽/容器用钢管
	400Cb	—	耐蚀性与 409 相当，表面光洁度更好	电气橱柜
	400	—		需要改进的 409 部位/棺材
	410S	S41008/1.4000/ SUS410S	低成本/通用产品	轻度腐蚀环境/分馏塔
	13-4 SR® SS	—	电阻率高，抗氧化性好	汽车排气管及制动电阻/加热元件
	15 Cr-Cb® ULTRA FORM®	— SUS425	抗氧化性能	排气法兰/牌子歧管/催化转化器
	430	S43000/1.4016/ SUS 430	通用耐蚀性	家电/食品设备/汽车件/烟道/屋顶
	430 ULTRA FORM®	—	改进成型和焊接性能	餐厅设备/电器/室内建装饰
	434	S43400/1.4113/ SUS 434	比 430 改进耐蚀性能	汽车装饰
	436	S43600	控制轧制	汽车装饰
	436L	1.4513/SUS436L	耐应力腐蚀、成型性优	汽车排气应用
	439	S43035/1.4510/ SUS430LX	耐潮湿环境腐蚀 抗氧化性	汽车排气部件/加热装置/焊接管
	Aluminized 439	—	经济耐氧化、盐和化学品腐蚀	汽车排气部件/加热装置/焊接管
	18 SR® SS	—	高温抗结垢	热交换器/炉衬
	THERMAK™ 17 SS	—	提高抗氧化性、高温强度和耐热疲劳性	汽车歧管/催化转化器/排气共振器

续表 2-45

产品	产品牌号	国际牌号	产品特征	典型应用
铁素体不锈钢	18 Cr-Cb™SS	1. 4509	抗氧化、抗蠕变	换热器/炉组件/汽车排气系统
	441	S44100/1. 4509	抗氧化、抗蠕变	
	444	S44400/1. 4521/SUS 444	抗氧化、耐腐蚀和应力开裂	热水器/太阳能电池板/发动机组件
	435 Mod.	S44500/SUS430J1L	改进成型和焊接性	汽车装饰
	CHROMESHIELD® 22 SS	—	抗氧化、抗蠕变	食品加工/炊具/建筑/汽车排气系统
奥氏体不锈钢	201	S20100/1. 4371/SUS 201	低 Ni、高加工硬化	软管夹/炊具
	201LN	—	低 Ni、高加工硬化、焊接性好	低温应用/弹簧/食品加工
	NITRONIC® 30	S20200/1. 4373/SUS 202	高强度、耐磨、成形性好	软管夹/车框架/固体处理设备/斗车
	301	S30100/1. 4310/SUS 301	高强度、高加工硬化	轮盖/弹簧/软管夹/食品加工设备
	304	S30400/1. 4301/SUS 304	多用途	食品设备/油管/建筑装饰
	304L	S30403/1. 4306/SUS 304L	低碳，减少焊接过程中碳化物沉淀	焊接零件和其他 304 应用
	305	S30500/1. 4303/SUS 305	优秀的可拉伸性、低加工硬化	深冲件/燃油滤管
	309S	S30908/1. 4833/SUS 309S	抗氧化	加热元件/炉子部件/汽车排气系统
	316	S31600/1. 4401/SUS 316	耐点蚀	换热器/化学设备/海洋应用
	316L	S31603/1. 4404/SUS 316L	低碳、减少焊接过程中碳化物沉淀	焊接零件和其他 316 应用
	321	S32100/1. 4541/SUS 321	钛稳定	中等温度热交换器/飞机

续表 2-45

产品	产品牌号	国际牌号	产品特征	典型应用
马氏体不锈钢	410	S41000/1.4006/SUS 410	通用、可硬化	餐具/机器零件
	410Cb	—	高强韧性、更易热处理	汽车排气法兰
	410H	—	增加淬透性	餐具/标尺
	420 LC	S42000/1.4021/SUS 420J1	—	—
	420	S42000/1.4034/SUS 420J2	增加淬透性	餐具/多功能工具
	420HC	S42000/1.4034/SUS 420J2	增加淬透性	餐具/剪刀/手术器械
	420ULTRA HONE®	—	耐腐蚀性	餐具/剪刀
	440A	S44002/1.4109/SUS 440A	增加淬透性、耐腐蚀性	餐具/工业刀具
沉淀硬化不锈钢	15-5 PH®	S15500/1.4540	高强高硬、无铁素体	航空航天/化学和石化/食品加工
	PH 15-7 Mo® SS	S15700/1.4532	高强度和硬度、可成型	挡圈/弹簧/飞机舱壁
	17-4 PH®	S17400/1.4542/SUS 630	高强度和硬度	航空航天/化学和石化/食品加工
	17-7 PH®	S17700/1.4568/SUS 631	高强度、抗疲劳性、可成型	航空航天部件/板簧
双相不锈钢	NITRONIC® 19D	—	铁素体/奥氏体基体、循环氧化性好、强度高、抗应力腐蚀性能好	油管/热水器水箱
	2205	S31803/S32205/1.4462	铁素体/奥氏体基体、强度高、热膨胀小、耐应力腐蚀开裂和腐蚀疲劳	热交换器/管道/压力容器/储罐/风扇/轴和压辊/屋顶
涂镀不锈钢	1 型热镀铝不锈钢	—	将 409 或 439 表面热镀铝层，提升抗消声器冷凝物腐蚀性和道路盐渍性能	汽车排气系统
	AK-SPECTRA™	—	表面涂覆含氟聚合物、保色、耐蚀、抗污染	金属屋面/斜屋顶/面板/斜面和特殊应用

AK Steel 电工钢产品结构如表 2-46 所示。

表 2-46 AK Steel 电工钢产品结构

产品	产品牌号	国际标准	产品特征	产品厚度/mm
无取向电工钢	DI-MAX® M-15	M-15	全工艺，最大 $P_{15/50}$1. 45W/kg(0. 35mm)	0. 35/0. 50
	DI-MAX® M-19	M-19	全工艺，最大 $P_{15/50}$1. 55W/kg(0. 35mm)	0. 35/0. 50/0. 65
	DI-MAX® M-22	M-22	全工艺，最大 $P_{15/50}$1. 60W/kg(0. 35mm)	
	DI-MAX® M-27	M-27	全工艺，最大 $P_{15/50}$1. 75W/kg(0. 35mm)	
	DI-MAX® M-36	M-36	全工艺，最大 $P_{15/50}$1. 85W/kg(0. 35mm)	
	DI-MAX® M-43	M-43	全工艺，最大 $P_{15/50}$1. 95W/kg(0. 35mm)；半工艺，最大 $P_{15/50}$1. 55W/kg(0. 35mm)	
	DI-MAX® M-45	M-45	全工艺，最大 $P_{15/50}$2. 05W/kg(0. 35mm)	
	DI-MAX® M-47	M-47	全工艺，最大 $P_{15/50}$2. 80W/kg(0. 50mm)；半工艺，最大 $P_{15/50}$1. 65W/kg(0. 35mm)	全工艺：0. 50/0. 65；半工艺：0. 35/0. 50
	DI-MAX® M-13	M-13	全工艺，3. 1%Si，0. 8%Al，最大 $P_{15/50}$2. 5W/kg	0. 5
	DI-MAX® M-10X	M-13	全工艺，Si3. 05%，Al 0. 8%，最大 $P_{15/50}$2. 2W/kg	0. 35
	DI-MAX® HF-12	—	全工艺，高频应用，Si3. 1%，Al 0. 8%，典型 $P_{10/400}$13. 8W/kg	0. 30
	DI-MAX® HF-10	—	全工艺，高频应用，Si2. 65%，Al 0. 7%，典型 $P_{10/400}$14. 5W/kg	0. 25
	DI-MAX® HF-10X	—	全工艺，高频应用，Si3. 3%，Al 0. 9%，典型 $P_{10/400}$12. 8W/kg	0. 25
普通取向电工钢	M-2	18G041	典型 $P_{17/50}$1. 07W/kg	0. 18
	M-3	23G045/23H070	典型 $P_{17/50}$1. 07W/kg	0. 23
	M-4	27G051/27H074	典型 $P_{17/50}$1. 23W/kg	0. 27
	M-5	30G058/30H083	典型 $P_{17/50}$1. 39W/kg	0. 30
	M-6	35G066/35H094	典型 $P_{17/50}$1. 56W/kg	0. 35

续表 2-46

产品	产品牌号	国际标准	产品特征	产品厚度/mm
高磁感取向电工钢	H-O CARLITE DR	M080-23P5	典型 $P_{17/50}$0.77W/kg，$B_8$1.916T	0.23
	H-1 CARLITE DR	M090-27P5	典型 $P_{17/50}$0.87W/kg，$B_8$1.918T	0.27
	H-2 CARLITE DR	M100-30P5	典型 $P_{17/50}$0.95W/kg，$B_8$1.917T	0.30
	H-O CARLITE	M090-23P5	典型 $P_{17/50}$0.83W/kg，$B_8$1.917T	0.23
	H-1 CARLITE	M100-27P5	典型 $P_{17/50}$0.95W/kg，$B_8$1.918T	0.27
	H-2 CARLITE	M105-30P5	典型 $P_{17/50}$0.99W/kg，$B_8$1.920T	0.30

AK Steel 钢管产品主要包括碳钢、涂镀产品和不锈钢产品，碳钢和涂镀产品状态包括热轧、酸洗上油、冷轧、镀铝、镀锌、镀铝锌、锌镍和铝热管，形状包括圆形、方形、长方形和椭圆形，产品管径尺寸范围为 0.75~6.625in，壁厚范围为 0.035~0.189in。不锈钢钢管材质包括 304L、409、439、镀铝 409 和 18CrCb，管径范围为 1.0~6.625in，壁厚范围为 0.035~0.086in。

Ashland 厂是传统钢铁长流程生产厂，主要产品为碳钢和超低碳钢、热镀锌板和合金化镀锌钢板。碳钢产品能够满足市场对各种成分和规格的需求。热镀锌板品牌为 ZINCGRIP®，能提供良好的强度和防腐性能。合金化镀锌钢板品牌为 ZINCGRIP GA®，是在钢板两面用锌层涂覆，然后通过感应加热将锌与基层合金化，形成锌铁涂层。

Bulter 厂属于钢铁短流程生产厂，主要产品为电工钢和不锈钢，以及为其他厂不锈钢和碳钢生产提供钢坯。在其电工钢产品方面，TRAN-COR®是美国唯一的高磁感取向电工钢产品，主要应用于电力变压器领域；Regular Grain-Oriented（RGO）是普通取向电工钢产品，主要应用于电力变压器和配电变压器领域；Cold Rolled Non-Oriented（CRNO）是冷轧无取向电工钢产品，主要应用于电机、发电机和整流器等产品。在不锈钢产品方面，主要生产铁素体不锈钢和奥氏体不锈钢，其中铁素体不锈钢主要应用于高温防腐领域，奥氏体不锈钢主要应用于高强度防腐领域。在板坯生产方面，Bulter 厂能够生产各种板坯，包括生产超低硫钢，可以作为 AK 其他厂生产先进高强度钢（AHSS）的原料。

Middletown 厂是传统钢铁长流程生产厂，主要产品包括普通热轧卷和冷轧卷；搪瓷钢产品，包括 UNIVIT®、VIT-PLUS®和 I-F 搪瓷钢产品系列；电镀锌产品，包括 ZINCGRIP® ELECTRASMOOTH®子品牌，能够提供表面质量优质和高耐蚀性产品；热镀锌产品 ZINCGRIP 系列；生产的其他产品还包括：渗铝碳钢和不锈钢，同时还生产 ULTRALUME®等先进高强度钢（AHSS）。

Rockport 厂位于印第安纳州，无冶炼和热轧生产线，主要产品包括各种冷轧碳钢、涂镀板和不锈钢，可以对产品进行退火、酸洗和表面处理，产品中包括各种先进高强度钢（AHSS）。Rockport 厂碳钢和不锈钢冷轧产品使用同一台串列式冷轧机，能够生产各种碳钢以及奥氏体和铁素体不锈钢产品；其同样生产热镀锌板产品 ZINCGRIP®；生产搪瓷钢产品包括 VIT-PLUS®和 I-F 搪瓷钢产品系列；生产热镀合金化镀锌钢板系列为 ZINCGRIP GA®，是在钢板两面用锌层涂覆，然后通过感应加热将锌与基层合金化，形成锌铁涂层。Rockport 厂热镀锌和热镀合金化镀锌钢板生产线采用先进的感应加热技术，可以实现快速准确的退火温度控制。此外，该厂生产钢板宽度可达 80in（2032mm）。

Zanesville 厂位于俄亥俄州，无冶炼和热轧生产线，主要产品为取向电工钢、无取向电工钢和铁素体不锈钢产品。其中取向电工钢产品为普通取向电工钢，主要应用于电力变压器和配电变压器，铁素体不锈钢产品主要用于需要承受高温的耐蚀环境。

Coshocton 厂位于俄亥俄州，无冶炼和热轧生产线，主要生产不锈钢产品，具体包括奥氏体不锈钢、马氏体不锈钢和铁素体不锈钢。其中马氏体不锈钢主要用于刀具、剪刀、厨房用具和手术器械等，含碳量较高，具有更好的淬透性。

Dearborn 厂位于密歇根州，是传统钢铁长流程生产厂，主要生产碳钢扁平材及涂镀产品，具体包括热轧卷和冷轧卷、热镀锌钢板 ZINCGRIP®、热镀合金化镀锌钢板 ZINCGRIP GA®和先进高强度钢（AHSS）中的 NEXMET™系列。

Mansfield 厂位于俄亥俄州，属于钢铁短流程生产厂，主要生产钢坯和不锈钢产品。不锈钢产品具体包括铁素体不锈钢（409 和 439 牌号）和马氏体不锈钢。

d　经营状况

从 2016 年全年来看，AK 钢铁公司钢材发货量同比减少 14.6%，至 605 万短吨。其中，受北美汽车产量同比增长 2% 拉动，AK 钢铁公司对汽车业用户的钢材发货量同比增长 4%；但是对钢材加工服务中心和再轧制企业发货的低利润普通钢材数量则同比减少 41%。2016 年，AK 钢铁公司高附加值钢材发货量占总发货量的比重由 2015 年的 79.3%提高至 85.0%；钢材平均销售价格由 2015 年的 942 美元/短吨上涨至 969 美元/短吨。

2016 年全年，AK 钢铁公司净销售收入从 2015 年的 66.93 亿美元大幅下降 12.1%，至 58.83 亿美元；营业利润由 2015 年的 0.87 亿美元激增 164.4%，至 2.30 亿美元；营业利润率由 2015 年的 1.3%提高至 3.9%；EBITDA 由 2015 年的 3.93 亿美元显著增长 27.7%，至 5.02 亿美元；EBITDA 率由 2015 年的 5.9%增加至 8.5%；吨钢 EBITDA 由 2015 年的 55.4 美元显著增长 49.8%，至 83.0 美元。2016 年，AK 钢铁公司归属上市公司股东净利润持续亏损，亏损额由 2015 年的 5.09 亿美元显著减少至 780 万美元。

AK 钢铁公司首席执行官 Roger K. Newport 表示，AK 钢铁公司从 2016 年初开始通过提高产品大纲中高附加值钢材品种产量，并持续减少在现货市场销售普碳钢热轧卷数量的方式来优化自身产品结构。与此同时，AK 钢铁公司通过提高生产效率持续降低生产成本，这些策略帮助公司实现 EBITDA 同比增长。此外，AK 钢铁公司还通过出售非核心资产，进一步改善了公司的财务状况。2015~2016 年 AK Steel 经营业绩如表 2-47 所示。

表 2-47 2015~2016 年 AK Steel 经营业绩

项　　目	年份		同比/%
	2016	2015	
净销售收入/亿美元	58.83	66.93	-12.1
营业利润/亿美元	2.30	0.87	164.4
营业利润率/%	3.9	1.3	—
EBITDA/亿美元	5.02	3.93	27.7
EBITDA 率/%	8.5	5.9	—
吨钢 EBITDA/美元	83.0	55.4	49.8
归属上市公司股东净利润/亿美元	-0.08	-5.09	—
净利润率/%	-0.1	-7.6	—
钢材发货量/万短吨	605.2	708.9	-14.6
高附加值钢材发货量占比/%	85.0	79.3	—
平均销售价格/美元·短吨$^{-1}$	969	942	2.9

信息来源：2017 AK Steel Annual Report。

e 小结

AK Steel 是以传统钢铁长流程生产为主的美国钢铁公司，其所属 Bulter 厂和 Mansfield 厂为采用电弧炉生产的钢铁短流程生产厂。两座厂建厂前期以非高功率电弧炉+精炼+连铸为主要生产流程，不属于典型的 Minimill 厂，主要生产不锈钢和电工钢等高附加值特殊钢产品，2003 年后 Bulter 厂增加一座高功率电弧炉（1000kV · A/t），但同时保留原低功率电弧炉。

1994 年 Armco 和日本川崎制铁组建 AK Steel 时，AK Steel 主要定位于利用传统钢铁长流程生产汽车板产品，因此 Bulter 厂和 Mansfield 厂留在了原 Armco 公司。1999 年 AK Steel 收购原母公司 Armco，Bulter 厂和 Mansfield 厂并入 AK Steel，丰富了 AK Steel 产品结构，提高了高附加值产品比例，符合 AK Steel 发展高端板材产品的战略规划。

AK Steel 的 Bulter 厂和 Mansfield 厂虽然不属于典型的 Minimill，但可以为 Minimill 未来的发展方向提供借鉴。两座工厂生产的产品均属技术含量很高的高附加值产品，Bulter 厂生产的取向电工钢产品对钢坯化学成分的要求极为严苛，说明 Minimill 企业在未来通过增加部分产线设备，提高生产技术水平，也可具备高等级板坯和高端钢铁产品的生产能力，这也是 Minimill 未来转型的重要方向之一。同时 AK Steel 的多年良好经营，也为其他传统长流程钢铁生产企业增设/转型 Minimill 提供了良好模板。

I North Star BlueScope Steel

North Star BlueScope Steel 是由美国 Cargill 和澳大利亚 BlueScope 钢铁公司以 50%-50%合资组建的公司。1996 年初期投入 4.5 亿美元，年产能约 140 万吨，在岗员工 350 人，2006 年扩产至每年 190 万吨。主要产品为 CQ、DQ 和 HSLA 热轧板，产品尺寸为（1.3～13）mm×（1055～1562）mm，要用于建筑和冷轧基板用。

生产工艺路线为：170t EAF—LF—CC—隧道式加热炉—达涅利热轧厂（2 机架粗轧+6 精轧机架）—卷取。电弧炉为双壳交流，废钢和生铁经竖炉预热连续加入电弧炉内以降低能耗，住友金属（SMI）的薄板坯连铸机，常规结晶器，备有 EMBr 及结晶器液压振动。板坯尺寸：100mm×(990～1575)mm。精轧机配有辊弯设施，可提供卓越的凸度和板形控制。

2.1.4　美国钢铁产业布局小结

2017 年美国钢铁总产能约为 10520 万吨，综合产能利用率约为 81%（含停产企业），总产能比 2015 年下降 4.2%，产能利用率上升了 15.3%。2017 年长流程企业产能利用为 71%，短流程产能利用率为 85.6%。

目前，美国长流程钢铁生产企业仅剩下三家，分别是 USS、AM 和 AK 公司，这三家公司目前正在运营的工厂共有 11 座，共有 16 座高炉、27 座转炉，合计产能约 3690 万吨（不考虑停产的企业），主要分布在印第安纳州（约 1810 万吨）、俄亥俄州（约 690 万吨）、密歇根州（约 580 万吨）、宾夕法尼亚州（约 260 万吨）和伊利诺伊州（约 350 万吨），在其他地区几乎没有长流程产能布局。

短流程工厂及产线近 160 家，合计产能约 6520 万吨。主要聚集在俄亥俄州（约 730 万吨）、印第安纳州（约 640 万吨）、阿肯色州（约 600 万吨）、得克萨斯州（约 560 万吨）、亚拉巴马州（约 500 万吨）、南卡罗来纳州（约 350 万吨）、肯塔基州（约 330 万吨）、宾夕法尼亚州（约 320 万吨）。此外，短流程钢厂还在西部的华盛顿、俄勒冈、加利福尼亚、亚利桑那和犹他布局，以及中部的爱阿华、科罗拉多、内布拉斯加和俄克拉何马州，北部的明尼苏达州和威斯康星州，东南部的几乎所有州都有布局。

2.2 中国钢铁工业布局变化与结构变化

2.2.1 中国钢铁工业总体布局变化

2.2.1.1 总体布局变化

我国近代钢铁产业起源于汉阳钢铁厂的建立，新中国成立以前钢铁产能主要集中于辽宁省，内地只有少数几家钢铁公司。

新中国成立以后，按照生产力“均衡布局”战略，钢铁产业逐步向内地布局。以恢复东北工业基地为起点，在内陆铁矿石资源较丰富地区逐步配置钢铁产业，逐步建设了包钢、武钢、重钢等钢铁厂，形成了以鞍本为核心的东北钢铁工业基地，以包钢、石景山钢铁厂（后来的首钢公司）为核心的华北钢铁工业基地及以上海钢铁厂为核心的华东钢铁基地。重庆、昆明、新疆、山东以及河南等地也逐步建立钢铁厂，形成了东北、华北和华东并重的钢铁产业布局。

改革开放以来，钢铁产业在起起落落中稳步发展，钢铁产业布局逐步向东部沿海地区倾斜，东北地区粗钢产量占比逐渐下降到一定水平，华北和华东成为最主要的两大钢铁生产区域。

目前中国钢铁工业实际上自然划分为津冀北、晋冀南、长三角三大产业集群和山东、辽宁两大板块，粗钢产能合计占全国接近80%。

根据中国钢铁协会统计数显示，截至2015年底，我国津冀北具备冶炼能力的钢铁企业76家，合计粗钢产能约为2.94亿吨，约占全国粗钢产能的26.1%；长三角102家，合计粗钢产能约为2.28亿吨，约占全国粗钢产能的20.2%；冀晋南68家，合计粗钢产能1.5亿吨，约占全国粗钢产能的13.3%；山东省合计产能约为1亿吨，约占全国粗钢产能的9%；辽宁粗钢产能约9400万吨，约占全国粗钢产能的8.3%[46]。我国钢铁布局发展无序化较为严重，有的省区畸形发展。截至2015年底我国各区域产能及布局变化见表2-48。

表2-48　2015年我国各区域钢铁产能分布情况

产业集群名称	津冀北		长三角				冀晋南			
所处省、直辖市或地区	天津	冀北	上海	江苏	浙江	安徽	邯邢	豫北	晋东南	晋南
企业数量/个	7	69	4	50	34	14	38	11	6	13
炼钢产能/万吨	3300	26090	3335	12963	2254	4251	7000	2790	1670	3570
集群内企业数量/个	76		102				68			
企业数量国内占比/%	13.2		17.7				11.8			
集群内炼钢总产能/万吨	29390		22803				15030			
炼钢产能国内占比/%	26.1		20.2				13.3			
企业炼钢平均产能/万吨	387		224				221			

信息来源：中国钢铁工业协会《中国钢铁工业转型升级战略和路径》报告。

2.2.1.2　布局变化的主要影响因素

A　政策因素

钢铁产业是国民经济的重要基础产业，“十二五”时期是深入推进科学发展、加快转变发展方式的攻坚阶段，国家对钢铁工业发展有明确的指导性政策。2011年，工信部发布了《钢铁工业“十二五”发展规划》，该规划根据《国民经济和社会发展第十二个五年规划纲要》和《工业转型升级规划(2011—2015年)》编制，明确指出中国钢铁工业面临的主要问题是品种质量亟待升级，布局调整进展缓慢，能源、环境、原料约束增强、自主创新能力不强等。同时规划提出了“十二五”钢铁工业的发展目标，到“十二五”末，钢铁工业结构调整取得明显进展，基本形成比较合理的生产力布局，资源保障程度显著提高，钢铁总量和品种质量基本满足国民经济发展需求，重点统计钢铁企业节能环保达到国际先进水平，部分企业具备较强的国际市场竞争力和影响力，初步实现钢铁工业由大到强的转变。该规划还明确了钢铁工业的发展重点，引导市场优化配置资源，对钢铁工业转型升级进行部署，是“十二五”期间我国钢铁工业发展的指导性文件。

B　资源因素

资源禀赋是钢铁工业布局的重要因素之一，东北的鞍山-本溪地区有比较丰富的铁矿资源，临近煤炭产地，有一定水资源条件，根据相关发展战略，该区域内现有钢铁企业按照联合重组和建设精品基地的要求，淘汰落后生产能力，建设具有国际竞争力的大型企业集团。西南地区水资源丰富，攀枝花-西昌地区铁矿和煤炭资源储量大，但交通不便，现有重点骨干企业要提高装备水平，调整品种结构，发展高附加值产品，以矿石可持续供应能力确定产量，不追求数量的增加。中南地区水资源丰富，水运便利，东南沿海地区应充分利用深水良港条件，结合产业重组和城市钢厂搬迁，建设大型钢铁联合企业。

C　运输条件

运输是影响钢铁产业布局又一重要的因素，主要是指对钢铁产品运输成本的影响，还体现在原材料供应的便利性上。钢铁产品的主要运输方式有陆路运输和水路运输两类，前者包括公路运输和铁路运输，后者包括河运和海运运输。公路运输成本最高，铁路其次，海运和河运的运输成本是最低的。因此，内陆地区钢铁产业辐射圈相对较小，如新疆地区钢铁产品多半用于本地区消费；而要扩大辐射圈就需要提升产品的附加值，降低运输成本对利润的影响，如包钢集团的特钢产品通过铁路运输至港口出口，再通过铁路将进口铁矿石运回，保证了最大限度降低运输成本。而拥有便利的河运资源地区，具有发展钢铁产业的天然优势，如武钢集团、沙钢集团、宝钢集团和曹妃甸钢铁基地等。

D　经济社会因素

钢铁是国民经济重要的基础原材料产业，其发展也有赖于煤炭业、采掘、冶金、动力和运输等部门的发展。钢铁产业与其他行业关系十分密切，许多国家都把发展钢铁工业放在十分重要的地位，并把这种发展与国民经济各部门的发展互相协调起来，保持正常的比例关系。

2.2.2　中国小钢厂布局及规模变化

根据中国国情，初步将我国钢铁产能不大于100万吨的钢厂定义为小型钢厂。2015年，我国小型钢厂（含中频炉）主要分布在广东、内蒙古、浙江、新疆、湖北、河北、江苏和辽宁等地，总计有230家小钢厂，合计产能约为1.03亿吨，其中产能不大于50t的企业有157家。2015年我国各地小型钢厂布局情况见表2-49。

表2-49　2015年我国各地小钢厂布局

省份	产能/万吨	省份	产能/万吨
广东	1226	贵州	422
内蒙古	936	四川	300
浙江	931	重庆	296
新疆	865	吉林	158
湖北	678	湖南	150
河北	662	广西	130
江苏	630	黑龙江	104
辽宁	626	山西	95
安徽	533	山东	75
福建	505	宁夏	62
江西	475	新疆	30
河南	443		

信息来源：各地上报数据。

2.2.3 中国大型联合企业布局及规模变化

2015年，我国大型钢铁企业规模不大于800万吨的数量达到26家，合计产能为34102万吨，占我国粗钢总产能的29.73%，详见表2-50。

表2-50 2015年单体钢厂不大于800万吨产能的分布

省份	产能	省份	产能
山西	1200	山东	1290
河北	1056	山东	1220
河北	816	辽宁	3680
河北	970	辽宁	2025
河北	800	河南	1025
河北	860	湖南	900
河北	842	安徽	2613
黑龙江	805	江苏	1030
江西	930	江苏	1090
内蒙古	1750	江苏	2410
新疆	800	陕西	1010
湖北	1830	重庆	840
广西	1250	天津	1060

我国大型联合钢铁企业产品覆盖范围非常广泛，选取上海钢厂（现宝钢，以下称宝钢）和首钢进行典型产品结构分析，如表2-51和表2-52所示。1983~2015年宝钢和首钢的产品结

构均发生了较大变化，从原来的以棒材、型材、线材为主逐步转变为以板材和涂镀板为主。

表 2-51 首钢总公司历年产品结构变化 （万吨）

年份	型钢	棒材	线材	中厚板	薄板及薄宽钢带	涂镀板	钢管	产量
1983	122.87		46.94		2.66		16.6	199.77
1994	267.8		236.1	47.4	6.6		7.5	583.1
2006		88.4	362.6	175		3.3		923
2015			20	241.6	1211	251.8		1680

表 2-52 宝钢历年产品结构变化 （万吨）

年份	型钢	棒材	线材	中厚板	薄板及薄宽钢带	涂镀板	钢管	产量
1983	202.3		61.12	69.42	40.62		48.8	446.72
1994				80.7	281.6		53.8	726.7
2006		34.5	67.6	347.2	999.1	265	107.5	1578.5
2015			50.2	157.9	780.5	384.9	90.89	1465

2.2.4 中国钢铁产业布局小结

总的来看，我国钢铁产业布局主要表现为以下几点。

（1）东多西少，北重南轻。从地理位置分布的角度来说，钢铁的产量和产能都集中于北部和东中部地区，我国北方地区钢厂扎堆，粗钢生产规模占全国的60%左右。环渤海地区也是钢厂林立，产量超3亿吨，严重供大于求，约一半产量需要外部消化。而南部地区则长久缺乏大型钢厂，供给相对不足。以广东为例，本地钢材供应只能满足1/3的需求，每年依然有大量的钢材需要从北方运过来，部分需要进口，物流成本很高。

（2）内陆多，沿海沿江少。21 世纪以来，我国以宝钢、曹妃甸、鞍钢鲅鱼圈为代表的钢铁产业沿海型布局战略逐步推动，2015 年宝钢湛江港项目在历经十年后一号高炉成功点火，2016 年二号高炉点火。2017 年，全面投运的宝钢湛江项目实现扭亏为盈，为沿海沿江布局项目树立了成功典范。但是，我国目前真正临海临江的钢铁企业仍然较少，钢铁产业仍是内陆型企业为主导的格局。

（3）资源依托型为主的格局仍未根本改变。长期以来，中国钢铁工业布局是利用国内资源和靠近铁矿原料产地的原则展开的，钢铁布局不但分散，而且相当一批钢铁产能远离市场，造成大量的钢材需要经过长距离的运输，企业的物流成本增加和竞争力降低。目前我国钢铁产业仍然延续依托资源为主的布局。河北省粗钢产量和原矿产量均居全国各省之首，东北鞍钢和本钢、内蒙古包钢、山西太钢、安徽马钢、四川攀钢、甘肃酒钢、新疆八钢等企业都是在当地铁矿石资源基础上发展起来的，它们至今仍是我国重要的钢铁生产基地。

（4）缺水地区钢铁产能比重大。重点统计企业近 60%分布在缺水地区，近 30%分布在严重缺水地区。华北地区属于人均水资源低于 500m^3 的严重缺水地区，但粗钢生产规模却位居第一，占全国 35%左右。

（5）钢厂城市型布局明显。我国钢铁企业中有很大一部分位于城市，相当一部分钢铁企业位于省会城市或地区中心城市，“城市型”钢厂特点明显。据不完全统计，我国 75 家重点钢铁企业有 18 家建在直辖市和省会城市，有 34 家建在 100 万人口以上的大城市。

2.3　美国钢铁企业历史变迁及其控制财团变化

美国国家现代化的标志是金融业、铁路、钢铁、石油和电子信息等产业的集中和发展，也正是财团通过金融工具，对这些产业进行重组、并购和扩张。19 世纪末～20 世纪 30 年代美国各大财团控制着美国经济、政治和社会生活各个方面，主要财团有摩根、洛克菲勒、芝加哥、库恩-洛布、杜邦、波士顿、克利夫兰等十大财团，与钢铁有关系的财团主要有摩根、洛克菲勒、库恩-洛布、克利夫兰和得克萨斯五大财团。

美国财团最初是按经济部门发展起来的，具有专业化的特点。例如洛克菲勒财团以石油起家，摩根财团依靠钢铁发展起来，杜邦财团则是依赖化学发展起来的。

除了摩根财团控制美国钢铁集团外，还有一些财团不同程度地参与到美国的钢铁业中，如阿母科由梅隆财团、洛克菲勒财团和克利夫兰财团控制，国家钢铁公司由梅隆财团和克利夫兰财团共同控制，共和钢铁和扬斯敦钢铁由克利夫兰财团控制，伯利恒钢铁由库恩-洛布财团控制（Kuhn，Loeb Financial Group），LTV 公司由得克萨斯财团控制。

在各大财团的控制下，美国一些大型钢铁联合企业在各个经济低迷期，都或多或少将一部分资金转移到了石油、化工、医药、房地产、铝业和钛业等非钢领域，因此每一次重组，钢铁企业的资金都会随各大财团的主业而发生相应的流转。在大财团控制下美国钢铁企业历史演变过程如图 2-25 所示，美国历史上主要 10 家钢铁公司的粗钢产量占美国钢铁总产量的比例变化情况[47]如表 2-53 所示。

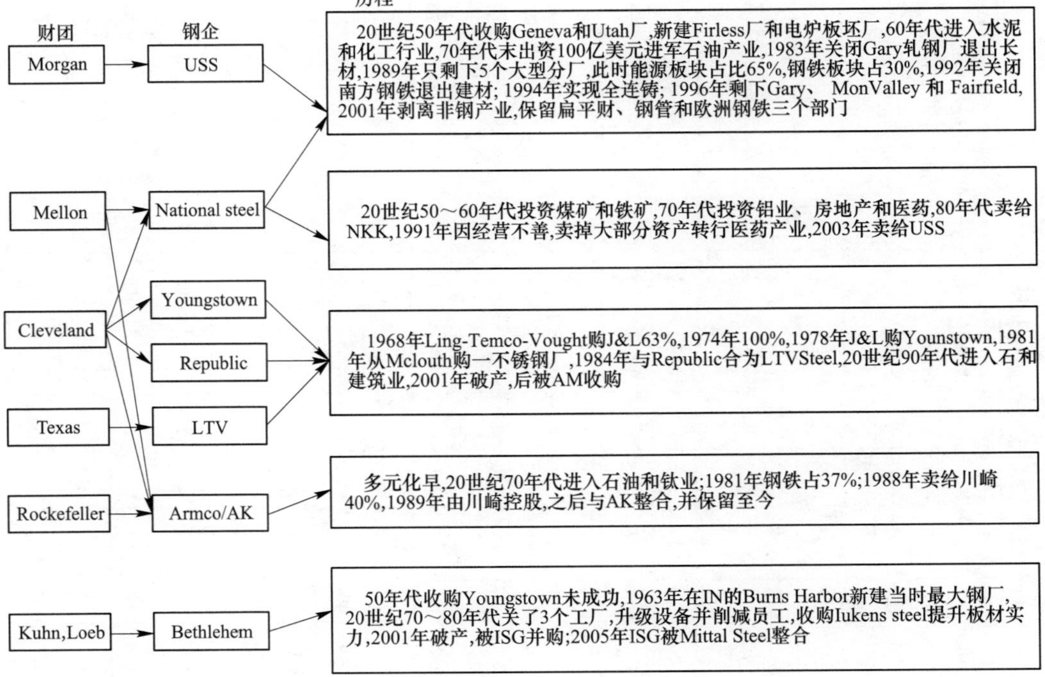

图 2-25 美国一些大钢铁联合企业历史演变过程

（信息来源：USS/USX 年报 1901—2017）

下面以美国钢铁集团为例，介绍一下美国大型钢铁联合企业的演变过程，美国钢铁集团的演变过程[47]如图 2-26 所示。

表 2-53　美国历史上主要 10 个大型钢企的粗钢产量占美国钢铁总产量的比例情况

年份	USS	Natio-nal	Armco/AK	J&L	Youngs-town	Repu-blic	LTV	Bethl-ehem	Inla-nd	AM	Wheeling-Pittsburgh	Weir-ton	总占比/%
1946	32	4.9	4.1	5.7	4.9	9.4		15	4.2				80.2
1950	32.5	4.8	4.1	5.1	4.3	8.8		15.6	3.8				79
1955	30.2	4.8	4.4	5.3	4.8	8.3		16.1	4.4				78.3
1959	26.2	5.7	5.3	5.2	4.4	8		15.3	4.5				74.6
1960	27.5	5.8	5	5.8	4.2	7.8		16.1	5.2				77.4
1965	24.8	6.5	5.9	5.5	4.6	7.5		16	4.9				75.7
1970	23.9	7.5	6	5.3	3.9	7.5		15.7	5.4				75.2
1973	23.2	7.5	6.3	5.3	3.9	7.5		15.7	5.4		2.9		77.7
1975	22.6	7.4	6.2	4.9	3.8	7.5		15	6.2		2.8		76.4
1980	20.8	6.8	6.5	15	J&L	7.6		13.4	2.8		2.8		75.7
1985	18.9	5.4	6.1	LTV	LTV	LTV	14.8	11.8	6.9		2	3.1	69
1988	15.6	5.4	5.8	LTV	LTV	LTV	10.5	12.9	6.1		2.5	2.7	61.5
1990	12.9	5.8	5.6	LTV	LTV	LTV	6	10.5	—		8.6	2.5	51.9
1995	11.7	5.7	4.2	LTV	LTV	LTV	5.1	9.2	—		8.2	2.4	46.5
1998	—	—	—	LTV	LTV	LTV	—	—	Ispat：5		—	—	
1999	10	5.7	6.1	LTV	LTV	LTV	—	7.8	Ispat：5		7.0	—	36.6
2000	10.5	5.5	5.7	LTV	LTV	LTV	—	8.9	5		7.3	—	37.9
2002	—	—	—	ISG	ISG	ISG	ISG	—	ISG		破产	—	
2003	—	—	—	ISG	ISG	ISG	ISG	ISG	ISG		破产	—	
2004	—	—	—	AM	AM	AM	AM	AM	AM	—	破产	ISG-AM	
2005	20.3	USS	5.9	AM	AM	AM	AM	AM	AM	18.8	破产	AM	45

续表 2-53

年份	USS	Natio-nal	Armco/AK	J&L	Youngs-town	Repu-blic	LTV	Bethl-ehem	Inla-nd	AM	Wheeling-Pittsburgh	Weir-ton	总占比/%
2009	26.2	USS	3.9	AM	AM	AM	AM	AM	AM	6.8	07：Esmark 08：Severstal 11：RG	AM	36.9
2012	24.6	USS	5.1	AM	AM	AM	AM	AM	AM	11.2	破产	AM	40.9
2015	18.4	USS	8.1	AM	AM	AM	AM	AM	AM	8.9	破产	AM	35.4
2016	18.1	USS	6.9	AM	AM	AM	AM	AM	AM	8	破产	AM	33

信息来源：AISI、日本《铁钢统计要览》1963—2007。

美国钢铁的控制财团是摩根财团。美国钢铁公司的前身是成立于1864年的卡内基钢铁公司。卡内基钢铁公司是从19世纪中叶美国实行关税壁垒之后才强盛起来的，直到1913年，对美国钢铁工业的关税保护才完全被取消。在此之前，大部分美国钢铁工业靠关税壁垒在同英国的自由贸易竞争中取得盈利。卡内基钢铁公司通过白手起家建立成一个生产钢铁的大型钢铁联合企业而获得优势，且数十年保持世界最大钢铁厂的地位。

1890年，卡内基（Carnegie）公司通过兼并和吸收的方式，将与其有资本联系（股份）的几家碰到经营问题的钢铁企业组成了新型钢铁联合企业——卡内基钢铁公司，该公司资本总额达到3.2亿美元。同年，斐德雷尔钢公司（Federal Steel Co.，资本1亿美元）、国家钢管公司（National Tube Co.，钢管产量占据美国总产量的70%）、国家钢公司（National Steel Co.，由8家独立钢铁厂组成）、美国镀锡板公司（American Tinplate Co.，由38个独立钢铁厂组成）、美国薄

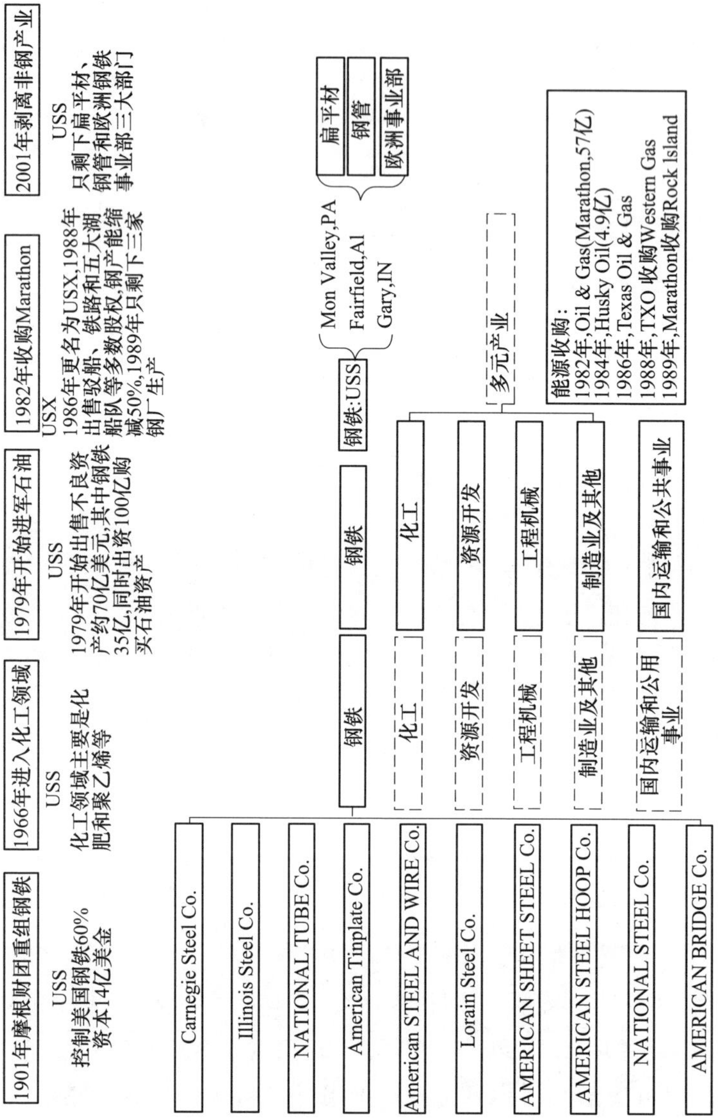

图 2-26 美国钢铁集团的演变过程

（信息来源：USS/USX 年报 1901—2017）

板公司（American Sheet Steel Co.）、美国箍圈公司（American Hoop Steel Co.）、美国钢及线材公司（American Steel and Wire Co.）等大型钢铁企业先后成立。

1895年J.P.摩根公司，开始向钢铁、铁路及公用事业等产业渗透，开始用金融手段整合无序竞争的产业。南北战争结束后，美国钢铁也发展迅速，其后的美西战争和布尔战争令钢铁价格一路上涨，利润随之提升，这时兼并重组事件频频发生，价格也开始无序化。因此，摩根开始参与钢铁的兼并与重组，首先选择收购了American Steel & Wire Co.，并在此基础上成立了一个联邦钢铁企业，其中包括全美265家钢铁企业，在当时的美国钢铁工业排行中位居第二，仅次于钢铁大王卡内基，排在第三位的是洛克菲勒财团。

1901年卡内基将旗下的钢铁公司全部卖给了摩根集团，并由摩根集团主导完成了第一次大规模并购，成立了美国钢铁集团，除了卡内基之外，斐德雷尔钢公司、国家钢管公司、国家钢公司和美国镀锡板公司等大型钢铁企业也都被重组到了美国钢铁集团，当时的资产达14亿美元，前后11年（1890~1901年）里共有785家中小钢铁企业被最终重组到美国钢铁公司当中。美国钢铁集团成为美国最早的钢铁垄断集团，占据了当时美国市场60%以上的钢铁生产份额，依靠其雄厚的经济实力垄断了美国的钢铁市场和原料来源[7]。

1966年USS进入化工领域，主要涉及钢渣利用、聚乙烯和化肥制造等，USS的化工板块曾经一度占据美国大量的化工市场。

1979年二次能源危机爆发，USS受到重创，开始陆续出售不良资产和关闭落后产能，涉及金额高达70亿美元，其中来自钢铁板块的为35亿美元，占比50%，同时还出资100亿美元用于购买石油资产。

1982 年出资 57 亿美元收购了 Marathon 石油公司，1984 年 Marathon 公司又出资 4.9 亿美元收购了 Husky Oil 公司。1986 年 USS 更名为 USX，USS 成为 USX 旗下的一个钢铁板，同年，USX 收购了 Texas Oil & Gas 公司。

1988 年，USX 将旗下的驳船、铁路和五大湖船队等多数股权出售，此时，钢产能缩减 50%，同年，USX 旗下的 Texas Oil & Gas 公司收购了 Western Gas 公司。

1989 年 USX 旗下的 Marathon 石油公司收购了 Rock Island 石油公司，此时 USX 只剩下三家钢厂在生产，钢铁板块销售额占比由 1979 年的 70%降至 31%，取而代之的为能源板块，1989 年能源板块销售额占比高达 65%。1979 年和 1989 年 USS/USX（USS）的各经营板块销售额占比如图 2-27 所示。

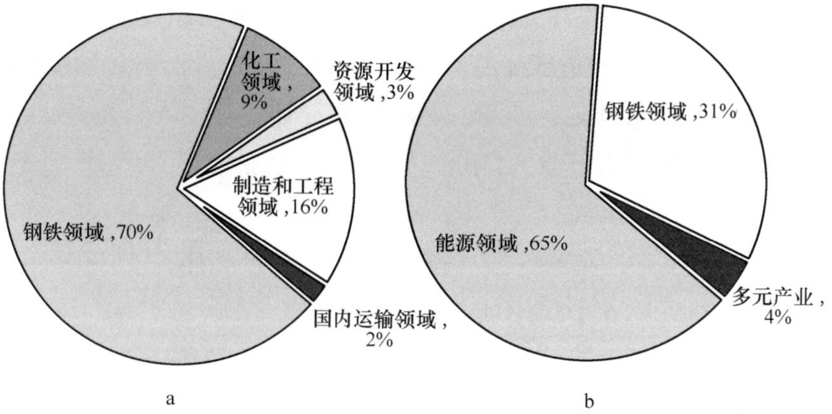

图 2-27　1979 年（a）和 1989 年（b）USS/USX（USS）的各经营板块销售额占比[47]
（USX Annual Report 1990）

伴随着能源板块的不断扩张，钢铁板块的业务不断萎缩，1991 年粗钢产量降至 642 万吨，几乎接近于大萧条时期 1932 年的 501 万吨。

2001 年 USX 剥离了非钢产业，只保留扁平材事业部、铸管事业部和欧洲钢铁事业部三大部门，钢铁重新被重视起来，粗钢产量开始逐年回升，2006 年再次突破 2000 万吨；2014～2016 年，受市场形势影响，连年亏损，钢材产量降至 1500 万吨以内；2017 年在美国贸易保护政策的影响下，USS 再次开始扩张产能，陆续恢复了 Granitie 厂的轧线、A 高炉和 B 高炉。1901～2016 年 USS 的粗钢产量变化情况[47]如图 2-28 所示。

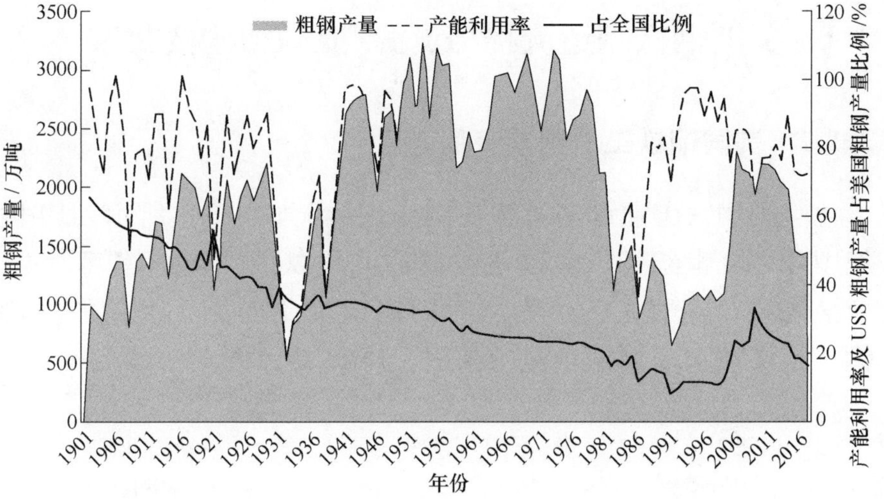

图 2-28 1901～2016 年 USX/USS 的粗钢产量及产能利用率变化情况
（信息来源：USS 年报）

3　中美钢铁制造流程与资源/能源结构变化

3.1　美国钢铁制造流程与资源/能源结构变化

3.1.1　美国钢铁工业制造流程变化

美国钢铁工业制造流程比例变化情况如图 3-1 所示。19 世纪中叶~20 世纪初，美国钢铁制造流程以酸性转炉炼钢为主，应该说贝塞麦酸性转炉为当时的钢铁工业提供了大量的廉价钢，很快被众多钢铁企业所采用。1868 年，西门子马丁酸性

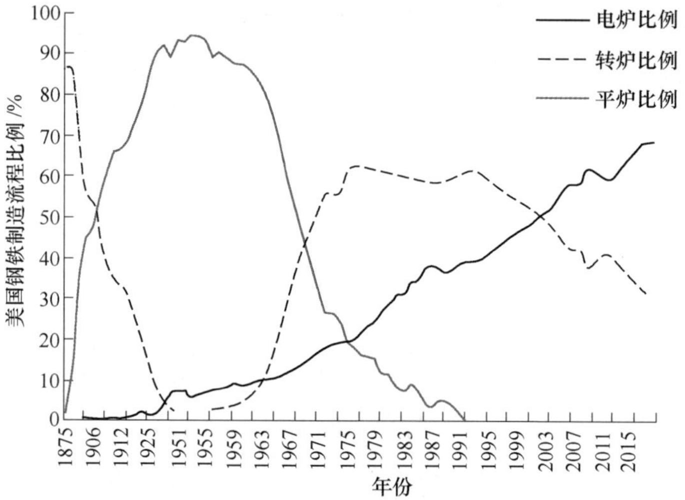

图 3-1　美国钢铁工业制造流程比例变化情况

（信息来源：《苏日英美钢铁统计》，WSA）

平炉诞生，解决了酸性转炉无法大量使用废钢的情况，但并没有得到广泛使用；1875 年美国转炉（酸性）炼钢比例高达 86%，且这一比例一直保持到 1888 年，在此期间，美国坩埚钢占比约为 12%，酸性平炉钢比例只有 2%。

1888 年碱性平炉的出现解决了用高磷铁矿石生产出钢变脆的问题，自此平炉炼钢进入大发展阶段，全面取代了坩埚炼钢，逐步取代了酸性转炉炼钢，并成一度为美国乃至全球最主要的炼钢工艺，占比 90%以上，这一优势地位一直保持到 20 世纪 50 年代。

20 世纪 50 年代开始，电炉钢在美国开始发展，但起初发展并不稳定，产量忽高忽低。随着 1953 年美国平炉炼钢比例达到历史峰值（94.5%），电炉炼钢比例开始稳定提升，并部分取代平炉炼钢。

1956 年，美国第一台氧气转炉设备投入使用，开启了美国氧气转炉发展历程，转炉炼钢和电炉炼钢开始全面取代平炉炼钢，经过近十五年的发展，到 20 世纪 70 年代初，美国转炉炼钢比例已经超过 50%，平炉炼钢比例降至 30%以下，电弧炉比例上升至 17.2%。

20 世纪 70 年代开始，随着平炉炼钢的逐步退出，废钢资源开始富余，炉外精炼和连铸技术在美国得到重视和发展，与电炉炼钢实现良好结合，推动了美国电炉+LF+连铸钢厂模式的快速发展，而转炉炼钢基本保持平稳，没有继续发展。1975 年开始，美国转炉炼钢比例超过 60%，并保持长达 20 年的稳定，在此期间平炉炼钢比例的减少完全来自电炉炼钢比例的提升，直到 1992 年美国最后一台平炉关闭。

对美国来说，20 世纪 70 年代连铸技术的突破对制造流程的改变也起到不可或缺的作用。1971 年以来中国、美国、日本、德国等国的炼钢连铸比对比情况[1,2,21]如图 3-2 所示。由

图 3-2 可见，美国炼钢连铸比由 1971 年的 4.8%快速增长至 1982 年的 29%，增长斜率为 2.2%，有力地支撑了美国钢铁产量的增加，但与同期的日本、德国和韩国等相比还相差很远，1982 年日本连铸比高达 78.7%，德国为 61.9%，韩国为 51%，世界平均为 39.7%。为此美国制定了一项 1980～1984 年连铸发展规划，据美国钢铁研究学会披露，这期间，美国每年将有 15 亿美元的投资用于新建连铸机[48]。1982～1998 年，美国钢铁连铸比从 29%提升至 95.7%，连续快速增长了 16 年，增长斜率为 4.17%。与 1971～1987 年日本、韩国、意大利、德国、法国连铸技术快速发展的 16 年相比（增长斜率 5.13%），美国连铸技术发展整整滞后了 10 年。

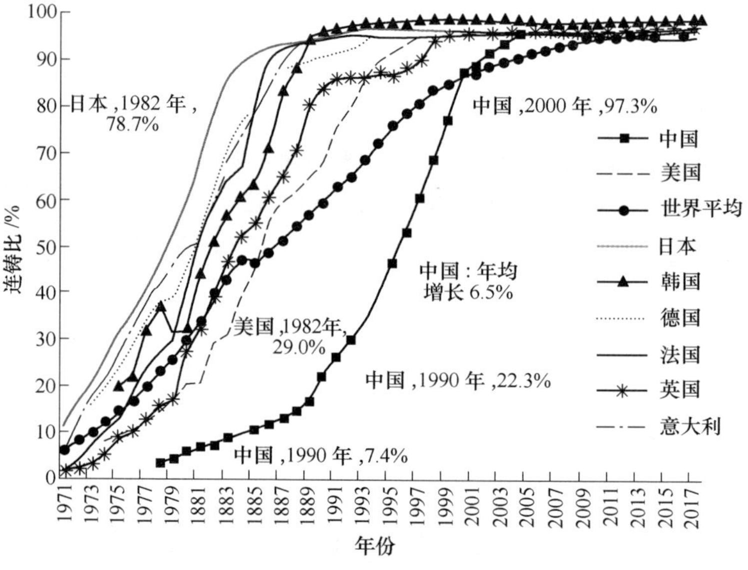

图 3-2　全球主要产钢国连铸比变化情况

（信息来源：WSA，连铸技术的发展）

1989 年，美国 Nucor 第一条超高功率 EAF+LF+CSP 产线投产，带动 Minimill 钢厂蓬勃发展，Minimill 钢厂产品不仅全面占领了美国长材市场份额，已经开始向热轧带卷、冷轧板、镀锌板和厚板市场份额侵蚀了。随着1992年美国最后1座平炉关闭，电炉炼钢开启了取代氧气转炉炼钢的历程。

2002年，随着新建Minimill钢厂的陆续达产达效，美国电炉炼钢比例首次超过50%，成为美国炼钢流程的主导工艺，至今一直保持增长趋势，2018年电炉炼钢比例达68.2%，转炉炼钢比例只有31.8%[49]。

综上，技术不断进步带来了美国乃至全球钢铁制造流程的重大改变，主要驱动因素包括：战争军火、能源危机、质量提升、基础设施建设、下游市场需求和环保严苛等，美国钢铁制造流程发生重大变革的几个时间点如下。

（1）1865年，贝塞麦酸性转炉的诞生，炼钢流程从坩埚炼钢走向酸性转炉炼钢，1888年占比86%。

（2）1888年，碱性转炉诞生，炼钢流程从酸性转炉炼钢走向平炉炼钢，1953年占比94.5%。

（3）20世纪50年代，氧气转炉投产，炼钢流程从平炉炼钢向转炉炼钢发展，平炉炼钢开始下降。

（4）20世纪70年代，美国连铸技术得到重视，与转炉炼钢完美结合，而平炉炼钢因效率低下难以与连铸实现匹配，开始全面萎缩。同时炉外精炼技术的发展，促使电炉流程发展进入上升通道。

（5）1983年，超高功率直流电弧炉及相关技术的开发，巩固了电弧炉短流程炼钢的地位。

（6）1989年薄板坯连铸连轧技术成功运用，带动Minimill钢厂蓬勃发展，电炉炼钢开始高速发展。

（7）1992年，美国最后一座平炉关闭，自此美国只有两种主要的炼钢工艺，即转炉炼钢和电炉炼钢，且电炉炼钢开始取代转炉炼钢。

（8）2002 年，电炉炼钢比例超过 50%，成为美国主要的炼钢工艺，至今一直保持增长态势，2017 年美国电炉钢比例为 68. 2%，转炉炼钢比例为 31. 8%。

3. 1. 2　美国钢铁工业铁素原料变化及构成

3. 1. 2. 1　美国钢铁工业铁素资源情况

A　铁矿石

1952~2017 年美国铁矿石产量及消费情况如图 3-3 所示。20 世纪 80 年代以前，美国钢铁行业年消耗铁矿石基本在 1 亿吨以上，当时美国本土的铁矿石产量不能完全满足钢铁生产需求，每年铁矿石净进口约 3000 万吨，进口依存度为 30%左右。进入 20 世纪 80 年代，尤其是二次能源危机爆发后，美国长流

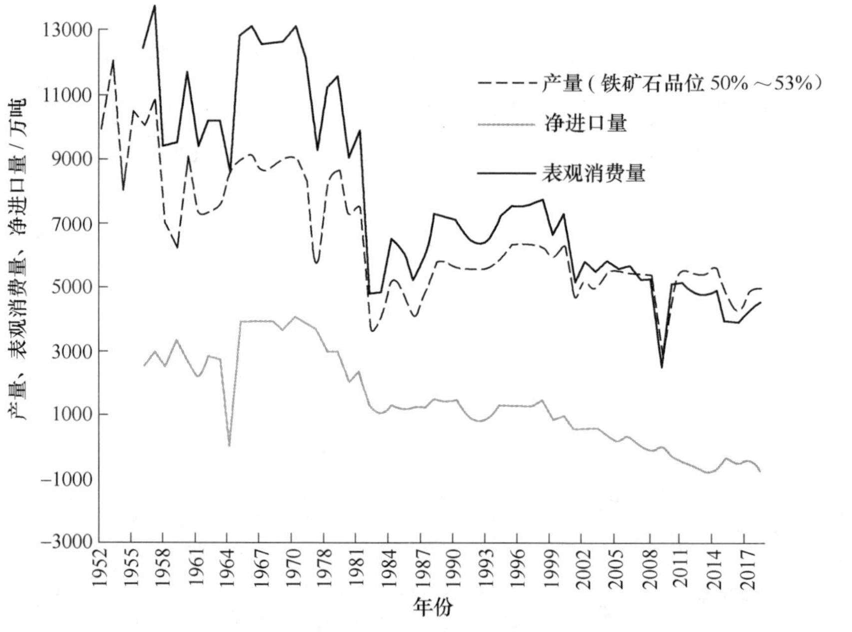

图 3-3　1952~2017 年美国铁矿石产量及消费情况
（信息来源：WSA，日本《铁钢统计要览》1963—2007）

程企业大量关停或转向短流程企业，铁矿石消耗开始减少，年消耗铁矿石在 7000 万吨左右，主要有两方面原因，一是美国钢铁产量锐减，导致铁矿石需求减少；二是美国电弧炉短流程炼钢比例上升，长流程炼钢比例下降，对废钢需求增多，而对铁矿石需求减少。2008 年国际金融危机爆发后，美国钢铁产量进一步降低，长流程炼钢产量降低尤为明显，铁矿石年消耗降低至 5000 万吨的水平，自此，美国由铁矿石净进口国转变为铁矿石净出口国。

B 废钢

美国是一个工业化比较早的国家，拥有丰富的废钢资源，一直是一个废钢净出口国家。早 1941 年，美国废钢产量就已经达到 5200 多万吨，1964~1974 年，连续近 10 年废钢产量超过 8000 万吨，最高时 1973 年产量超过 1 亿吨，此时废钢积蓄量已经到 23.7 亿吨。

20 世纪 70 年代以前，美国转炉炼钢比例不到 50%，平炉是废钢消耗大户，尤其是 60 年代末，粗钢产量高位运行，平炉炼钢占比 50%以上，美国年消耗废钢 8000 多万吨[50]。

两次能源危机爆发，不仅导致大量石油炼铁企业关闭，也导致相当一部分平炉和电炉流程企业关停或破产，废钢产量和消耗一路下跌至 4000 万吨的低点。20 世纪 80 年代开始，Minimill 钢厂不断发展壮大，带动废钢消耗不断回升。随着平炉炼钢逐渐退出，吨钢消耗废钢有所下降，所以尽管电炉钢产量增加，但废钢消耗总量增长不明显。2008~2009 年国际金融危机发生后，美国转炉炼钢也在增加废钢使用量，转炉废钢比平均为 22%左右，最高的 AK 钢铁转炉废钢比高达 22%。随着电炉炼钢比例持续提升和转炉废钢比的增加，美国废钢消耗再次回升到 6000 万~7000 万吨的台阶，废钢产量回升至 8000 万吨左右。1941~2017 年美国废钢消耗情况如图 3-4 所示。

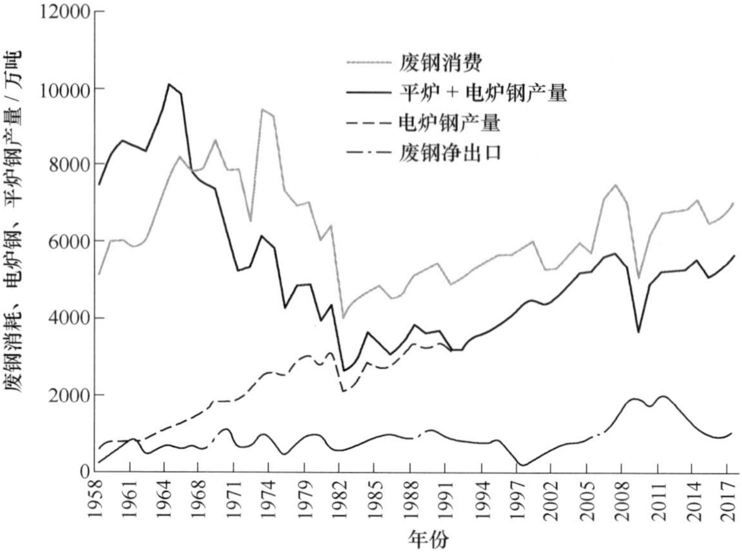

图 3-4 1958~2017 年美国废钢消耗情况

（信息来源：日本《铁钢统计要览》1963—2007，2006~2017 年废钢消耗为计算值）

C DRI

当前，整个美洲地区拥有直接还原铁产能约为 2415 万吨/a，其中美国 DRI 产能为 450 万吨/a，占美洲产能的 18.6%。早在 1971 年，米塔尔美国公司在乔治敦曾建设 1 条年产 400 万吨的 Midrex 生产线，Iron Dynamics 公司在巴特勒建设一条 Iron Dynamics 产线，但最后都处于关停状态。美国目前仅有两座 DRI 生产线，一个是 Nucor 于 2013 年在路易斯安那州 Convent 建设的 Nucor Steel Louisiaa LLC，采用 HYL/Energiron ZR 技术生产，产品类型为 CDRI，产能为 250 万吨/a；另外一条产线是奥钢铁在 2016 年在得克萨斯州的 Portland 建设的 Voestalpine Texas LLC，采用 Midrex 技术生产，产品类型为 HBI，产能为 200 万吨/a。

3.1.2.2 美国钢铁工业铁素资源比例构成情况

从美国钢铁工业制造流程来看，其废钢-电弧炉炼钢流程占比 70%左右，高炉—转炉长流程炼钢比例占比 30%左右，因此美国钢铁的铁素原料构成中，废钢占比较高，其次为铁矿石和非高炉炼铁。

（1）根据文献资料计算得出的美国钢铁铁素资源构成。2007 年几个主要钢铁工业国的铁素原料情况如图 3-5 所示，其中，美国每生产 1t 钢需要 0.425t 的铁和 0.635t 的废钢，即 2007 年美国钢铁的铁素资源中废钢占比 63.5%。我国每生产 1t 钢需要 0.96t 铁和 0.16t 废钢，废钢比约为 14.2%。

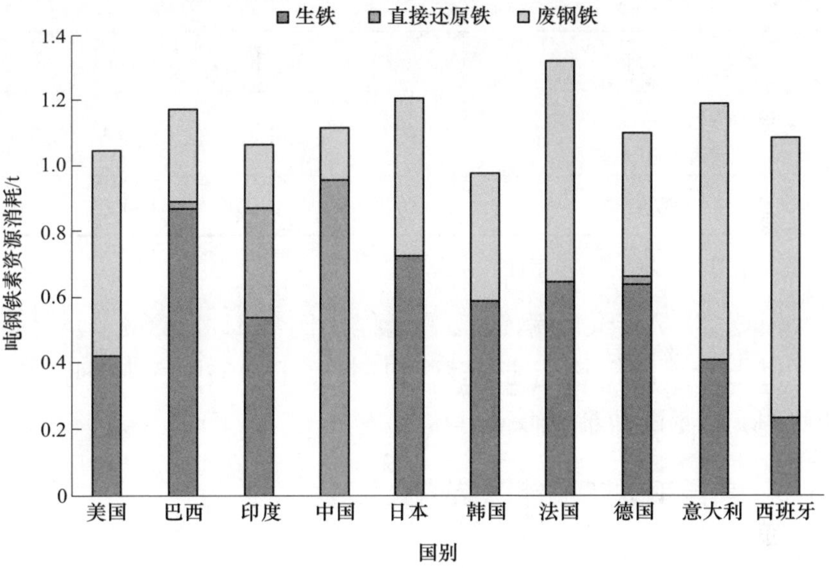

图 3-5 几个主要产钢国铁素资源的比例情况[23]
（信息来源：Iron & Steel Technology 2010）

（2）采用国际咨询机构 CRU 成本数据（2017 年）中的原料消耗计算美国钢铁铁素资源构成。根据 CRU 成本数据中的原料消耗计算得出美国长短流程钢铁企业铁素资源比例构成情况分别如表 3-1 和表 3-2 所示。美国长流程企业，平均每生产 1t 钢需要消耗 1.3t 的铁矿石和 60kg 废钢，短流程企业平均每生产 1t 钢需要消耗 1. 01t 的废钢和 100kg 的铁块。

表 3-1 2017 年美国典型长流程企业吨钢铁素资源消耗情况 (t)

项 目	AK	AM	USS	平均
铁矿石（粉矿+球团）	0. 92	1. 72	1. 26	1. 30
废钢	0. 06	0. 07	0. 06	0. 06

信息来源：根据 CRU 数据计算。

表 3-2 2017 年美国典型短流程企业吨钢铁素资源消耗情况 (t)

项 目	N. Star Blue.	Big River	Nucor	平均
外购铁块（直接还原铁+热压铁块+生铁）	0. 11	0. 12	0. 06	0. 1
废钢	0. 98	0. 97	1. 06	1. 01

信息来源：根据 CRU 数据计算。

根据 2017 年美国钢铁长短流程比例（31. 8 ∶ 68. 2），综合计算得出，美国钢铁行业吨钢消耗铁矿石 468kg，吨钢消耗废钢 668kg，吨钢消耗铁块 64kg。

3. 1. 3 美国钢铁工业能源结构变化

3. 1. 3. 1 美国社会总体能源结构变化

美国社会一次能源消耗中，石油始终占主导地位，近年来略有下降，但消耗排在首位的地位始终没有动摇，天然气和煤炭消耗一直比较接近，两者交替位于第二位或第三位。从 2005 年开始，美国煤炭消耗开始下降，天然气消耗比例却一直上升，可再生能源消耗也在上升。美国的一次能源消耗中，工业消耗占比最高，其次为交通运输业、民用消耗和商业消耗。美国社会能源消耗情况和分行业消耗情况分别如图 3-6 和图 3-7 所示。

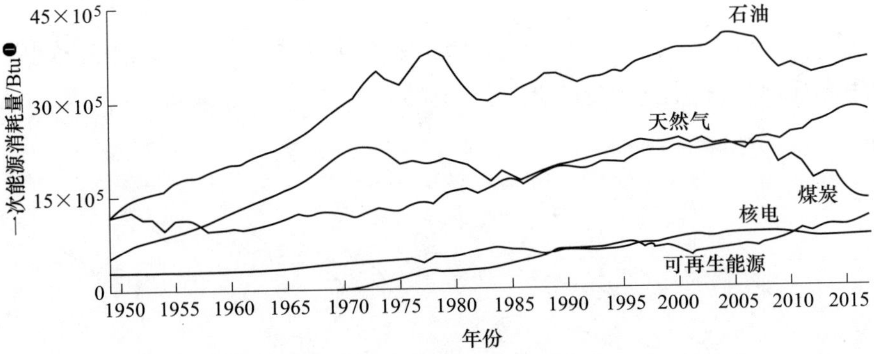

图 3-6 美国一次能源消耗情况[51]

（信息来源：Monthly Energy Review-May 2018）

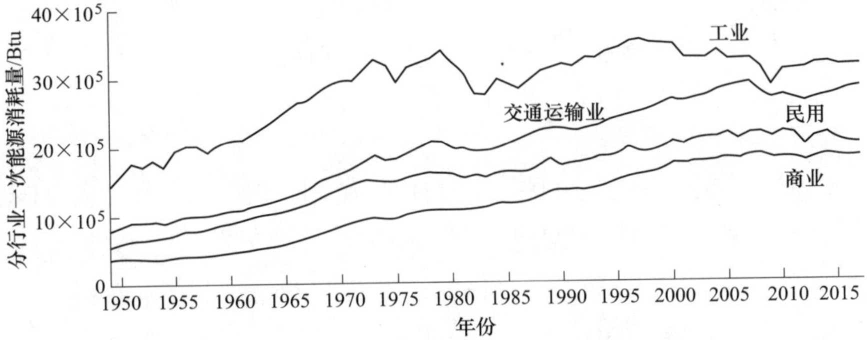

图 3-7 美国一次能源分行业消耗情况[51]

（信息来源：Monthly Energy Review-May 2018）

美国工业能源消耗情况如图 3-8 所示，20 世纪 50 年代末，美国工业能源消耗中，石油和天然气消耗同时超越煤炭排在前两位，2010 年开始，天然气超越石油位居第一，并呈现出快速上涨的势头，这与美国六七十年代的情况比较类似。煤炭从 20 世纪 50 年代末开始，用于工业的消耗一路下滑，到了 2007

❶ Btu 为英制热单位，1 Btu = 1055.056J。

年，用于工业的煤炭消耗已经低于电力和可再生能源消耗，是各能源品种消耗最少的一种。这与美国天然气发展迅速、钢铁耗煤减少有一定的关系。

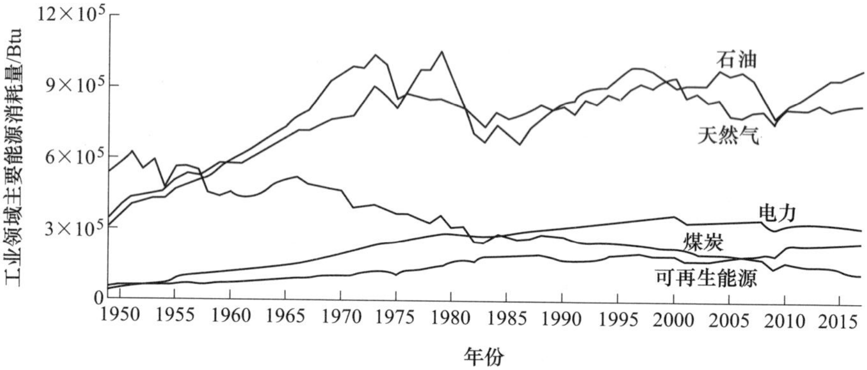

图 3-8　美国工业能源消耗情况[51]

（信息来源：Monthly Energy Review-May 2018）

（1）煤炭。美国的煤炭消耗主要用于电力，至今美国煤炭消耗仍有 95%用于发电，近 40%的电力靠煤电。美国的煤炭生产数量与消费数量一直稳定在 5 亿吨油当量左右的水平（1 吨油当量约等于中国 2 吨原煤量）。煤炭较之其他能源至今具有成本优势，世界第一的资源储量使煤炭在美国仍有开发价值，但煤炭行业在美国近几年呈现萎缩之势。自 2008 年触及产量峰值后，美国煤炭产量一直保持着较高的降幅速率。尤其是 2015 年 8 月，奥巴马政府公布《清洁能源计划》，这个号称“史上最严厉”的减排计划之后，美国煤炭行业遭到沉重打击。2016 年美国煤炭产量将降至 9 亿吨左右，为 1986 年以来的最低水平[52]。1949～2017 年美国煤炭产销情况如图 3-9 所示。

特朗普当选总统后，美国煤炭政策从限制转为振兴。这必

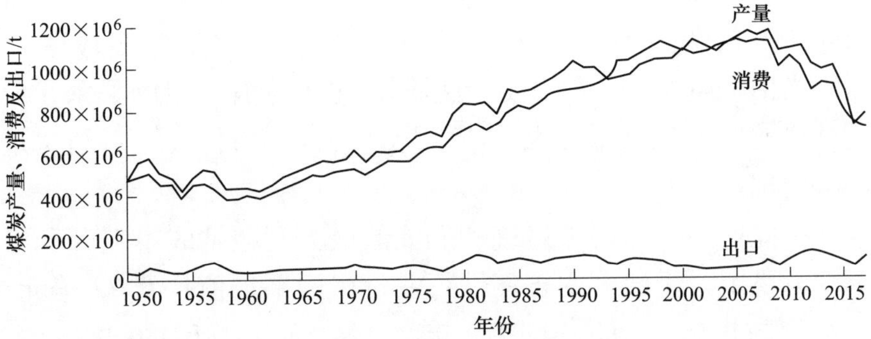

图 3-9 美国煤炭产销情况[51]

（信息来源：Monthly Energy Review-May 2018）

将刺激和引领全球其他国家煤炭政策相应改变，促使全球其他国家改变煤炭限制政策，放弃或放缓新能源与可再生能源的发展，带动全球煤炭需求增加。

美国能源情报署（EIA）2017 年发布的能源数据显示，2016 年美国煤炭发电消耗量达到 6.77 亿吨，这意味着美国 2016 年生产煤炭的 93%都用于了国内消费，与 2008 年的煤炭消耗历史最高水平相比下降了 35%。

过去很长时间，美国天然气的价格一直是动力煤价格的 2 倍左右，但是 2016 年，天然气价格降至仅比动力煤高出 23%左右。这是 1978 年以来的最低水平，那时美国基本上还没有天然气发电厂。

2016 年天然气的价格出现了大幅下跌。目前天然气的价格处在每百万英制热单位 3 美元左右。根据标普全球普氏能源资讯（S&P Global Platts）的数据，2016 年末，美国煤炭的现货价格为每吨 58.20 美元。2017 年煤炭的价格降至每吨 54.30 美元，下降了 6.7%。整体来讲，考虑到污染性和灵活性，煤炭在 2016 年的价格已经比天然气价格还要高了。

（2）石油和天然气。自1974年以来，美国钢铁工业每年的天然气消费量约为600万亿英制热单位，比1972～1974年的年均消耗量少约10%。这与粗钢产量下降有一定的关系，但更重要的原因是可用性也有所下降，燃油作为替代燃料消费量有所增加。

在此期间，美国天然气和燃油的最大问题是成本上升和可用性不稳定。天然气用于钢铁行业价格的平均值从0.72美元/百万英制热单位增加到1979年2.78美元/百万英制热单位，增长了4倍。同样，美国残余燃油的平均工业价格从1972年的每加仑10美元增加到1979年年中的平均价格为54美元，增长了5倍。

1981年，随着美国第一口页岩气井压裂成功后，标志着美国掌握了开发页岩气的技术。此后，美国页岩气产量逐年迅速增长，由2000年的122亿立方米增长到2011年的1720亿立方米，占其天然气总产量的1/4以上，大大提升了美国能源自给率，其天然气消费长期依赖进口的局面发生逆转。借助页岩气，美国摆脱了对进口石油的依赖，从原先的全球最大石油进口国一跃成为天然气和原油的生产大国。据国际能源署预测，在2020年之前，美国将超过俄罗斯和沙特成为世界上最大的产油国。

（3）电力。美国的电力系统十分发达，20世纪60～70年代，美国年发电总量远远高于中国，且曾一度超过日本和欧洲之和，在世界上遥遥领先。20世纪60年代至今美国、日本、中国等国的年发电总量对比情况如图3-10所示[53]，美国发电量于1964年首次突破1亿万千瓦·时，到达10400亿千瓦·时，且一直呈逐年增长的趋势，到1975年，美国年发电量已经突破20000亿千瓦·时，约为日本同期发电总量的4倍，是中国的10倍还多。

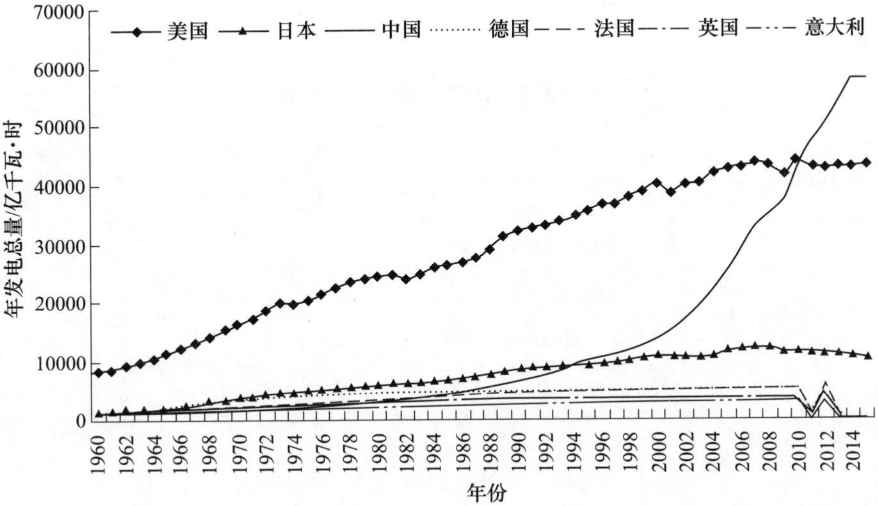

图 3-10 1960~2015 年美国、日本、中国等国的年发电总量对比情况
（信息来源：BP Statistical Review of World Energy June 2016）

发达的电力系统为美国电弧炉炼钢提供了廉价的工业电价。不过尽管电力资源很丰富，美国的电弧炉炼钢厂仍然很重视节约电力成本，一般会根据电力供应采取错峰减量生产，但保持 24 小时不中断生产。Sterling 公司是个例外，这个公司只有周末生产，拥有两台 330t 电弧炉，为全美最大。目前有 1 条产线处于停产状态，运营产线的吨钢耗电约为 430kW · h。

美国电弧炉炼钢厂普钢平均吨钢耗电在 330~442kW · h，一些设备相对落后的产线或是生产高端产品导致冶炼周期增加的钢厂，吨钢耗电会有所增加，一般在 450~550kW · h。这些陈旧设备基本都是一些功率在 40MV · A 以下的老式电弧炉，如 Arcelormittal 在美国的电弧炉都比较陈旧，除 1 台电弧炉功率为 120MV · A 外，其余均在 67MV · A 以下，导致其吨钢电耗很高。美国典型电弧炉炼钢厂吨钢耗电情况如表 3-3 所示。

表 3-3 美国典型电弧炉炼钢厂吨钢耗电情况

公司名称	工厂	原料/%		耗电/$kW \cdot h \cdot t^{-1}$
		废钢铁	替代铁	
Nucor	Nucor Steel Arizona Kingman, Ariz	100	0	330
	Nucor Steel-Arkansas Hichman, Ark.	60	40	368
	Nucor Steel-Berkeley Huger, S. C	65	35	386
SDI	Engineered Bar Products Division Pittsboro. Ind.	100	0	440
	Flat Roll Group Columbus, Miss.	80	20	392
ArcelorMittal	Coatesville, Pa.	100	0	418
	Georgetown, S. C.	47	53	574
Gerdau Long Steel North America	Cartersville. Ga.	100	0	464
	Jacksonville, Fla.	95	5	375
Sterling		100	0	430

信息来源：AIST。

3.1.3.2 美国钢铁工业能源结构变化

20 世纪 50 年代以前，美国主要是平炉炼钢，炼钢能源消耗主要为煤气和重油。50 年代开始，氧气转炉陆续投入，转炉炼钢比例逐年提升。70 年代，美国转炉炼钢比例在 70%以上，可以说长流程钢铁企业的能源结构代表了整个钢铁的能源结构。1972~1978 年美国钢铁能源消耗结构如表 3-4 所示。由表 3-4 可见，70 年代，美国长流程钢铁企业能源消耗 67.5%来自煤炭，20%为天热气，7.7%左右来自石油产品，还有 4.8%左右来自电力消耗。

表 3-4 1972~1978 年美国长流程钢铁生产能源结构情况 （%）

项目	年份							平均
	1972	1973	1974	1975	1976	1977	1978	
煤炭	68.8	69.6	67.8	67.9	67.2	66.2	64.5	67.5
天然气	20.7	19.0	20.0	20.0	19.9	19.9	20.5	20.0
燃油	6.2	6.9	7.6	7.3	7.8	8.6	9.4	7.6
电	4.3	4.5	4.6	4.7	5.0	5.2	5.5	4.8
液化气	0.0	0.0	0.0	0.1	0.1	0.1	0.1	0.1

信息来源：Steel at the Crossroads：The American Steel Industry in the 1980s。

1972~1978 年，冶金（焦化）煤炭和焦炭占美国钢铁行业能源投入的 64.6%。焦炭除冶金用途以外主要用于蒸汽发电，占工业能源总需求的 2.9%。1972~1978 年，钢铁工业每年平均消耗 5390 万吨高炉焦炭，钢铁企业每年自产高炉焦炭 5210 万吨，其余 180 万吨来自外部（国内和国外）采购。

近年来随着煤炭利用技术的提升，吨钢煤炭消耗有所降低。对 2017 年 USS、AM 和 AK 三家公司的转炉流程产线成本构成进行分析如表 3-5 所示，对 Nucor、Big River Steel 和 North Star Blue Scope 三家电弧炉产线的成本构成进行分析如表 3-6 所示。

由表 3-5 可见，长流程企业的成本构成比较分散，能源成本占比最高，三家平均能源占总成本比例为 28.82%（包焦炭、冶金煤、煤炭运输、电、氧气和热能），其中煤炭成本占整个能源比例平均为 83.38%，成本占比排在第二位的是长流程企业不可或缺的铁矿石成本，占总成本的 19.77%（包括铁矿石运输成本），排在第三位和第四位的是人工成本和利息，分别占比 12.01%和 9.59%，还有 3.31%的废钢，上述 5 个要素合计占总成本比例约为 73.5%。

表 3-5 2017 年美国长流程企业关键成本构成要素占总成本比例

(%)

项　目	AK	AM	USS	平均
铁矿石	19. 7	23. 0	16. 6	19. 77
废钢	4. 8	3. 1	2. 0	3. 31
能源	20. 2	25. 2	41. 0	28. 82
其中煤炭占能源比	77. 56	76. 94	90. 22	83. 38
人工	11. 0	11. 6	13. 4	12. 01
利息	10. 4	9. 7	8. 7	9. 59
合计	66. 2	72. 7	81. 6	73. 50

注：本次企业选取中没有考虑 AM 集团采用外运铁水的 Ridiver 厂。

信息来源：CRU。

由表 3-6 可见，短流程企业的成本构成比较单一，成本构成中废钢成本占比最高，其次为能源成本、人工成本、利息和外购铁块成本。废钢成本占总成本的比例高达 50%以上，能源成本主要来自电力，占总能源成本的 95%。

表 3-6 2017 年美国短流程企业关键成本构成占总成本比例

(%)

项目	Big River Steel	North Star Blue Scope	Nucor	平均
DRI/HBI/Pig	5. 10	6. 37	8. 56	7. 91
废钢	42. 55	45. 46	50. 86	55. 82
能源	7. 80	8. 89	7. 48	7. 57
其中电力占能源比	85. 86	91. 35	93. 87	95. 13
人工	7. 16	9. 43	4. 05	3. 45
利息	7. 01	5. 63	4. 76	4. 35
合计	73. 39	82. 10	83. 87	83. 18

信息来源：CRU。

将美国长流程钢厂和短流程钢厂的能源成本加权平均，可以得出美国目前的吨钢能源成本占总成本的比例约为 15.22%，比 20 世纪 70 年代的 20%下降了近 5%，随着电弧炉炼钢产量的提升，这一比例还会继续下降。

3.1.4　美国钢铁工业排放变化情况

中美两国近年来 CO_2排放情况如图 3-11 所示。美国的 CO_2排放量经历了 20 世纪 60 年代的上升、70 年代的下降、80 年代微幅上涨和 2009 年再次下调的过程。近年来，美国 CO_2总的排放量基本稳定在 55 亿~58 亿吨，2014 年下降到 52.54 亿吨。美国的人均 CO_2排放经历了两次比较明显的下降，一个是 1973 年到达拐点（22.5t）后呈波动式下降至 1983 年的 18.57t，下降幅度为 17%，此后又有小幅波动式上涨，到 2007 年人均 CO_2排放量为 19.22t，此后开始了第二次下降，至 2012 年 16.3t，降幅 15%，两次累计总降幅为 27.56%。

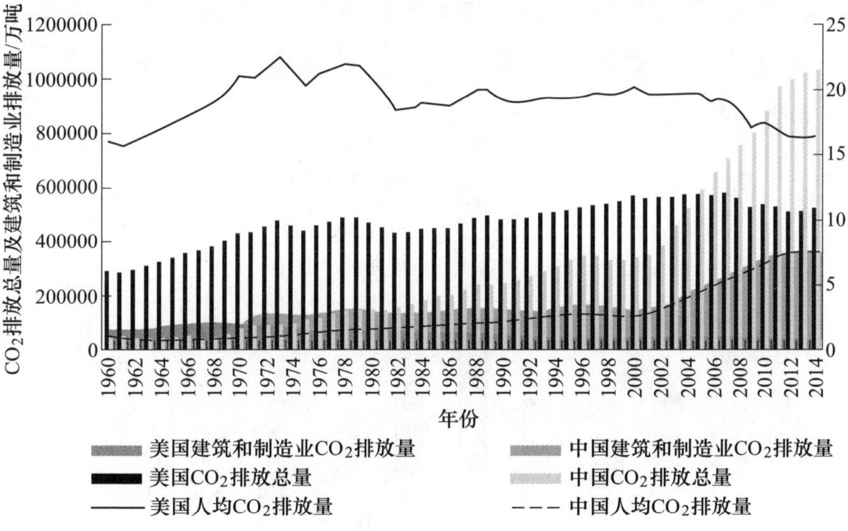

图 3-11　1960~2014 年中美两国的 CO_2排放情况

（信息来源：世界银行）

我国的 CO_2 排放量是逐年增加的，2000 开始增长迅速，2005 年我国 CO_2 排放总量超越美国达到了 58.97 亿吨，2014 年达 102.91 亿吨，比 2000 年翻了近三番。但人均 CO_2 排放远低于美国，2014 年我国人均 CO_2 排放量为 7.54t，接近美国的 1/2。

由图 3-11 可以看出，我国的建筑和制造业的 CO_2 排放量最大，最高时 1977 年占 CO_2 总排放量的 49%，2014 年占比仍在 30%以上，美国的建筑和制造业对 CO_2 排放的贡献率由 20 世纪 60 年代的近 30%逐渐下降到目前的 8%左右。

2007 年钢铁工业 CO_2 排放情况如图 3-12 所示。2007 年，美国钢铁工业产生的 CO_2 约为 1.09 亿吨，其中 55%来自炼铁工序，9.2%来自转炉工序，20%来自电弧炉工序，还有 15.8%来自加热工序。2007 年中国来自钢铁工业的 CO_2 排放约 8.75 亿吨，其中 80%来自炼铁工序，10%来自转炉工序，2.3%来自电弧炉工序，还有 6.84%来自加热工序。2007 年中国粗钢产量只有 4.89 亿吨，2017 年为 8.32 亿吨，尽管近年来节能减排工作成效显著，但 CO_2 的排放量也在 15 亿吨左右。

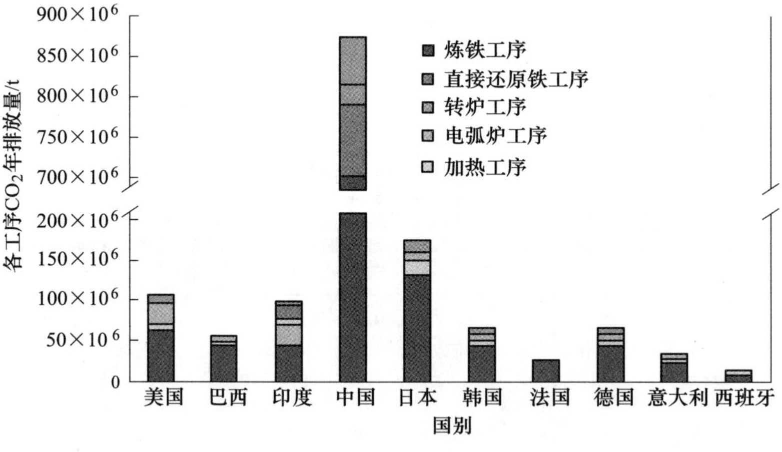

图 3-12　2007 年钢铁工业产生的 CO_2 排放情况[23]

（信息来源：Iron & Steel Technology，2010 Vol. 7，No. 2）

1970~2016 年美国 SO_2 排放情况如图 3-13 所示。

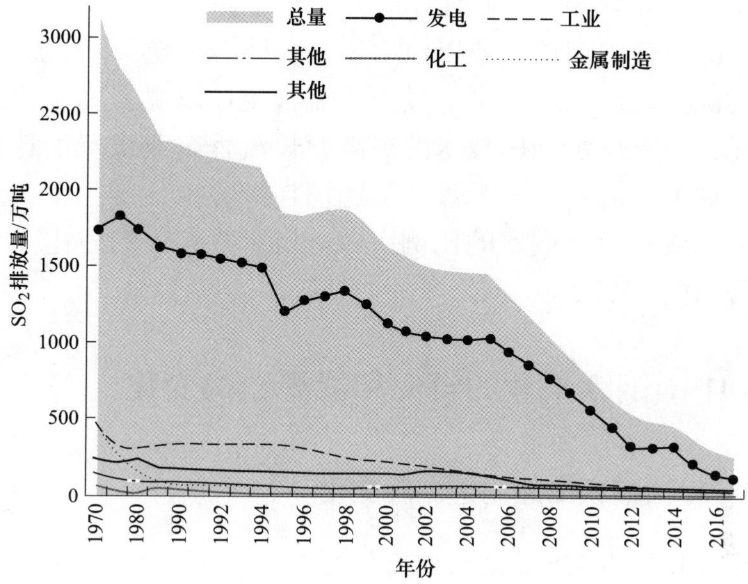

图 3-13　1970~2016 美国 SO_2 排放情况

（信息来源：美国环境保护署）

由图 3-13 可见，美国 SO_2 排放量下降较为显著，由 1970 年的 3122 万吨下降至 2016 年的 286 万吨，下降幅度高达 90%。SO_2 排放量下降的贡献最大为燃料发电，也是排放量中占比最高的一项，其次为金属制造和工业燃料。燃料发电产生的 SO_2 排放量从 1970 年的 1740 万吨下降至 2016 年的 139 万吨，金属制造和燃料工业产生的 SO_2 排放量分别从 1970 年的 478 万吨和 457 万吨下降至 2016 年的 11 万吨和 55 万吨。

3.1.5　小结

随着美国钢铁工业结构调整变化，短流程炼钢比例逐年提升，显著降低了美国钢铁工业的吨钢铁矿石消耗，改变了美国钢铁的铁素资源构成，目前在美国钢铁长短流程比例为

31.8∶68.2 的现状下，吨钢综合消耗铁矿石约为 468kg，吨钢消耗废钢约为 668kg，吨钢消耗铁块约为 64kg。

目前，美国钢铁工业以电力为主要能源的电弧炉短流程占有绝对优势地位，这区别于过去长流程企业以煤炭为主要能源的情况，随着煤炭利用技术的提高，长流程企业煤炭消耗也在降低，加上短流程企业无煤炭资源消耗的分摊，美国钢铁企业能源消耗成本占总成本的比例由 20 世纪 70 年代的占比 20%下降至目前的 15.22%。

3.2　中国钢铁工业的资源和能源结构变化

3.2.1　中国钢铁工业制造流程变化

3.2.1.1　钢铁制造流程变化情况

新中国成立初期，我国炼钢也是以平炉为主，平炉钢占比 80%，电弧炉炼钢占比 20%。随着 1958 年“大跃进”，全国大炼钢铁，我国转炉炼钢比例连续三年快速提升，1960 年达到 40%，平炉炼钢比例随之下降到 43%，但当时的转炉多为落后的小转炉。随着大跃进的结束，钢铁工业发展又回归理性。转炉比例又回落到 20 世纪 50 年代的 15%左右，每年保持微幅增长，平炉炼钢则逐年下降。1949 年至今我国钢铁制造流程变化如图 3-14 所示。

1964 年，我国第一座 30t 氧气转炉在攀钢建成后，其后上海一厂和二厂将侧吹转炉改造成氧气转炉，20 世纪 60 年代中后期我国又自行设计、制造了攀枝花 120t 的氧气顶吹大型转炉炼钢厂，并于 1971 年建成投产。

1978 年宝钢首次从国外引进 300t 大型转炉炼钢成套设备，并于 1985 年建成投产。对引进设备消化吸收后，20 世纪 90 年代中期，又在宝钢二炼、武钢、鞍钢、首钢先后投产了 180t、

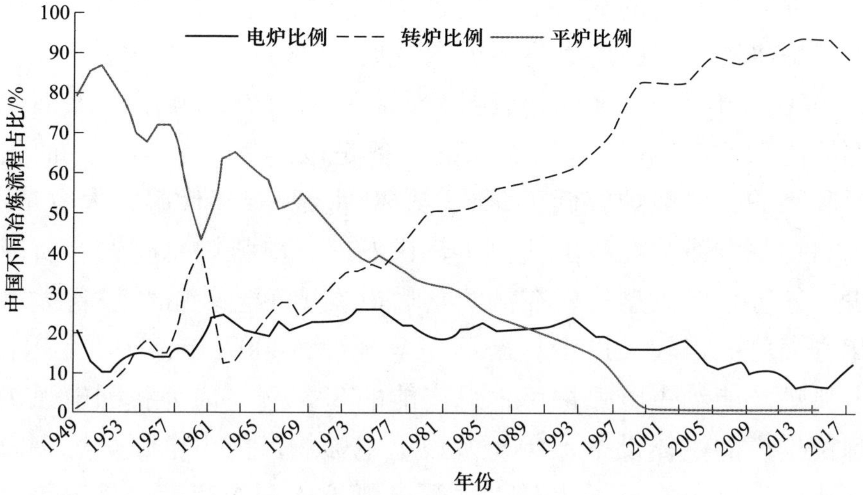

图 3-14 中国钢铁制造流程变化情况
（信息来源：《中国钢铁统计》）

210t 和 250t 的大型氧气转炉，中国转炉炼钢进入了高速发展时期，转炉炼钢逐渐取代了平炉炼钢，转炉炼钢比例从 1985 年的 52%提升到 2000 年的 80%左右，电弧炉炼钢比例始终保持在 20%左右，最高没有超过 26%。

2001 年，随着包钢最后一台平炉关停，平炉彻底退出我国炼钢的历史舞台。2001～2007 年，中国钢铁经历了高速发展，转炉炼钢在该时期得到了大发展，转炉炼钢比例由 2001 年的 83. 1%上升至 2007 年的 88. 1%。2001 年我国 100t 以上大型转炉只有 30 座，产能为 3602 万吨。至 2013 年增长到 345 座，产能超过 5. 08 亿吨，13 年间大型转炉的生产能力增长了 14 倍。其中 300t 转炉从 3 座增加到 11 座，产能从 678 万吨增长到 2759 万吨以上。

从数量上来看，我国现有转炉中，以 100～199t 的转炉数量居多，而 200t 及以上的转炉数量较少，我国仍然保有一定数量的 30t 以下的转炉。目前，我国 100t 及以上转炉的产能约占全部转炉产能的 67.5%。随着淘汰落后产能力度的加大，我国转炉将进一步朝着大型化方向发展。

2017 年我国转炉炼钢比例预计为 92.5%，电弧炉炼钢比例约为 7.5%。我国电弧炉炼钢装备是以冶炼合金钢为主而发展起来的，一般炉容低于 50t。从 20 世纪 90 年代起，大容量、超高功率电弧炉在我国获得了较快发展，电弧炉总座数有所减少，炉容趋向大型化，在淘汰落后电弧炉工艺装备和设备大型化方面已取得较大进步。据不完全统计，2007 年，50t 及以上电弧炉产能约占电弧炉炼钢总产能的 83.5%，成为我国电弧炉炼钢生产的主体设备，100t 及以上电弧炉产能占电弧炉炼钢总产能的比例也接近了 45%。尽管电弧炉炼钢的产量也是逐年增加，但由于电弧炉炼钢一直占比较小，增幅也远小于钢铁总产量的增幅，也是直接导致电弧炉炼钢比逐年下降的原因之一。

3.2.1.2　中国钢铁制造流程变化影响因素分析

随着钢铁工业的大发展，高炉—转炉长流程的普钢企业大量涌现，并抢占一定的特钢市场，而始于废钢的电弧炉短流程特钢企业却日渐萎缩，尽管电弧炉也经过了炉体大型化、超高功率化、电弧炉直流化、一次高阻化等技术进步，但仍然未能彻底改变电弧炉短流程成本与高炉—转炉长流程低成本的差距（高出 100 元/t），也就无法阻止高炉—转炉长流程对部分特殊钢市场的抢占。这也说明我国始终没能在电弧炉短流程炼钢技术方面取得实质性的突破。加之我国废钢资源短缺，过去电力供应一直比较紧张，都在一定程度上制约了电弧炉流程发展。近年来，我国传统特钢企业纷纷配备高炉，实施铁水助熔，电弧炉转炉化的概念迎刃而生，并受到追捧，大量的电弧炉转炉化课题和专利不断涌现，似乎一些钢铁企业也尝到了电弧炉转炉化的甜头，电弧炉冶炼的生产节奏大幅度加快，冶炼电耗降至吨钢 200kW · h，钢中有害残余元素平均含量降低，取得明显的经济效益。应该说，电弧炉生产配加铁水是我国废钢资源短缺、电力成本高的暂时现象和权宜之计。

目前，我国以铁矿石为原料的长流程钢铁企业占主导地位，而以废钢为主要原料的短流程钢铁企业仅有7%左右。2016年，我国转炉炼钢和电弧炉炼钢比为93.6∶6.4，2017年预计为92.5∶7.5，远远高于世界平均水平的7∶3（如果去除中国则是5.5∶4），更是高于美国的31.2∶68.2。

造成我国目前的钢铁冶炼结构现状主要原因有以下几点。

（1）原料问题。废钢作为电弧炉的主要原料，因我国工业化时间尚短，而从钢材到废钢有一个8~30年的报废周期，尽管钢铁积蓄量逐年增加，但我国的钢铁消耗更多地用于建筑用钢筋混凝土中，废钢的报废周期较长，且不易获取，因此资源产生量仍然显得不充足。

（2）废钢回收。目前我国的废钢铁回收利用尚未形成完善的体系，利用率相对来说也不高。据有关数据显示，我国废钢利用率仅为19.9%，远远低于世界平均水平的48.3%。

（3）废钢加工配送问题。废钢从废弃资源到实现真正利用，需要经过回收分拣—加工配送—钢铁冶炼。其中，加工配送承上启下，承载着废钢产业化发展最关键的一环。在回收分拣体系，由于废钢铁资源缺乏统一的标准，回收价格稍有不同，资源的流向就会发生变化。同样，在钢铁冶炼应用环节，废钢产品价格稍有变化，应用的流向也会发生变化。此外，废钢资源来自千家万户，也使得废钢加工配送环节缺少进项发票，正规企业存在单方面上税无法抵扣的情况，增加的成本要沉淀到钢厂身上，种种特性都决定着废钢加工配送在当前是一个微利的行业。因此，在缺乏有效市场监管时，不公平的市场环境，让坚持规范化发展的废钢加工配送企业难敌非正规企业，这些非正规企业很难保证废钢质量。

（4）成本因素。电弧炉企业生产规模小，规模效益竞争力较差。电力消耗较大，电费成本支出较高，以及废钢价格高，导致钢铁生产企业吃废钢比吃铁水成本高，尤其是在目前铁矿石价格下跌的情况下，近年来钢厂使用废钢的积极性大大降低，废钢的消耗量大大减少，取而代之的是电弧炉炼钢转炉化，使电弧炉炼钢配用铁水达70%以上，而有的钢企则直接停掉电弧炉，开启转炉或改造加大转炉生产量以降低成本。据中国废钢铁协会统计，2007～2010年，废钢与螺纹钢的价差维持在1200～1500元，绝大部分时间在1000元上方运行，而2011～2013年，废钢与螺纹价差维持在1000～1200，部分时间甚至在800元/吨左右，这就造成了钢厂使用废钢的生产成本较高，废钢吨耗在2013年下降至11.0%的水平。

2016年以来，随着取缔“地条钢”工作的不断推进，原来用于中频炉冶炼的大量废钢被重新回归市场，导致废钢价格一度下跌，大量长流程企业为降低成本大量加入废钢，转炉废钢比高达15%～20%，个别企业甚至达到30%左右。

2018年，受环保压力加大（限铁不限钢）和供需紧张影响，废钢价格持续上涨。

（5）电价成本高。多年来，我国工业用电价格较高，而电弧炉炼钢主要的成本就是电和废钢，这使得电弧炉炼钢的成本要高于转炉炼钢，对于企业来说，电弧炉炼钢虽然节能环保，但并不能省钱增效，这是严重制约电弧炉炼钢发展的真正原因。未来随着产业结构调整，电力成本高企的现象会有所改善。

（6）产线布置及配套技术。我国目前大部分短流程钢厂未能实现产线优化，生产效率不理想，还有相当一部分企业采用交流电弧炉。电弧炉炼钢如果真正回归到传统的以废钢为主要原料而摆脱对高炉铁水的依赖，那么废钢的反复重复利用，势必带来杂质元素的多次富积以至于超标，同时电弧炉目前还无法解决脱磷和降氮问题。国外，目前针对电弧炉炼钢，开发了 DRI 等直接还原铁项目，以改善电弧炉冶炼的质量问题，而我国这方面相对滞后。

（7）政策导向。2011 年，我国对废钢全额征收增值税，导致钢企使用废钢的成本增加。2015 年，国家财税发布 78 号通知，指出将对于报废汽车、报废摩托车、报废船舶、废旧电器电子产品、废旧农机具、报废机器设备、废旧生活用品、工业边角余料、建筑拆解物等产生或拆解出来的废钢铁作为炼钢炉料，自 2015 年 7 月 1 日起可以享受 30%的退税比例。但据废钢协会介绍，源于很多废钢交易采用现金交易，导致企业没有进项税等原因，目前真正拿到退税的废钢加工企业数量并不多。

（8）环保倒逼。伴随着年复一年的钢铁消费，钢铁积蓄量也逐年增加，废钢如果得不到有效回收和利用，将成为巨大的潜在环境污染源，甚至对水质和土壤等构成严重威胁。大量锈蚀的钢铁废料，不但造成资源浪费，也将造成严重的污染，对环境极为不利。

3.2.1.3 中国未来钢铁制造流程发展趋势分析

世界电弧炉炼钢历史表明，当钢铁积蓄量达到一定规模、电力工业大力发展后，电弧炉炼钢的比例会不断上涨并超过转炉炼钢。美国于 20 世纪 70 年代初钢铁工业高峰时期的电弧炉炼钢比例为 15%~25%，转炉炼钢比例为 55%~60%，2005 年以后电弧炉钢产量超过转炉钢。

随着国家对能源环保日益重视，长流程炼钢所带来的污染防治费用要远超过电弧炉电耗及废钢成本费用；同时，随着钢材报废周期的来临，废钢资源的增加，废钢成本相对会降低。

按照全球钢铁积蓄量与废钢产生量的折算比例 2.5%计算，近两年我国废钢铁产生量已超过 2 亿吨。

3.2.2　中国钢铁工业铁素资源变化及构成

3.2.2.1　铁矿石

我国铁矿石历年消费情况如图 3-15 所示。我国铁矿石资源分布广泛，全国 31 个省（自治区、直辖市）都有查明资源，但资源量上分布相对集中，其中辽宁、四川、河北、内蒙古和山西五省铁矿基础储量占全国基础储量的比例在 70%以上，尤其是辽宁鞍本地区、四川攀枝花地区和河北冀东地区拥有丰富的优质铁矿石资源，新中国成立后的前几批钢铁基地都位于铁矿石资源集中区域，且钢铁企业通常也是铁矿山的开采企业。

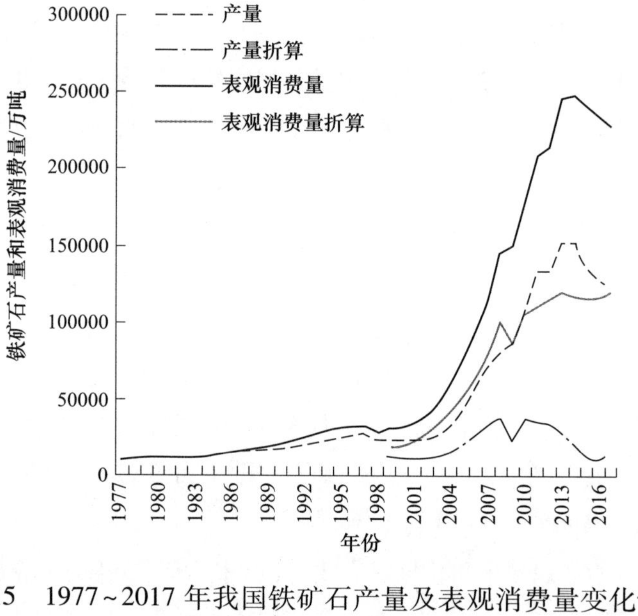

图 3-15　1977～2017 年我国铁矿石产量及表观消费量变化情况
（信息来源：WSA。折算产量是根据世界铁矿石平均品位进行折算的）

尽管我国铁矿石资源较为丰富，但一方面，近年来钢铁产业快速扩张，需要大量的铁矿石资源导致国内供应不足；另一方面与澳大利亚、巴西、印度等地铁矿石相比，国内铁矿石资源品位较差，国际竞争力不强，近年来铁矿石进口量逐年增加，导致我国铁矿石对外依存度长期高位运行，2015 年对外依存度首次突破 80%达到 83.57%。

3.2.2.2　废钢

随着节能减排要求的提升，对废钢资源的利用越来越引起国内钢铁行业的重视。适度增加电弧炉炼钢比例是降低行业能耗、减少环境污染的有效措施之一。废钢资源的供应受地区钢铁社会蓄积量的控制，与发达国家相比，我国大规模利用钢铁的时间相对较短，社会能够回收的废钢资源相对较少。

与铁矿石炼钢的长流程相比，电弧炉短流程可节约能源 60%，每多用 1t 废钢可少用约 1t 生铁，可节约 0.4t 焦炭或 1t 左右的原煤。废钢是一种低碳载能资源，电弧炉短流程炼钢可减少排放 CO、CO_2、SO_2等废气 86%，废水 76%，废渣 72%，再加上选矿尾渣可减少排渣 97%，即用 1t 废钢可减少炼铁渣 0.35t、尾矿渣 2.6t，约 3t 固体废弃物排放，可减少 1.7t 精矿粉的消耗，减少 4.2t 原矿的开采。因此，废钢单耗的下降，必然导致钢铁工业铁矿石、焦煤、水等资源消耗增加，二氧化碳、废渣等排放量增加，以及土地利用率相对降低，这不仅会加速资源的消耗，而且不利于环境的改善，最终危及中国钢铁工业的长期可持续发展[54]。

我国废钢单耗变化及钢铁积蓄变化[33]如图 3-16 和图 3-17 所示。1950 年我国钢铁积蓄仅为 5000 万吨，到 2000 年达到 17.66 亿吨，接近美国 1965 年的水平，人均钢铁积蓄量差距还很大，2014 年，我国粗钢产量进入阶段平台期时，累计钢铁积蓄量约为 73.72 亿吨，人均钢铁积蓄量约为 5.5t，接近发

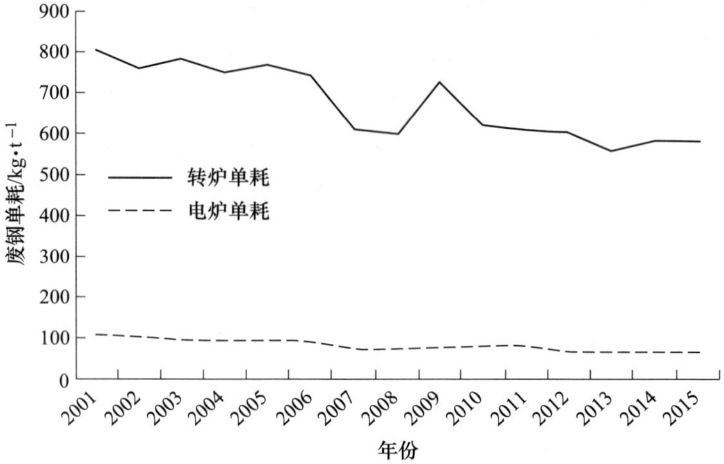

图 3-16　2001~2015 年我国转炉和电弧炉废钢单耗变化

（信息来源：中国废钢铁应用协会）

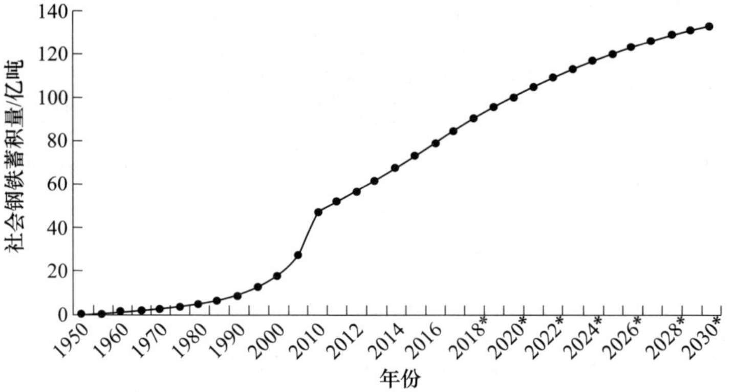

图 3-17　1950~2015 年我国社会钢铁积蓄量

（＊为预测数据）

（信息来源：中国工程院咨询项目——黑色金属矿产资源强国战略研究）

达国家达到拐点时的平均值 5. 3t。

由于我国是长流程炼钢为主的国家，2013~2015 年我国电弧炉炼钢比例仅为 7%左右，使用的废钢量很少，因此未来我国钢铁积蓄量和人均钢铁积蓄量仍将增长。

随着我国钢铁积蓄量的快速增加，废钢铁资源量将大幅增长。根据中国工程院咨询项目“黑色金属矿产资源强国战略研究”分析预测，到2025年，我国钢铁积蓄量将达到120亿吨，废钢资源年产出量将达到2.7亿~3.0亿吨。2030年，我国钢铁积蓄量将达到132亿吨，废钢资源年产出量将达到3.2亿~3.5亿吨。

在未来相当长一段时间内，我国的废钢资源总量将非常充足，废钢铁资源量的大幅增加必将推动钢铁行业加快转型升级，甚至生产流程结构的调整和钢厂布局的变化。而我国目前废钢铁的管理和应用水平与未来废钢在国民经济中的位置不相适应，有待进一步改革和优化。

3.2.3 中国钢铁工业能源结构变化

3.2.3.1 煤炭

煤炭是钢铁产业重要的原材料之一。一方面焦炭是炼铁必要的还原剂，另一方面，煤炭为炼铁和炼钢提供能源。我国煤炭资源主要分布在内蒙古、陕西、山西和新疆地区，各地区煤炭储量均在1000亿吨以上，其次是黑龙江、河南、山东、安徽、河南、四川、贵州和云南地区，各地区煤炭资源储量均在500亿吨以上。

我国煤炭资源分布与钢铁产业布局的关系相对于铁矿石相关性较弱，其原因可能是我国煤炭资源较为丰富，且建立了完善的运输系统（本质目的其实是保证煤电生产的稳定），一定程度上保证了煤炭资源的稳定供应，降低了其对钢铁产业布局的限制作用。

我国煤炭消费量从2000年到2015年一直在增长（如图3-18所示），从14亿吨增长到40亿吨，最近几年有下降趋势，但是钢铁工业的煤炭消耗占比一直在 8.5%左右，且消费总量从 1 亿吨左右增长到 3 亿吨左右。

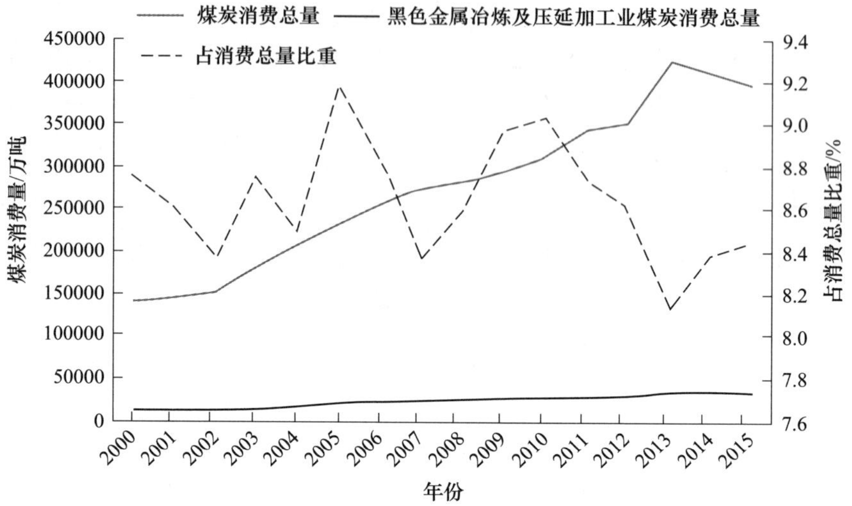

图 3-18 我国钢铁工业煤炭消费量及占比情况
（信息来源：国家统计局）

3.2.3.2 天然气（含页岩气）

我国天然气地质资源主要集中在渤海湾、四川、松辽、准噶尔、莺歌海-琼东南、柴达木、吐鲁番-哈密、塔里木、渤海、鄂尔多斯 10 个大型盆地。其中以塔里木、四川盆地资源最丰富，共占总资源量的 40% 以上。随着高品质资源逐步开采消耗，剩余天然气资源多为低品质、高风险类型。根据国土资源部地质勘查司统计数据，超过 35%的天然气资源分布在低渗储层，25%为致密气，20%处于海域深水，资源隐蔽性增强，勘探难度较大。

据我国国土资源部数据显示，我国天然气储量继续快速增长，连续 14 年新增探明地质储量超过 5000 亿立方米，尤其是 2014 年中国天然气、页岩气和煤层气等新增探明地质储量创出历史新高，合计首次突破万亿立方米，达到 1.11 万亿立方米，新增探明可采储量增至5321.75亿立方米，同比增长73.6%。2016年全国天然气新增探明地质储量为7265.6亿立方米。

由图3-19可知，我国天然气消费量从2000年的245亿立方米增长到2015年的1931亿立方米，一直保持增长趋势。但是，钢铁工业的天然气消耗占比最近十年一直在2%左右徘徊，从消耗2亿立方米左右增长到44亿立方米左右，消费量一直持续增加。由此可见，随着我国环保要求越来越严格，我国钢铁工业清洁能源的使用量一直在增加。

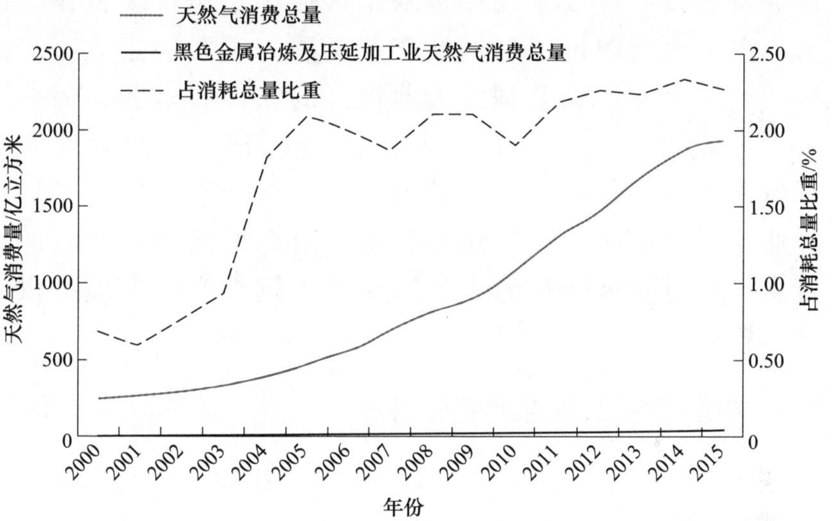

图3-19 我国钢铁工业天然气消费量及占比情况

（信息来源：国家统计局）

3.2.3.3 电力

电价偏高是制约国内电弧炉炼钢发展的重要因素之一。但适度提升电弧炉炼钢比例是我国钢铁产业发展的必然趋势，在靠近城市周边贴近废钢资源的产生地发展电弧炉短流程炼钢，充分利用电网谷电是理想的选择。我国发电量最高的地区是内蒙古、山东和江苏以及广东，其次是四川、山西、河南一些中部地区。

近年来，我国电力行业大发展，发电总量已经超过美国位居世界第一位，电力短缺现象已经不复存在，未来随着化解产能的持续推进，电力供应还会进一步富余，电价高企现象将得到改善。

3.2.3.4　水资源因素

从我国人均水资源分布情况来看，主要钢铁产区人均水资源量非常低。但钢铁冶炼是非常耗费水资源的行业，《钢铁产业发展政策》要求在严重缺水区域严禁再扩大钢铁生产能力，可见水资源是限制钢铁产业发展的重要因素之一。武钢公司的快速发展除了湖北大冶地区的铁矿石资源，另一个重要因素就是该地区丰富便利的水资源条件；西南地区四川、贵州等地水资源也相对较为丰富，有助于该区域发展钢铁产业，保证本区域经济建设需求；沿海地区具有丰富的海水资源，通过发展淡化海水技术，可为钢铁产业发展提供丰富的水资源。

3.2.4　中国钢铁工业排放变化情况

进入21世纪，随着我国《中华人民共和国大气污染防治法》（2001）、《清洁生产促进法》（2002）等相关法律密集出台，以及在“三干三利用”的引领下，我国钢铁工业环保排放工作成效显著。2000~2014年，吨钢粉尘排放量、SO_2排放量和外排废水量下降十分显著[55]（如图3-20~图3-22所示），分别从2000年的吨钢5.08kg、5.56kg和25.24m^3下降到2014年的吨钢0.83kg、1.1kg和0.916m^3，分别降低了83.7%、80.2%和96.4%。同时吨钢消耗新水也由2000年的25.5t下降至目前的3.2~3.5t。

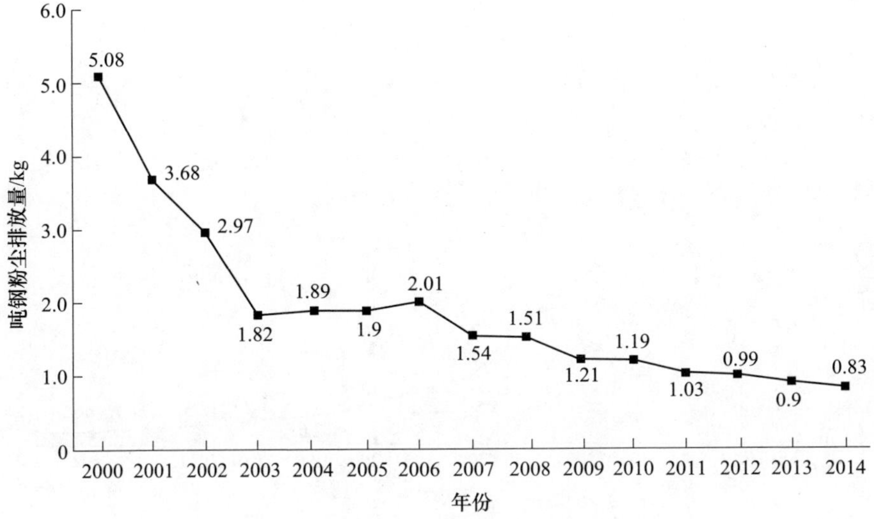

图 3-20 吨钢粉尘排放量变化

（信息来源：2020 年我国钢铁工业发展愿景及若干重大问题研究，中国钢铁工业发展报告）

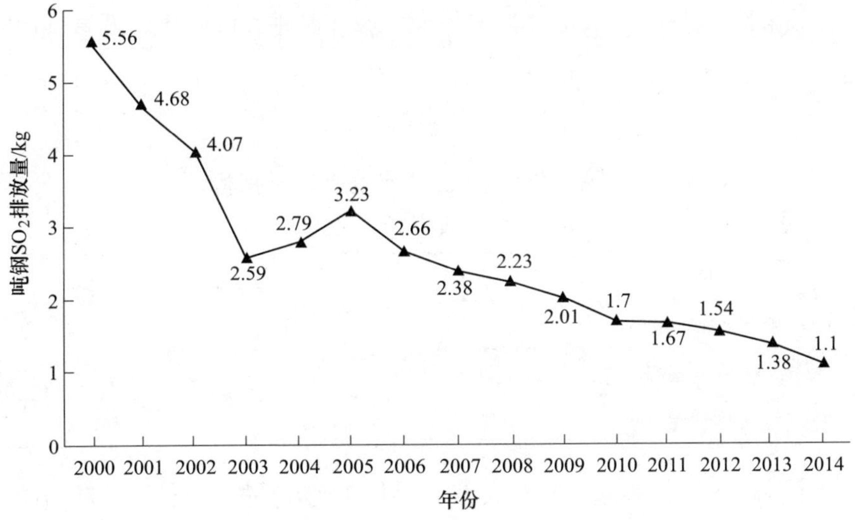

图 3-21 吨钢 SO_2 排放总量变化

（信息来源：2020 年我国钢铁工业发展愿景及若干重大问题研究，中国钢铁工业发展报告）

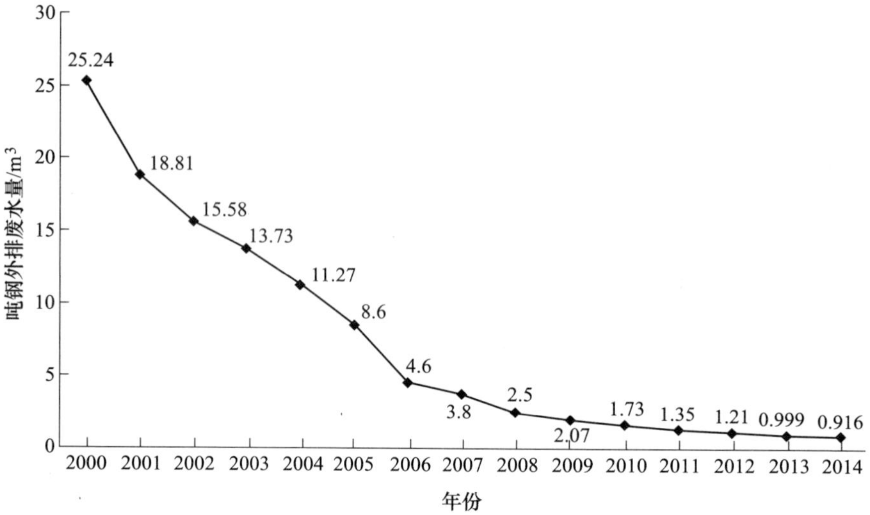

图 3-22　吨钢外排废水量变化

（信息来源：2020 年我国钢铁工业发展愿景及若干重大问题研究，中国钢铁工业发展报告）

同时，对于上述 2014 年排放指标水平的理解，可参照我国当前执行的《钢铁行业清洁生产评价指标体系》，具体见表 3-7。

表 3-7　我国《钢铁行业清洁生产评价指标体系》中相关排放指标基准值

指标项	Ⅰ级基准值	Ⅱ级基准值	Ⅲ级基准值
吨钢颗粒物排放量/kg	≤0.6	≤0.8	≤1.0
吨钢 SO_2 排放量/kg	≤0.8	≤1.2	≤1.6
吨钢废水排放量/m^3	≤1.4	≤1.6	≤1.8

钢铁产业是污染排放大户，目前无论是《国家主体功能规划》还是《钢铁产业发展政策》都严禁在生态环境极为脆弱的地区扩大钢铁产能。因此区域的环境容量是钢铁产业布局的约束条件。

3.2.5 小结

当前，我国钢铁产业中，以铁矿石和焦炭为主要原料的高炉—转炉长流程企业占主导地位，而以废钢和电为主要资源能源的电弧炉短流程占比不足8%。随着我国钢铁积蓄量和废钢资源产生量的增加、废钢铁加工配送体系的规范化发展、电力资源的逐渐充沛、生态环保压力的不断加大，未来电弧炉短流程工艺将获得更大的发展机遇。

而伴随着流程结构的调整，我国钢铁工业铁素资源构成也将发生变化。2011~2015 年，CISA 会员企业中，吨钢生铁平均消耗量为978kg，废钢平均消耗量为82kg，折合废钢占铁素资源的 7.8%。从全国统计量角度，2011~2015 年，不考虑“地条钢”因素时，我国钢铁工业吨钢废钢平均消耗量为113kg；考虑“地条钢”因素时，我国钢铁工业吨钢废钢平均消耗量为210kg。据此估算，当前，我国钢铁工业铁素资源中废钢占比为20%左右。

而随着钢铁进入减量化时代，粗钢产销量都将降低。基于我国未来粗钢年产量、废钢资源年产生量判断，2030 年前后，我国钢铁工业铁素资源中废钢占比预计在 40%~50%。

我国钢铁工业能源结构中，仍以煤炭消耗为主，但随着我国环保要求越来越严格，清洁能源的使用量一直在增加。同时，进入 21 世纪，吨钢粉尘排放量、SO_2排放量和外排废水量下降十分显著，我国钢铁工业环保工作进步明显。

4 中美钢铁进出口变化情况

4.1 美国钢铁进出口变化情况

4.1.1 美国钢铁进出口量总体变化

自 1967 年开始，美国从钢材净出口国转为净进口国，之后一直保持为净进口状态。如图 4-1 所示，1973 年美国钢材出口量约为 368 万吨，钢材进口量为 1374 万吨，钢材净进口量为 1007 万吨，2016 年美国钢材出口量为 845 万吨（增长了 118%），钢材进口量为 2996 万吨（增长了 129.8%），钢材净进口量为 2151 万吨（增长了 113.6%），且钢材进口量长期远

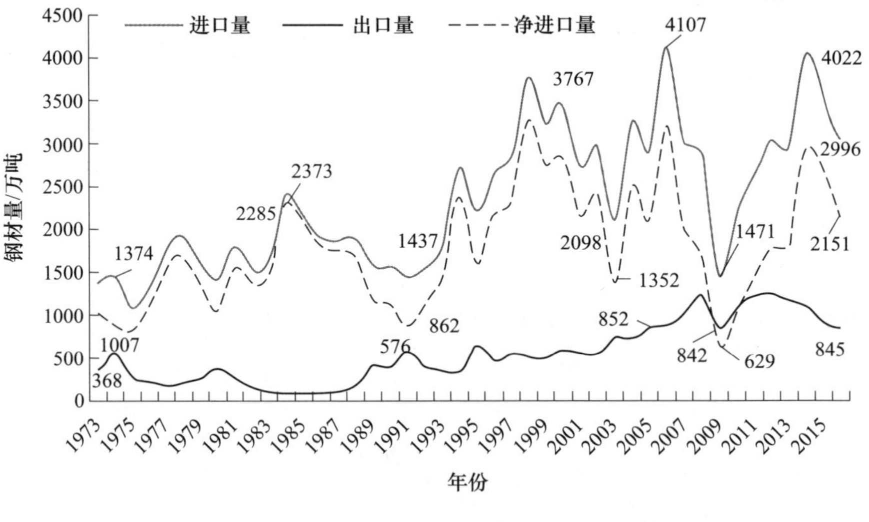

图 4-1 1973~2016 年美国钢材进出口情况
（信息来源：AISI）

大于出口量，尤其是 1983～1988 年，钢材进口增长迅猛，进口量/出口量达到了 10.1～26.7 倍（平均为 19.6），其他年份钢材进口量/出口量也达到了 2.0～9.6 倍（平均为 4.6），如图 4-2 所示。

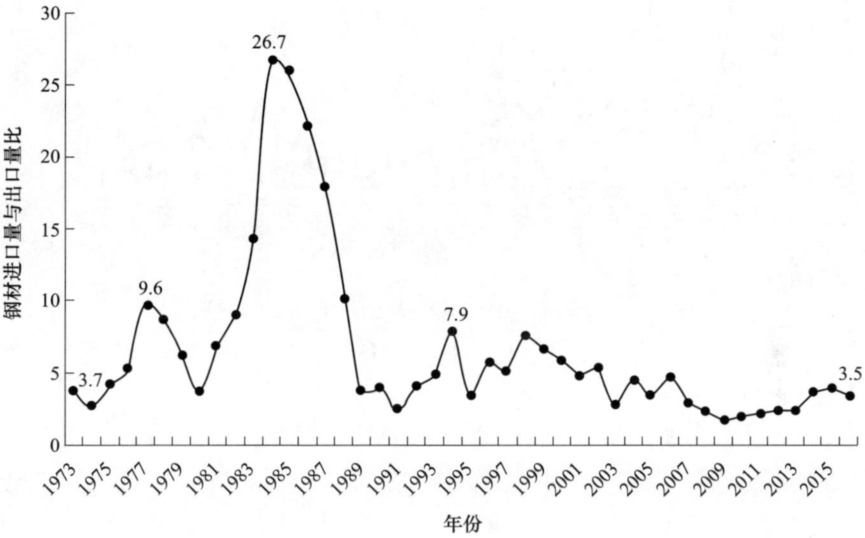

图 4-2　1973～2016 年美国钢材进口/出口比例情况
（信息来源：AISI）

美国废钢进出口情况与钢材进出口情况正好相反，如图 4-3 所示。

1973～2016 年，美国废钢大量出口，年均出口废钢量为 1016 万吨，年均进口废钢量为 189 万吨，废钢出口/进口平均为 9.7 倍。其中，1973～1989 年美国废钢进口量均在 100 万吨以下，年均进口量仅为 49 万吨，而出口量是进口量的 9.7～43.2 倍（平均为 18 倍），年均出口量为 778 万吨，1989 年废钢出口量首次突破 1000 万吨；1990～2016 年美国废钢进口量以年平均 15.6%速度逐步增长，目前平均进口量为 350 万吨，而废钢出口量在 1990～1999 年出现阶段回落后，又从 2000 年

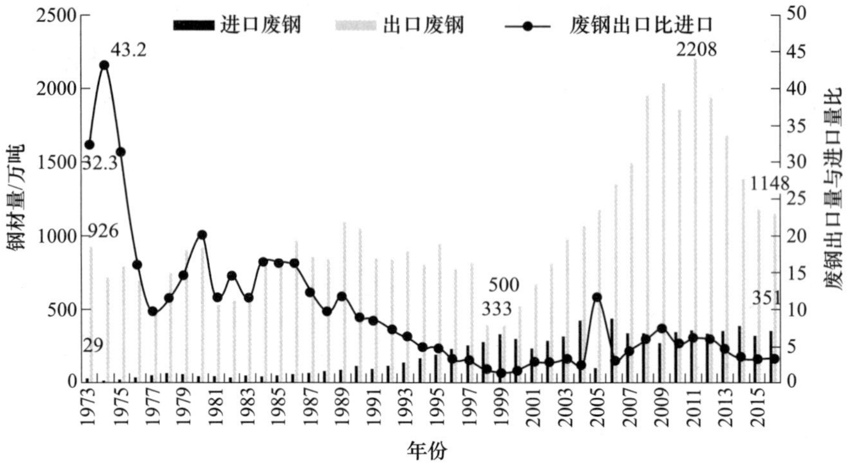

图 4-3 1973~2016 年美国废钢进出口情况
（信息来源：AISI）

开始快速上升到 2011 年的 2208 万吨的峰值，之后逐步回落到 1150 万吨左右的水平，废钢整体年平均出口增长率仅为 1.5%。

4.1.1.1 美国钢材进口量及进口来源地变化情况

A 1973~1982 年美国钢材进口量及来源地变化情况

1973~1982 年，美国钢材进口量变化情况如图 4-4 所示。

美国每年钢材进口量为 1090 万~1917 万吨（年均进口量为 1519 万吨，年均增长率为 3.1%），钢材进口量呈现周期波动，其中 1978 年达到峰值 1917 万吨；钢材进口量占发货量的比例为 13.60%~27.06%（平均为 18.7%），整体呈上涨趋势，其原因主要是该时间段美国钢材发货量逐渐下滑（平均下降 5.2%），如图 4-5 所示。

1973~1982 年，美国主要钢材进口国家是日本、联邦德国、加拿大、法国、比利时、韩国、意大利、西班牙、英国、荷兰、巴西、南非共和国。其中，来自日本的进口量最大，一

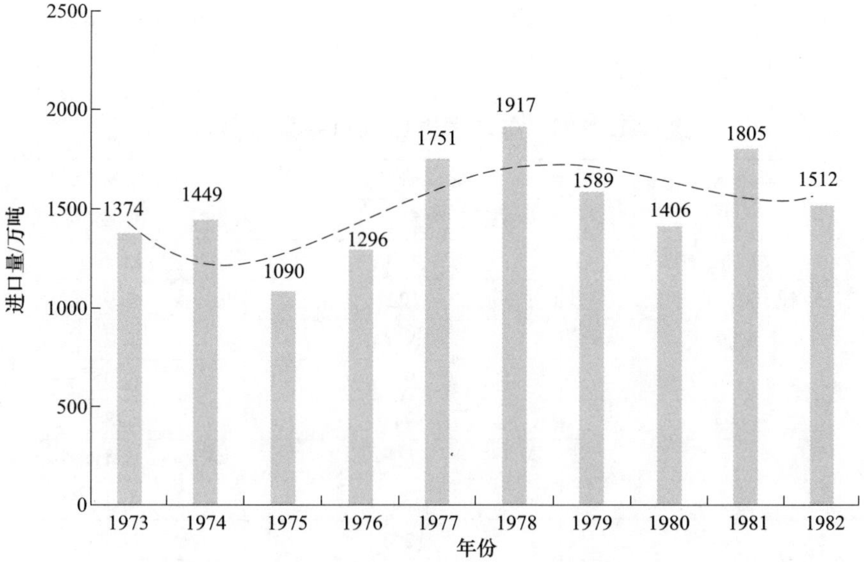

图 4-4　1973～1982 美国钢材进口量变化情况

（信息来源：AISI）

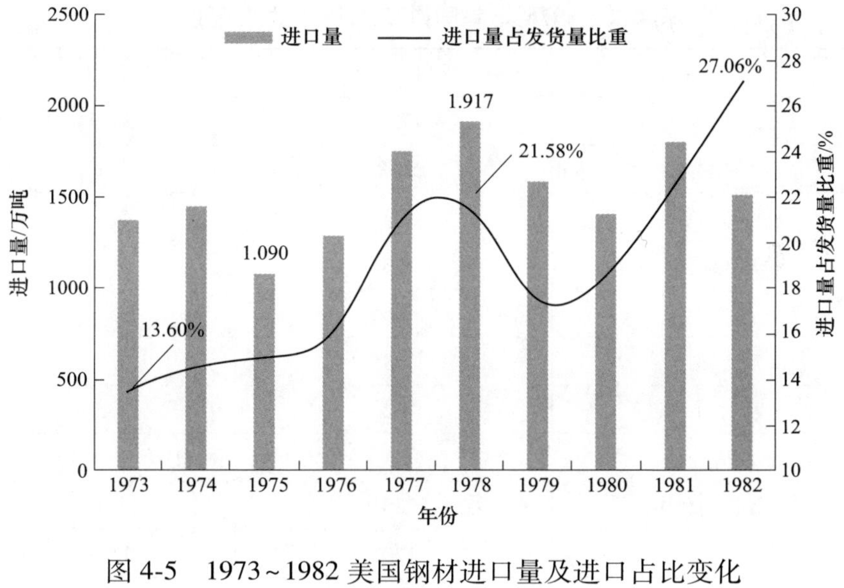

图 4-5　1973～1982 美国钢材进口量及进口占比变化

（信息来源：AISI）

直为美国的最大钢材进口国，占到美国总进口量的35%以上，如表4-1~表4-3所示。

表4-1　1973年美国进口钢材主要来源地

主要进口来源地	进口量/万吨	比例/%
日本	511	37.2
联邦德国	200	14.5
比利时-卢森堡	122	8.9
加拿大	99	7.2
法国	95	6.9
英国	94	6.8
荷兰	60	4.4
意大利	20	1.4
小计	1201	87.3
总进口量	1374	100

信息来源：AISI。

表4-2　1976年美国进口钢材主要来源地

主要进口来源地	进口量/万吨	比例/%
日本	724	55.9
加拿大	118	9.1
韩国	72	5.5
联邦德国	69	5.3
法国	66	5.1
英国	48	3.7
比利时-卢森堡	42	3.2
荷兰	35	2.7
南非共和国	28	2.1
小计	1202	92.6
总进口量	1296	100

信息数据：AISI。

表 4-3 1980 年美国进口钢材主要来源地

主要进口来源地	进口量/万吨	比例/%
日本	545	38.8
加拿大	215	15.3
联邦德国	118	8.4
韩国	94	6.7
法国	88	6.2
比利时-卢森堡	79	5.6
西班牙	42	3.0
巴西	42	3.0
南非共和国	40	2.8
荷兰	31	2.2
小计	1294	92
总进口量	1406	100

信息来源：AISI。

B 1983~2000 年美国钢材进口量及来源地变化情况

如图 4-6 所示，1983~2000 年，美国每年钢材进口量为 1437 万~3767 万吨（年均为 2250 万吨，年均增长率为 6.8%），钢材进口量从 1984 年的 2373 万吨的峰值，逐步下降到 1991 年的 1437 万吨，之后钢材进口量以年均 16.7%的速度快速增长到 1998 年的峰值 3767 万吨。

钢材进口量占发货量的比例为 20.1%~40.5%（年平均为 27.9%），呈明显上升趋势，且该时间段美国钢材发货量呈现阶段快速增长（年平均增长 3.0%），如图 4-7 所示。

1983~2000 年，美国主要钢材进口国家是：日本、加拿大、德国、俄罗斯、巴西、法国、韩国、比利时、意大利、墨西哥等。其中，1990 年以前，日本和加拿大一直为美国的第一和第二大钢材进口来源国，但进口占比呈现逐渐下降趋势，

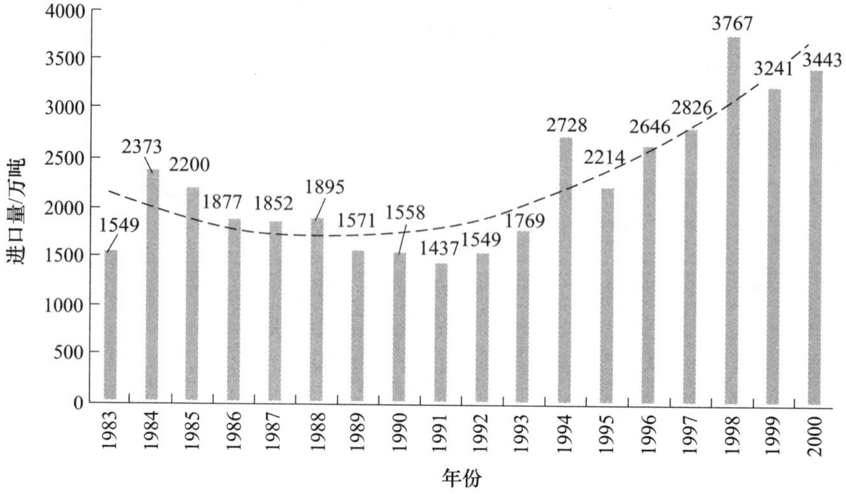

图 4-6　1983～2000 年美国钢材进口量变化情况

（信息来源：AISI）

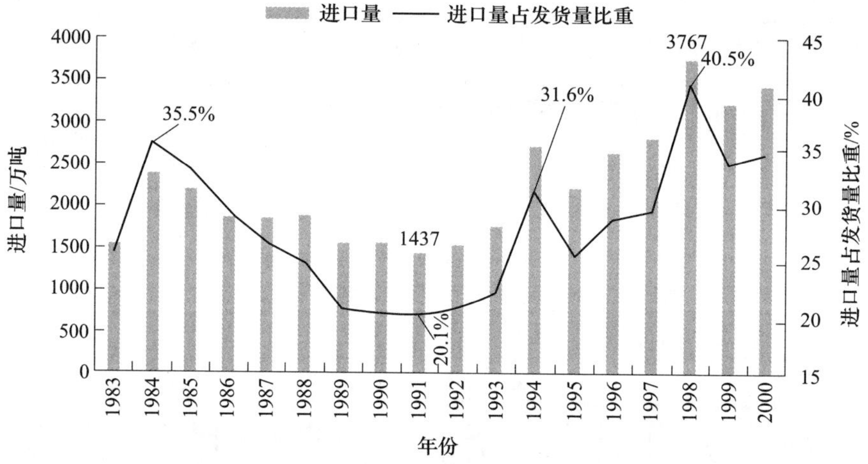

图 4-7　1983～2000 年美国钢材进口量及进口占比变化

（信息来源：AISI）

日本平均占比为 20%～25%，加拿大占比为 13%～15%；1991 年以后，美国钢材进口来源国更加广泛，从巴西、韩国、俄罗斯等国的进口量逐渐加大，从传统的老牌工业国家的进口钢材量变动不大，如表 4-4~表 4-7 所示。

表 4-4 1983 年美国进口钢材主要来源地

主要进口来源地	进口量/万吨	比例/%
日本	384	24.8
加拿大	216	13.9
联邦德国	126	8.1
巴西	114	7.4
法国	83	5.4
比利时-卢森堡	56	3.6
西班牙	55	3.6
南非共和国	51	3.3
意大利	36	2.3
荷兰	34	2.2
英国	33	2.1
总进口量	1549	100

信息来源：AISI。

表 4-5 1988 年美国进口钢材主要来源地

主要进口来源地	进口量/万吨	比例/%
日本	389	20.5
加拿大	288	15.2
联邦德国	171	9.0
巴西	124	6.6
韩国	119	6.3
法国	113	6.0
比利时-卢森堡	77	4.1
英国	74	3.9

续表 4-5

主要进口来源地	进口量/万吨	比例/%
瑞典	52	2. 7
荷兰	50	2. 7
阿根廷	48	2. 6
墨西哥	43	2. 3
西班牙	42	2. 2
总进口量	1895	100

信息来源：AISI。

表 4-6　1993 年美国进口钢材主要来源地

主要进口来源地	进口量/万吨	比例/%
加拿大	435	24. 6
德国	173	9. 8
日本	162	9. 1
巴西	128	7. 3
法国	105	5. 9
意大利	96	5. 4
韩国	91	5. 1
墨西哥	77	4. 3
荷兰	67	3. 8
比利时	65	3. 7
英国	63	3. 6
大洋洲	44	2. 5
总进口量	1769	100

信息来源：AISI。

表 4-7 1998 年美国进口钢材主要来源地

主要进口来源地	进口量/万吨	比例/%
日本	610	18.8
俄罗斯	478	14.8
加拿大	446	13.8
韩国	311	9.6
墨西哥	287	8.9
巴西	248	7.6
德国	159	4.9
法国	99	3.1
大洋洲	95	2.9
英国	87	2.7
乌克兰	80	2.5
荷兰	73	2.2
非洲	65	2.0
总进口量	3241	100

信息来源：AISI。

C 2001~2016 年美国钢材进口量及来源地变化情况

如图 4-8 所示，2001~2016 年，美国每年钢材进口量为 1471 万~4107 万吨（年均为 2918 万吨，年均增长率为 5.1%），钢材进口量呈现周期性波动，分别于 2006 年和 2014 年达到阶段性的峰值 4107 万吨和 4022 万吨，于 2003 年和 2009 年达到阶段性的谷底值 2098 万吨和 1471 万吨。

钢材进口量占发货量的比例为 21.8%~45.1%（年平均为 33.4%），呈明显周期性涨落，该时间段美国钢材发货量也呈现周期性涨落，且发货量整体呈下降趋势，如图 4-9 所示。

2001~2016 年，美国主要钢材进口国家是：加拿大、墨西哥、巴西、俄罗斯、韩国、土耳其、德国、日本、中国、越南

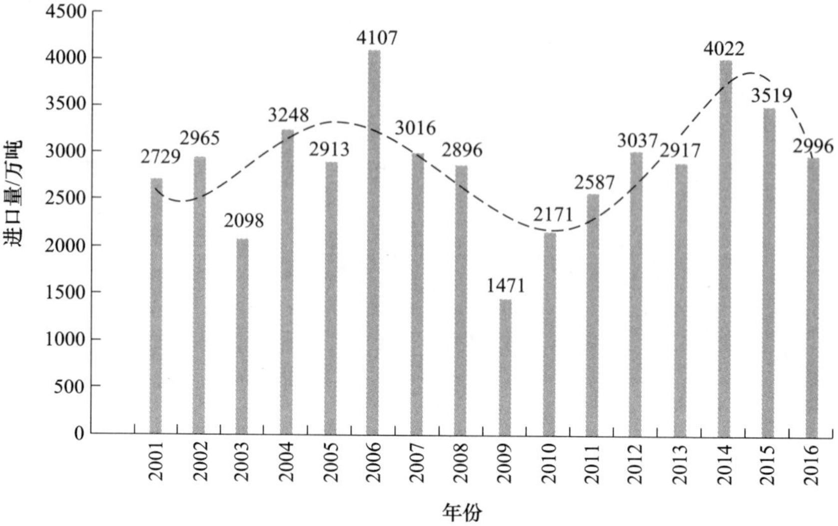

图 4-8　2001～2016 美国钢材进口量变化情况

（信息来源：AISI）

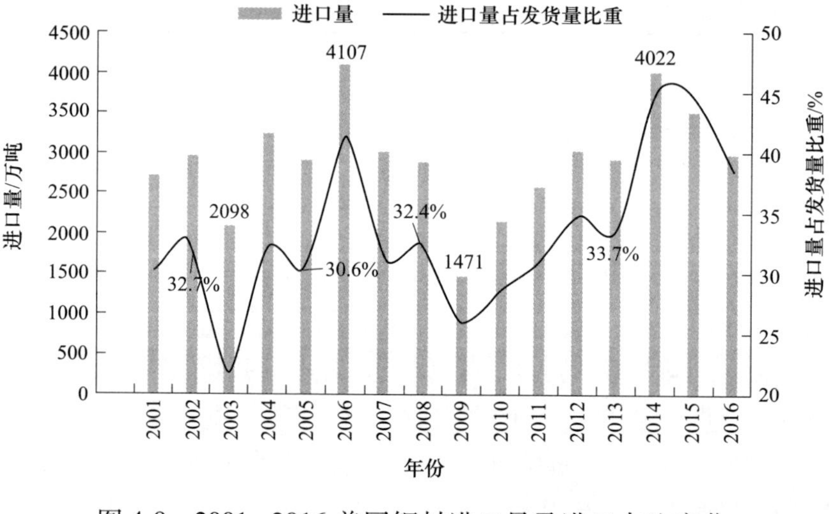

图 4-9　2001～2016 美国钢材进口量及进口占比变化

（信息来源：AISI）

等。其中，加拿大一直为美国的第一大钢材进口来源国，每年进口量占美国钢材总进口量的 13.1%～27.8%（平均为 19.1%），2010 年达到峰值 27.8%，如表 4-8～表 4-11 所示。

表 4-8 2003 年美国进口钢材主要来源地

主要进口来源地	进口量/万吨	比例/%
加拿大	496	15.3
墨西哥	388	11.9
巴西	307	9.5
俄罗斯	218	6.7
土耳其	199	6.1
中国大陆	168	5.2
韩国	149	4.6
德国	138	4.2
日本	128	3.9
印度	90	2.8
非洲	84	2.6
中国台湾	80	2.5
澳大利亚	69	2.1
总进口量	3248	100

信息来源：AISI。

表 4-9 2009 年美国进口钢材主要来源地

主要进口来源地	进口量/万吨	比例/%
加拿大	388	26.3
墨西哥	159	10.8
中国大陆	133	9.0
韩国	120	8.2

续表 4-9

主要进口来源地	进口量/万吨	比例/%
日本	111	7.5
巴西	65	4.4
印度	53	3.6
俄罗斯	49	3.3
德国	45	3.1
土耳其	45	3.0
荷兰	34	2.3
中国台湾	34	2.3
意大利	32	2.2
澳大利亚	31	2.1
总进口量	1471	100

信息来源：AISI。

表 4-10　2014 年美国进口钢材主要来源地

主要进口来源地	进口量/万吨	比例/%
加拿大	549	13.6
韩国	497	12.4
巴西	456	11.3
俄罗斯	425	10.6
墨西哥	336	8.4
中国大陆	290	7.2
日本	244	6.1
土耳其	199	5.0
英国	129	3.2
德国	119	3.0
中国台湾	108	2.7

续表 4-10

主要进口来源地	进口量/万吨	比例/%
印度	101	2.5
荷兰	86	2.1
总进口量	4022	100

信息来源：AISI。

表 4-11 2016 年美国进口钢材主要来源地

主要进口来源地	进口量/万吨	比例/%
加拿大	512	17.1
巴西	396	13.2
韩国	346	11.5
墨西哥	272	9.1
土耳其	219	7.3
日本	195	6.5
俄罗斯	187	6.2
德国	111	3.7
中国台湾	98	3.3
越南	87	2.9
中国大陆	79	2.6
荷兰	66	2.2
总进口量	2996	100

信息来源：AISI。

4.1.1.2 美国钢材出口量及出口目的地变化情况

A 1973~1982 年美国钢材出口量及出口目的地变化情况

1973~1982 年，美国每年钢材出口量为 167 万~529 万吨（年均为 287 万吨，年均增长率为-2.6%），钢材出口量呈现明显下降趋势，其中 1974 年达到出口峰值的 529 万吨后，出口量逐年下降，1977 年达到谷底值 182 万吨，之后上涨乏力，继续出现下降趋势，1982 年达到最低值 167 万吨，如图 4-10

所示；钢材出口量占发货量的比例为 2.2%～5.3%（平均为 3.4%），整体变化趋势与出口量变化趋势相同，如图 4-11 所示，且该时间段美国钢材发货量也呈现下滑趋势（平均下降 5.2%）。

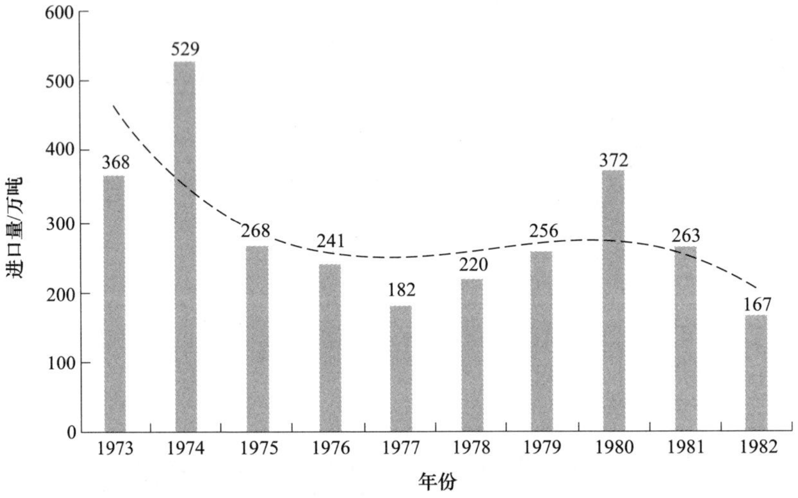

图 4-10　1973～1982 年美国钢材出口变化趋势

（信息来源：AISI）

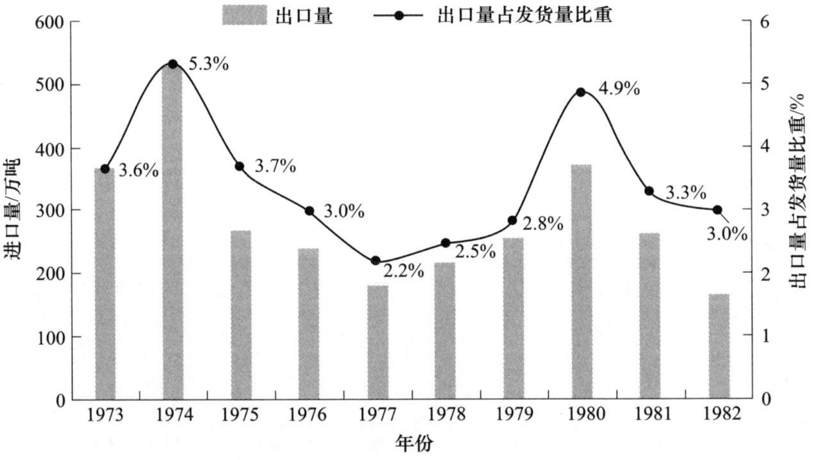

图 4-11　1973～1982 年美国钢材出口比例变化情况

（信息来源：AISI）

1973~1982 年，美国主要钢材出口目的地是：加拿大、巴西、墨西哥、阿根廷、中国大陆、委内瑞拉、意大利、巴基斯坦、中国台湾等。其中，出口到加拿大的钢材量最大，加拿大一直为美国的最大钢材出口国，年均出口量占比达到 22%以上，如表 4-12 和表 4-13 所示。

表 4-12　1973 年美国出口钢材主要目的地

主要出口目的地	出口量/万吨	比例/%
加拿大	83.5	22.7
巴西	47.2	12.8
阿根廷	22.8	6.2
墨西哥	20.8	5.7
委内瑞拉	16.2	4.4
意大利	13.6	3.7
巴基斯坦	12.2	3.3
联邦德国	10.0	2.7
中国台湾	9.6	2.6
英国	8.5	2.3
越南	5.7	1.5
秘鲁	5.6	1.5
尼日利亚	5.6	1.5
印度尼西亚	4.4	1.2
总出口量	367.6	100

信息来源：AISI。

表 4-13　1979 年美国出口钢材主要目的地

主要出口目的地	出口量/万吨	比例/%
加拿大	66.9	26.2
墨西哥	44.9	17.6

续表 4-13

主要出口目的地	出口量/万吨	比例/%
中国	18.6	7.3
巴基斯坦	12.5	4.9
意大利	11.0	4.3
中国台湾	8.6	3.4
委内瑞拉	8.6	3.4
厄瓜多尔	7.2	2.8
埃及	5.0	1.9
英国	4.2	1.6
印度	3.5	1.4
巴西	3.5	1.4
总出口量	255.6	100

信息来源：AISI。

B　1983~2000 年美国钢材出口量及出口目的地变化情况

1983~2000 年，美国每年钢材出口量为 84 万~642 万吨(年均为 354 万吨，年均增长率为 16.9%)，钢材出口量前期仍呈现下降趋势，直到 1986 年降到谷底 84 万吨之后开始快速上涨，分别于 1991 年、1995 年、2000 年达到阶段性峰值 576 万吨、642 万吨和 592 万吨，整体呈现为阶段上涨趋势，如图 4-12 所示；钢材出口量占发货量的比例为 1.3%~8.0%（平均为 4.2%)，整体变化趋势与出口量变化趋势相同，呈现阶段性增长趋势，如图 4-13 所示。

1983~2000 年，美国钢材主要出口目的地有加拿大、墨西哥、意大利、日本、韩国和中国台湾等。其中加拿大和墨西哥量最大，年均出口量占比分别达到 33%~48%和 15%~21%，如表 4-14~表 4-16 所示。

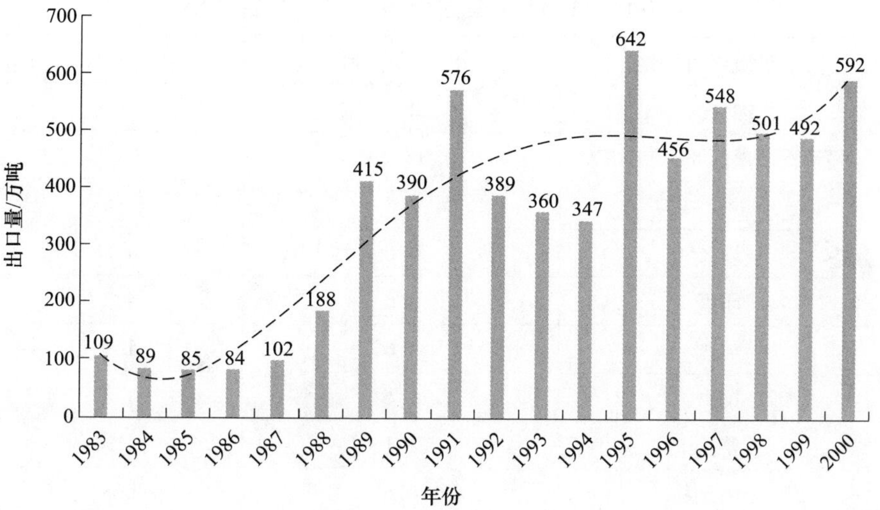

图 4-12　1983~2000 年美国钢材出口变化趋势

（信息来源：AISI）

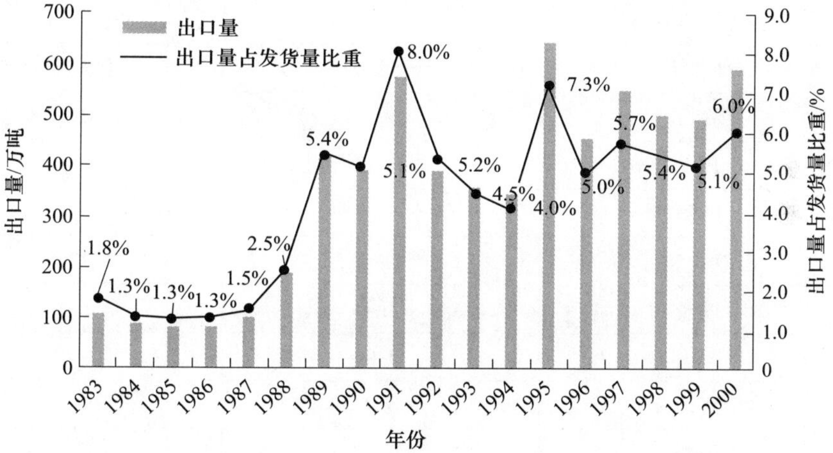

图 4-13　1983~2000 年美国钢材出口比例变化情况

（信息来源：AISI）

表 4-14　1985 年美国出口钢材主要目的地

主要出口目的地	出口量/万吨	比例/%
加拿大	28.5	33.7
墨西哥	13.8	16.3
意大利	4.8	5.6
埃及	4.0	4.8
印度	3.6	4.2
英国	1.6	1.9
中国台湾	1.6	1.8
德国	1.1	1.3
委内瑞拉	0.6	0.8
日本	0.6	0.7
总出口量	84.5	100

信息来源：AISI。

表 4-15　1990 年美国出口钢材主要目的地

主要出口目的地	出口量/万吨	比例/%
加拿大	158.0	40.5
墨西哥	59.1	15.1
日本	41.1	10.5
韩国	27.9	7.1
意大利	11.2	2.9
埃及	4.4	1.1
英国	3.9	1.0
法国	3.7	1.0
委内瑞拉	2.8	0.7
阿根廷	1.9	0.5
总出口量	390.3	100

信息来源：AISI。

表 4-16　1996 年美国出口钢材主要目的地

主要出口目的地	出口量/万吨	比例/%
加拿大	217.0	47.5
墨西哥	95.8	21.0
中国台湾	13.3	2.9
意大利	11.8	2.6
韩国	9.6	2.1
日本	6.3	1.4
委内瑞拉	5.9	1.3
英国	5.6	1.2
西班牙	4.0	0.9
中国大陆	3.9	0.9
比利时	3.5	0.8
德国	3.0	0.7
南非共和国	2.2	0.5
总出口量	456.4	100

信息来源：AISI。

C　2001~2016 年美国钢材出口量及出口目的地变化情况

2001~2016 年，美国每年钢材出口量为 545 万~1247 万吨（年均为 934 万吨，年均增长率为 3.7%），钢材出口量呈现明显增长趋势，2007 年首次突破 1000 万吨，之后继续增长，2012 年钢材出口量达到峰值 1247 万吨（除 2009~2010 年因经济危机影响出现短暂下滑），之后美国钢材出口量又出现回落，逐渐降到 2016 年的 845 万吨，如图 4-14 所示；钢材出口量占发货量的比例为 6.0%~14.9%（平均为 11.0%），整体变化趋势与出口量变化趋势相同，呈现先增后降的趋势，如图 4-15 所示。

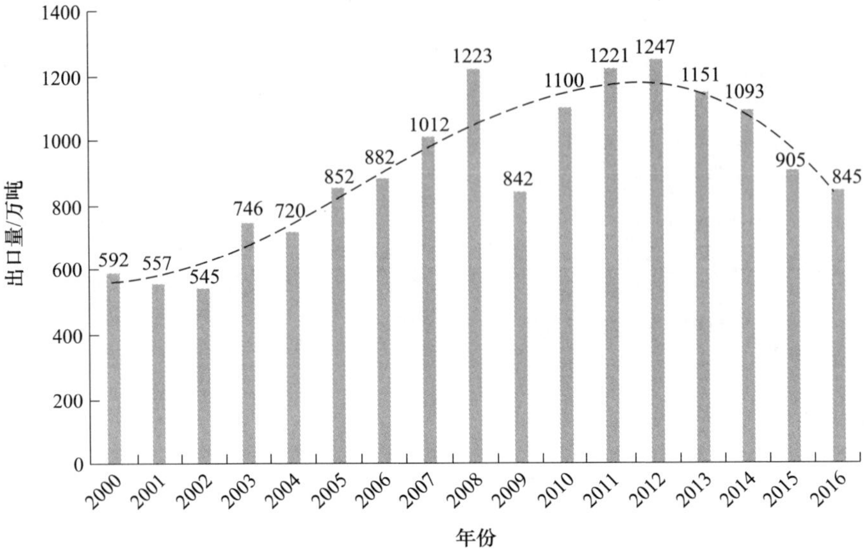

图 4-14　2001~2016 年美国钢材出口变化趋势

（信息来源：AISI）

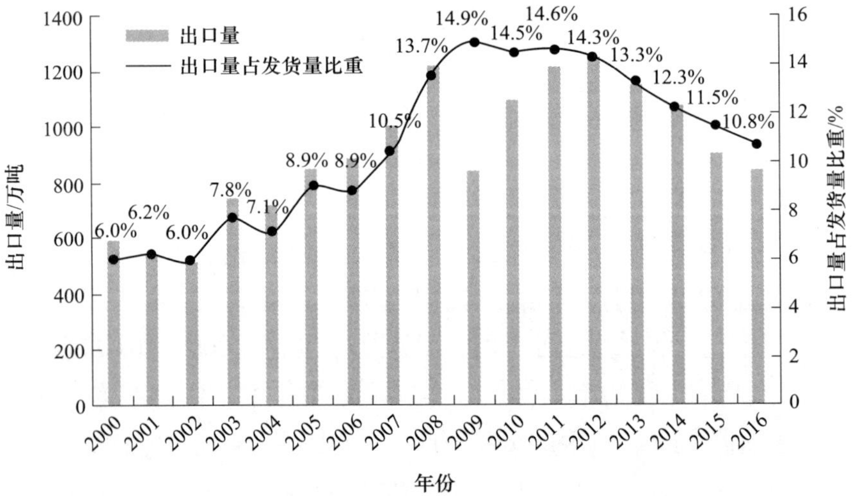

图 4-15　2001~2016 年美国钢材出口比例变化情况

（信息来源：AISI）

2001~2016 年，美国主要钢材出口目的地是加拿大和墨西哥，其中，每年出口到加拿大的钢材量最大，达到 50%~63%，其次为墨西哥，达到 21%~40%，如表 4-17~表 4-19 所示。

表 4-17 2002 年美国出口钢材主要目的地

主要出口目的地	出口量/万吨	比例/%
加拿大	342.2	62.8
墨西哥	129.4	23.7
比利时	4.6	0.9
英国	3.4	0.6
中国大陆	3.4	0.6
意大利	2.9	0.5
总出口量	545.1	100

信息来源：AISI。

表 4-18 2010 年美国出口钢材主要目的地

主要出口目的地	出口量/万吨	比例/%
加拿大	610.0	55.4
墨西哥	239.2	21.7
巴西	14.3	1.3
中国大陆	11.6	1.1
意大利	8.9	0.8
中国台湾	8.8	0.8
比利时	7.9	0.7
德国	7.3	0.7
韩国	7.2	0.7
委内瑞拉	6.2	0.6
英国	5.0	0.5
总出口量	1100.1	100

信息来源：AISI。

表 4-19　2016 年美国出口钢材主要目的地

主要出口目的地	出口量/万吨	比例/%
加拿大	422	50. 0
墨西哥	334	39. 5
中国大陆	7	0. 9
巴西	5	0. 6
意大利	5	0. 6
比利时	5	0. 5
总出口量	845	100

信息来源：AISI。

4. 1. 2　美国钢铁分品种进出口分析

4. 1. 2. 1　美国钢材进出口品种结构变化情况分析

A　1973~1982 年美国进出口钢材品种结构变化情况分析

a　进口情况

1973~1982 年，美国进口钢材主要以碳钢为主（年均为 1444 万吨），占总钢材进口总量的 92. 3%~96. 3%（平均为 95. 0%），其次为合金钢（年均为 60 万吨），占总钢材进口总量的 2. 6%~6. 5%（平均为 3. 9%），不锈钢进口量最少（年均为 16 万吨），占总钢材进口总量的 0. 9%~1. 4%（平均为 1. 1%），如表 4-20 和图 4-16 所示。

表 4-20　1973~1982 年美国钢材进口情况

年份	碳钢		合金钢		不锈钢		总进口量/万吨
	进口量/万吨	占比/%	进口量/万吨	占比/%	进口量/万吨	占比/%	
1973	1323	96. 29	39	2. 86	12	0. 85	1374
1974	1395	96. 31	38	2. 59	16	1. 10	1449
1975	1034	94. 88	41	3. 73	15	1. 39	1090

续表 4-20

年份	碳钢		合金钢		不锈钢		总进口量/万吨
	进口量/万吨	占比/%	进口量/万吨	占比/%	进口量/万吨	占比/%	
1976	1236	95.39	44	3.38	16	1.22	1296
1977	1683	96.08	53	3.00	16	0.92	1751
1978	1831	95.49	68	3.57	18	0.95	1917
1979	1508	94.88	66	4.16	15	0.97	1589
1980	1341	95.41	51	3.61	14	0.99	1406
1981	1689	93.55	99	5.49	17	0.96	1805
1982	1395	92.28	98	6.50	18	1.22	1512

信息来源：AISI。

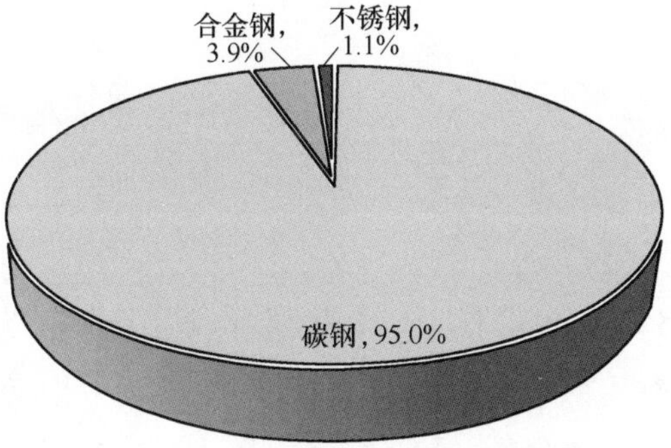

图 4-16 1973~1982 年美国钢材分品种进口比例情况（平均值）
（信息来源：AISI）

另外，美国进口钢材细分品种情况如图 4-17 所示，进口量最大的为薄板带材（年均为 536 万吨，平均占比为 35.3%），其次为管材（年均为 284 万吨，平均占比为 18.7%）、厚板（年均为 172 万吨，平均占比为 11.3%）、型材（平均占比为 9.6%）、棒材及工具钢（平均占比为 7.1%）、线材（平均占比为 7.1%）、拉拔材（平均占比为 5.1%）、镀锡材（平均占比为 2.3%）、钢锭/钢坯（平均占比为 2.1%）、轨道及配件（平均占比为 1.4%）。

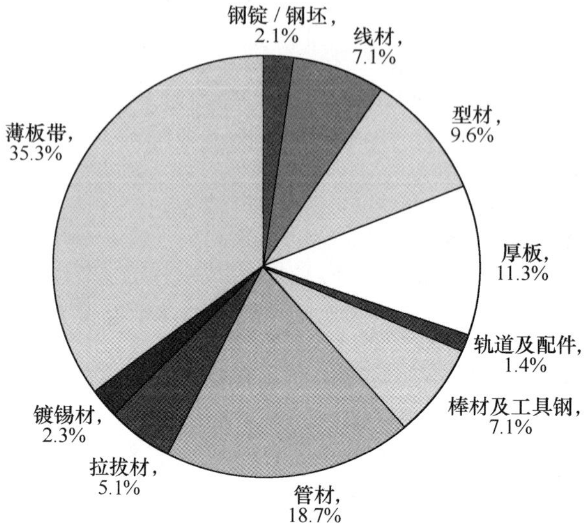

图 4-17　1973~1982 年美国钢材分品种进口细分情况（平均值）
（信息来源：AISI）

b　出口情况

1973~1982 年，美国出口钢材主要以碳钢为主（年均为 237 万吨），占总钢材出口量的 67.9%~90.6%（平均为 81.3%），其次为合金钢（年均为 42 万吨），占总钢材出口量的 7.1%~29.2%（平均为 15.8%），不锈钢进口量最少（年均为 8 万吨），占总钢材进口量的 2.3%~3.5%（平均为 2.9%）。但碳钢出口量呈现逐年下降趋势，合金钢出口呈现增长趋势，不锈钢出口量较小但波动较大，如表 4-21 所示。

美国出口钢材细分品种情况如图 4-18 和图 4-19 所示，出口量最大的为薄板带材（年均为 59.9 万吨，平均占比为 20.9%），其次为管材（年均为 54.6 万吨，平均占比为 19.1%）、镀锡材（年均为 43.9 万吨，平均占比为 15.3%）、钢锭/钢坯（平均占比为14.6%）、棒材及工具钢（平均占比为11.0%）、厚板（平均占比为6.3%）、型材（平均占比为5.1%）、轨道及配件（平均占比为3.4%）、线材（平均占比为2.5%）、拉拔材（平均占比为1.8%）。

表4-21 1973~1982年美国钢材出口情况

年份	碳钢		合金钢		不锈钢		钢材出口总量/万吨
	出口量/万吨	占比/%	出口量/万吨	占比/%	出口量/万吨	占比/%	
1973	333	90.6	26	7.1	9	2.3	368
1974	475	89.8	41	7.8	12	2.4	529
1975	232	86.5	29	10.9	7	2.6	268
1976	203	84.5	31	12.7	7	2.8	241
1977	155	85.3	20	11.2	6	3.5	182
1978	171	77.7	43	19.4	6	3.0	220
1979	207	81.1	41	15.9	8	3.0	256
1980	278	74.6	82	22.1	12	3.2	372
1981	199	75.4	57	21.6	8	2.9	263
1982	113	67.9	49	29.2	5	2.9	167

信息来源：AISI。

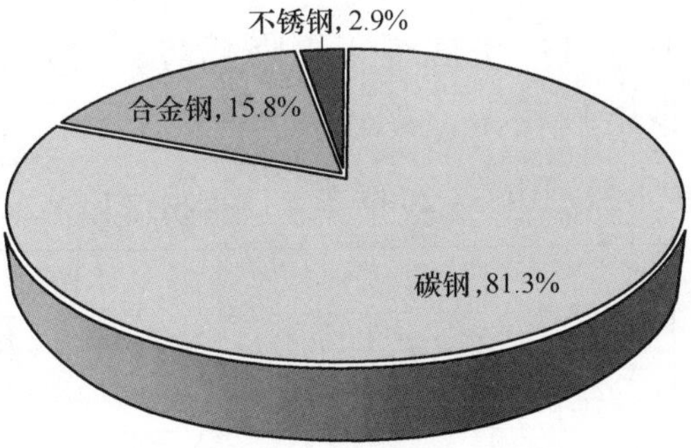

图4-18 1973~1982年美国钢材分品种出口比例情况（平均值）
（信息来源：AISI）

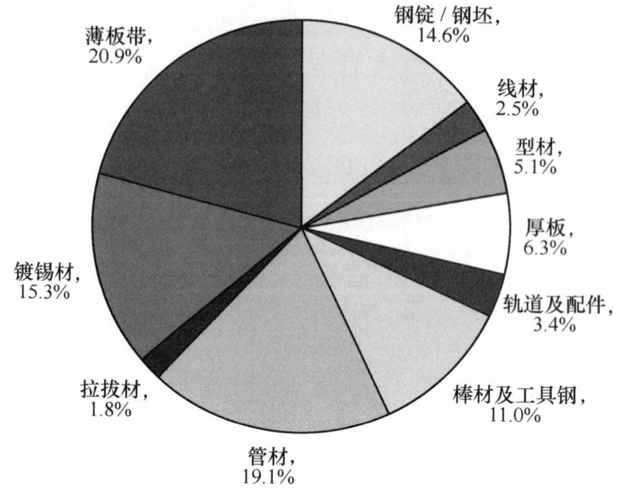

图 4-19　1973~1982 年美国钢材分品种出口细分情况（平均值）
（信息来源：AISI）

B　1983~2000 年美国进出口钢材品种结构变化情况分析

a　进口情况

1983~2000 年，美国进口钢材主要仍以碳钢为主（年均为 2010 万吨），占总钢材进口量的 85.1%~95.8%（平均为 90.4%），其次为合金钢（年均为 186 万吨），占总钢材进口量的 3.1%~11.8%（平均为 7.5%），不锈钢进口量最少（年均为 64 万吨），占总钢材进口量的 1.0%~3.5%（平均为 2.1%）。且碳钢进口量呈现逐年下降趋势，合金钢和不锈钢进口量均呈现稳步增长趋势，如表 4-22 所示。

表 4-22　1983~2000 年美国钢材进口情况

年份	碳钢		合金钢		不锈钢		总进口量/万吨
	进口量/万吨	占比/%	进口量/万吨	占比/%	进口量/万吨	占比/%	
1983	1483	95.75	49	3.14	17	1.11	1549
1984	2260	95.22	90	3.77	24	1.00	2373

续表 4-22

年份	碳钢		合金钢		不锈钢		总进口量/万吨
	进口量/万吨	占比/%	进口量/万吨	占比/%	进口量/万吨	占比/%	
1985	2074	94.26	102	4.62	25	1.12	2200
1986	1773	94.44	78	4.13	27	1.43	1877
1987	1743	94.14	82	4.42	27	1.44	1852
1988	1765	93.13	102	5.36	29	1.51	1895
1989	1425	90.70	114	7.27	32	2.03	1571
1990	1411	90.60	112	7.19	35	2.22	1558
1991	1273	88.57	129	8.98	35	2.45	1437
1992	1388	89.60	121	7.81	40	2.58	1549
1993	1510	85.37	198	11.17	61	3.45	1769
1994	2395	87.81	256	9.40	76	2.79	2728
1995	1891	85.40	249	11.25	74	3.35	2214
1996	2306	87.17	260	9.84	79	2.99	2646
1997	2436	86.17	309	10.93	82	2.90	2826
1998	3314	87.99	358	9.50	95	2.51	3767
1999	2809	86.66	331	10.22	101	3.12	3241
2000	2929	85.07	407	11.82	107	3.11	3443

信息来源：AISI。

另外，美国进口钢材细分品种情况如图 4-20 和图 4-21 所示，进口量最大的为薄板带材（年均为 798 万吨，平均占比为 35.5%），其次为钢锭/钢坯（年均为 389 万吨，平均占比为 17.3%）、管材（年均为 274 万吨，平均占比为 12.2%）、厚板（平均占比为 8.1%）、棒材及工具钢（平均占比为 8.1%）、线材（平均占比为 6.7%）、型材（平均占比为 5.8%）、拉拔材（平均占比为 2.8%）、镀锡材（平均占比为 2.6%）、轨道及配件（平均占比为 0.9%）。

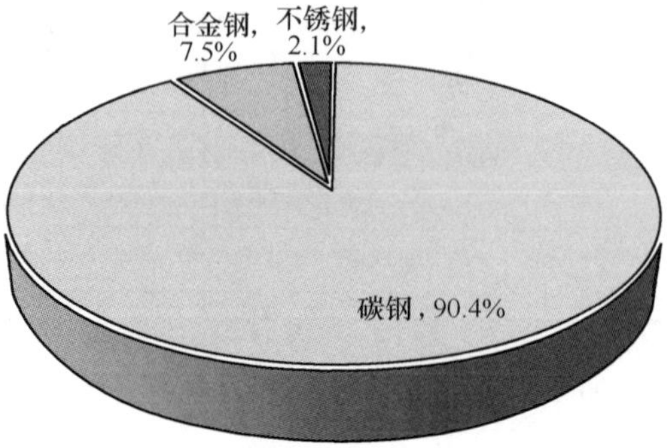

图 4-20　1983~2000 年美国钢材分品种进口比例情况（平均值）
（信息来源：AISI）

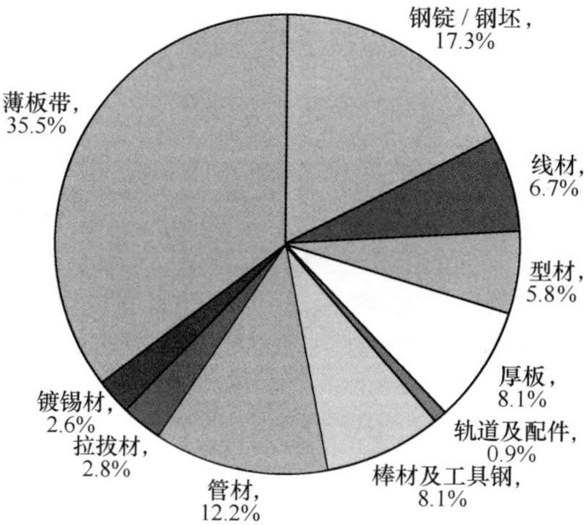

图 4-21　1983~2000 年美国钢材分品种进口细分情况（平均值）
（信息来源：AISI）

b　出口情况

1983~2000 年，美国出口钢材主要以碳钢为主（年均为 291 万吨），占总钢材出口量的 68.5%~89.7%（平均为 79.5%），其次为合金钢（年均为 50 万吨），占总钢材出口量的 8.0%~25.6%（平均为 16.6%），不锈钢进口量最少（年均为 12 万吨），占总钢材进口量的 2.2% ~ 6.0%（平均为 3.9%）。碳钢出口量整体出现下降，合金钢和不锈钢的出口量出现小幅增长，如表 4-23 所示。

表 4-23 1983~2000 年美国钢材出口情况

年份	碳钢		合金钢		不锈钢		钢材出口总量/万吨
	出口量/万吨	占比/%	出口量/万吨	占比/%	出口量/万吨	占比/%	
1983	76	70.3	28	25.6	4	4.1	109
1984	64	71.8	21	24.0	4	4.2	89
1985	59	69.5	21	24.5	5	6.0	85
1986	62	73.9	18	20.8	4	5.2	84
1987	70	68.5	25	24.1	8	7.4	102
1988	136	72.3	44	23.6	8	4.1	188
1989	373	89.7	33	8.0	9	2.2	415
1990	339	86.8	41	10.5	11	2.7	390
1991	495	86.0	66	11.4	15	2.6	576
1992	329	84.6	48	12.3	12	3.0	389
1993	303	84.1	47	13.2	10	2.7	360
1994	282	81.1	55	15.8	11	3.1	347
1995	561	87.4	63	9.8	18	2.8	642
1996	373	81.6	67	14.8	17	3.6	456
1997	449	82.0	78	14.3	20	3.6	548
1998	392	78.3	88	17.6	21	4.1	501
1999	398	80.9	72	14.7	22	4.4	492
2000	485	82.0	80	13.6	26	4.5	592

信息来源：AISI。

另外，美国出口钢材细分品种情况如图 4-22 和图 4-23 所示，出口量最大的为薄板带材（年均为 127.4 万吨，平均占比为 36.1%），其次为管材（年均为 56.6 万吨，平均占比为

16.0%)、棒材及工具钢（年均为 41.5 万吨，平均占比为 11.7%)、厚板（平均占比为 10.8%)、镀锡材（平均占比为 7.5%)、型材（平均占比为 6.8%)、钢锭/钢坯（平均占比为 6.6%)、拉拔材（平均占比为 2.1%)、线材（平均占比为 1.4%)、轨道及配件（平均占比为 1.0%)。

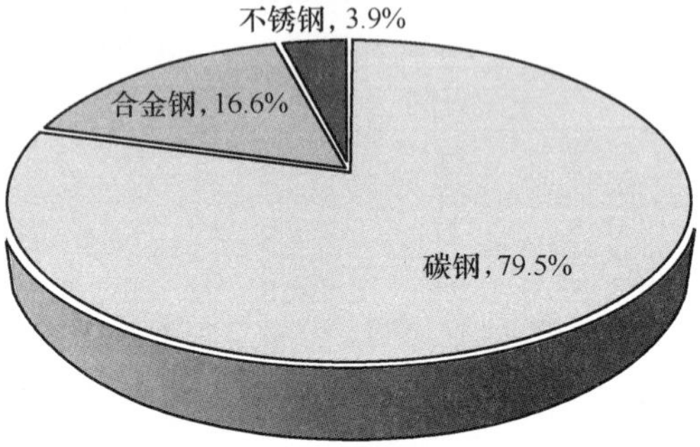

图 4-22　1983~2000 年美国钢材分品种出口比例情况（平均值）
（信息来源：AISI）

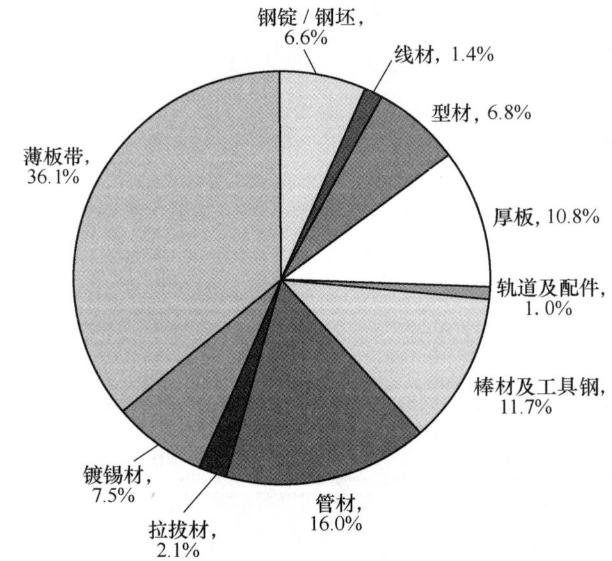

图 4-23　1983~2000 年美国钢材分品种出口细分情况（平均值）
（信息来源：AISI）

C 2001 年至今美国进出口钢材品种结构变化情况分析

a 进口情况

2001~2016 年，美国进口钢材仍然是碳钢占据主导（年均为 2398 万吨），占总钢材进口量的 80.1%~86.9%（平均为 82.6%），其次为合金钢（年均为 425 万吨），占总钢材进口量的 10.6%~17.2%（平均为 14.3%），不锈钢进口量最少（年均为 95 万吨），占总钢材进口量的 2.8%~3.9%（平均为 3.1%）。碳钢进口量波动较小，合金钢和不锈钢进口量呈现小幅增长，如表 4-24 所示。

表 4-24 2001~2016 年美国钢材进口情况

年份	碳钢		合金钢		不锈钢		总进口量/万吨
	进口量/万吨	占比/%	进口量/万吨	占比/%	进口量/万吨	占比/%	
2001	2293	84.0	351	12.9	85	3.1	2729
2002	2516	84.9	364	12.3	85	2.9	2965
2003	1701	81.1	324	15.5	72	3.5	2098
2004	2783	85.7	374	11.5	92	2.9	3248
2005	2395	82.2	430	14.8	89	3.0	2913
2006	3570	86.9	434	10.6	104	2.5	4107
2007	2471	81.9	435	14.4	110	3.7	3016
2008	2350	81.1	435	15.0	110	3.8	2896
2009	1186	80.6	229	15.6	56	3.8	1471
2010	1755	80.9	330	15.2	85	3.9	2171
2011	2073	80.1	413	16.0	101	3.9	2587
2012	2437	80.2	485	16.0	115	3.8	3037
2013	2317	79.5	502	17.2	97	3.3	2917
2014	3265	81.2	646	16.1	111	2.8	4022
2015	2831	80.5	582	16.5	106	3.0	3519
2016	2429	81.1	472	15.7	95	3.2	2996

信息来源：AISI。

另外，美国进口钢材细分品种情况如图 4-24 和图 4-25 所示，进口量最大的为薄板带材（年均为 773 万吨，平均占比为 26.5%），其次为钢锭/钢坯（年均为 662 万吨，平均占比为 21.3%）、管材（年均为 582 万吨，平均占比为 19.9%）、棒材及工具钢（平均占比为 10.9%）、厚板（平均占比为 7.4%）、线材（平均占比为 6.0%）、型材（平均占比为 2.5%）、拉拔材（平均占比为 2.4%）、镀锡材（平均占比为 2.1%）、轨道及配件（平均占比为 1.0%）。

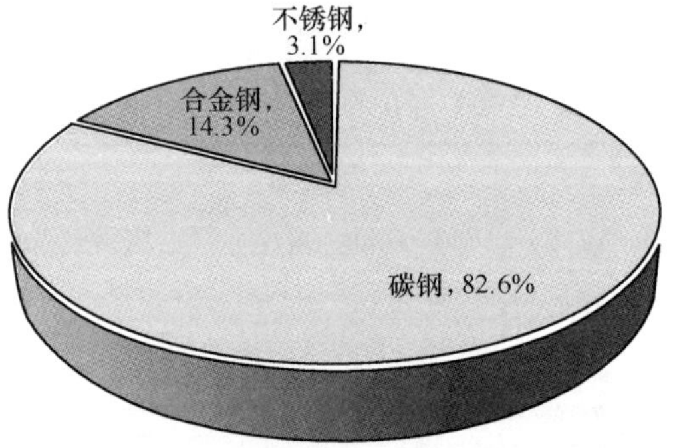

图 4-24　2001～2016 年美国钢材分品种进口比例情况（平均值）

（信息来源：AISI）

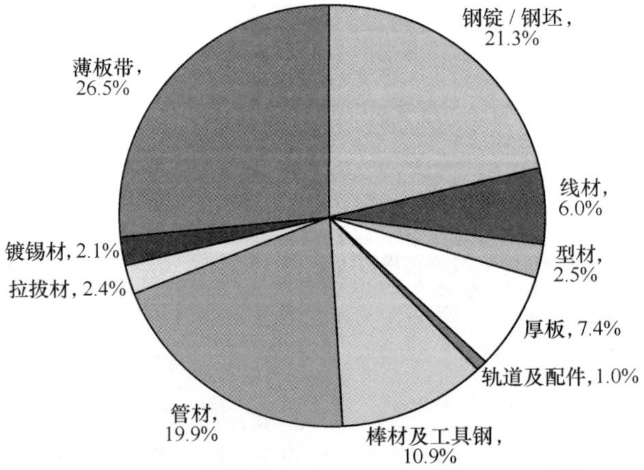

图 4-25　2001～2016 年美国钢材分品种进口细分情况（平均值）

（信息来源：AISI）

b 出口情况

2001~2016 年，美国出口钢材同样以碳钢为主（年均为717 万吨），占总钢材出口量的 68.7%~83.8%（平均为77.1%），其次为合金钢（年均为 164 万吨），占总钢材出口量的 11.9%~22.1%（平均为 17.3%），不锈钢进口量最少（年均为 53 万吨），占总钢材进口量的 4.4%~9.7%（平均为5.6%）。碳钢出口量整体出现下降，合金钢和不锈钢的出口量出现大幅增长，如表 4-25 所示。

表 4-25 2001~2016 年美国钢材出口情况

年份	碳钢		合金钢		不锈钢		钢材出口总量/万吨
	出口量/万吨	占比/%	出口量/万吨	占比/%	出口量/万吨	占比/%	
2001	446	80.1	86	15.4	25	4.5	557
2002	440	80.8	77	14.2	27	5.0	545
2003	625	83.8	88	11.9	33	4.4	746
2004	577	80.2	110	15.3	32	4.5	720
2005	683	80.2	140	16.4	37	4.4	852
2006	682	77.3	159	18.1	41	4.6	882
2007	794	78.5	164	16.2	54	5.3	1012
2008	961	78.6	204	16.7	57	4.7	1223
2009	659	78.3	135	16.1	48	5.7	842
2010	860	78.1	185	16.8	56	5.1	1100
2011	954	78.2	205	16.8	61	5.0	1221
2012	944	75.7	238	19.1	65	5.2	1247
2013	855	74.3	232	20.2	63	5.5	1151
2014	787	72.1	221	20.3	84	7.7	1093
2015	622	68.7	200	22.1	83	9.1	905
2016	587	69.5	176	20.8	82	9.7	845

信息来源：AISI。

另外，美国出口钢材细分品种情况如图 4-26 和图 4-27 所示，出口量最大的为薄板带材（年均为 353.7 万吨，平均占比为 37.9%），其次为厚板（年均为 160 万吨，平均占比为 17.1%）、管材（年均为 128.2 万吨，平均占比为 13.7%）、棒材及工具钢（平均占比为 12.3%）、型材（平均占比为 8.0%）、钢锭/钢坯（平均占比为 4.0%）、镀锡材（平均占比为 2.4%）、拉拔材（平均占比为 1.7%）、轨道及配件（平均占比为 1.6%）、线材（平均占比为 1.3%）。

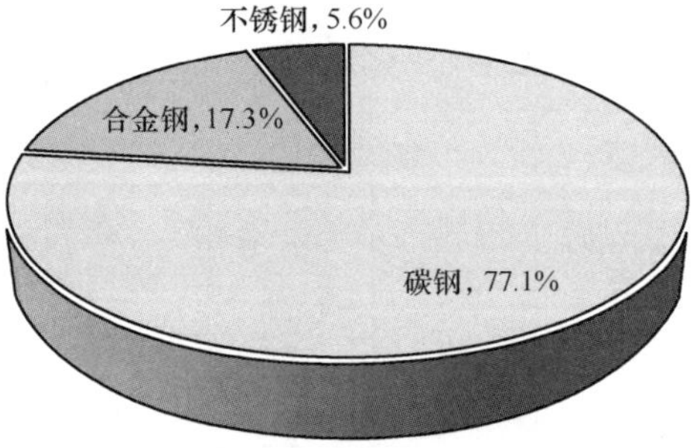

图 4-26　2000~2016 年美国钢材分品种出口比例情况（平均值）
（信息来源：AISI）

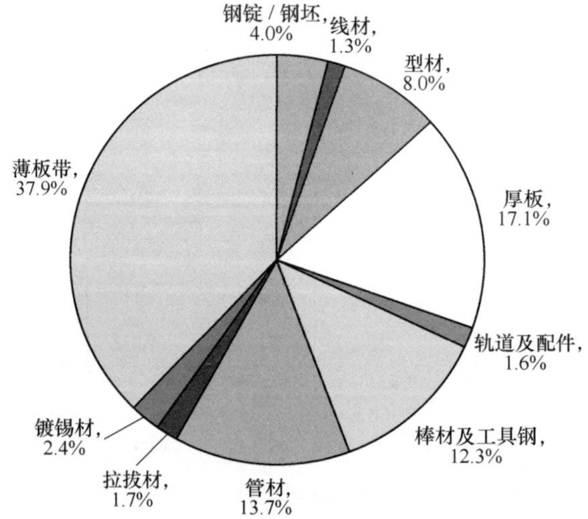

图 4-27　2000~2016 年美国钢材分品种出口细分情况（平均值）
（信息来源：AISI）

D 美国进出口钢材品种结构变化小结

a 进口情况

整体来看，1970~2016 年，美国进口钢材一直以碳钢为主，但碳钢进口占比呈明显下降趋势，其次为合金钢，其进口量和进口比例呈逐年上升趋势，最后为不锈钢，其进口量和进口比例与合金钢类似，呈逐年上升趋势，具体情况如下。

(1) 碳钢。美国碳钢进口情况如图 4-28 所示。1970~1990 年年均进口比例最大达到 91%~97%（年平均为 95%），碳钢年均进口量一直稳定在 1165 万~2260 万吨（年平均为 1557 万吨）；1991~2006 年碳钢进口量逐步增加并高位起伏，碳钢年进口量为 1237 万~3570 万吨（年平均为 2344 万吨），但碳钢进口比例出现快速下降，达到 81%~90%（年平均为 86%）；2007~2016 年碳钢进口量略有下降，达到 1186 万~3265 万吨（年平均为 2311 万吨），但碳钢进口占比下降到 79%~82%（平均为 81%）。其中进口量于 2006 年达到历史最高点，为 3570 万吨（进口占比为 87%）。

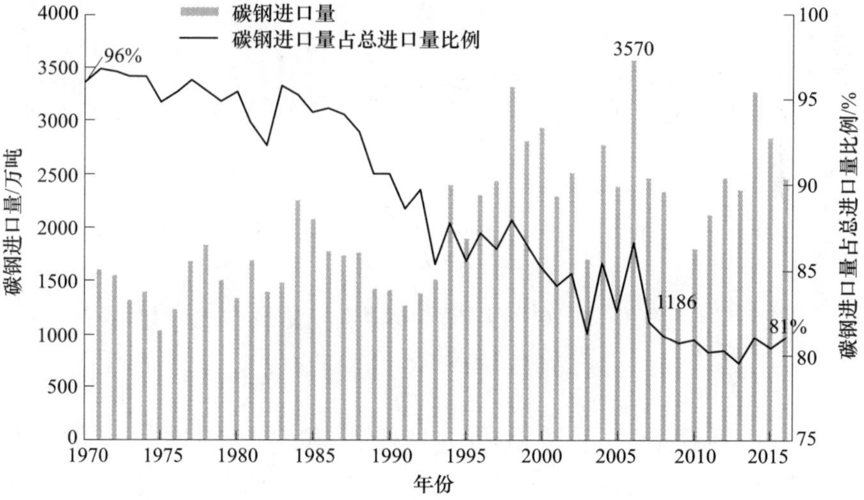

图 4-28 1970~2016 年美国碳钢进口量及占比变化情况

（信息来源：AISI）

（2）合金钢。1970~1992年年均进口量较小，为32万~129万吨（年均为73万吨），进口比例为3%~9%（年平均为4%），其中1985年首次突破100万吨（实际为102万吨）；1993年之后，合金钢进口量呈现快速大幅增长趋势，1993~2008年合金钢进口量为198万~435万吨（年平均为345万吨），合金钢进口比例出现快速上涨，达到9%~15%（年平均为12%）；2009年间受全球金融危机的影响，合金钢进口量下降明显，但随后又快速反弹，2009~2016年进口量达到229万~646万吨（年平均为457万吨），进口比例稳定在15%~17%（年平均为16%），其中2014年达到历史最高点，进口量达到646万吨（进口占比为16.1%），具体如图4-29所示。

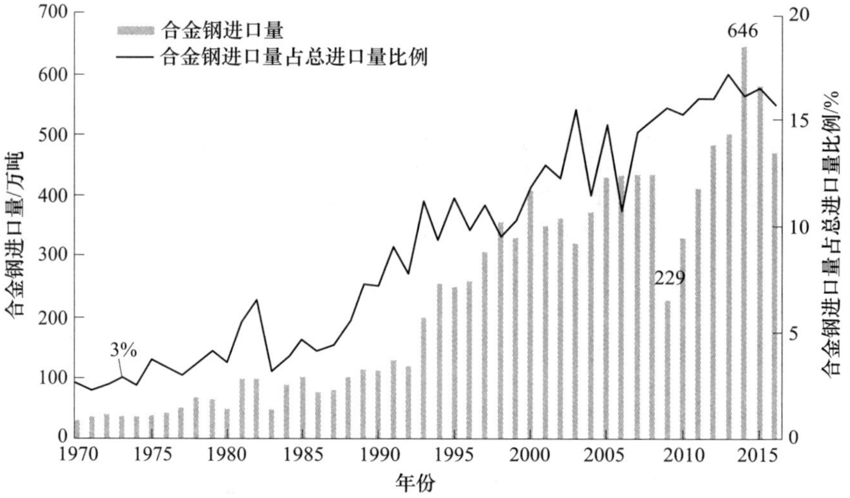

图4-29　1970~2016年美国合金钢进口量及占比变化情况
（信息来源：AISI）

（3）不锈钢。不锈钢的进口情况和合金钢比较类似，如图4-30所示。1970~1992年年均进口量较小，为12万~40万吨（年均为21万吨），进口比例为0.8%~2.6%（年平均为1.3%）；1993年之后，不锈钢进口量呈现快速大幅增长趋势，

1993～2008年合金钢进口量为61万～110万吨（年平均为89万吨），不锈钢进口比例出现快速上涨，达到2.5%～3.8%（年平均为3.1%）；2009年间受全球金融危机的影响，不锈钢进口量下降明显，但随后又快速反弹，2009～2016年进口量达到56万～115万吨（年平均为96万吨），进口比例稳定在2.8%～3.9%（年平均为3.5%），其中2012年达到历史最高点，进口量达到115万吨（进口占比3.8%）。

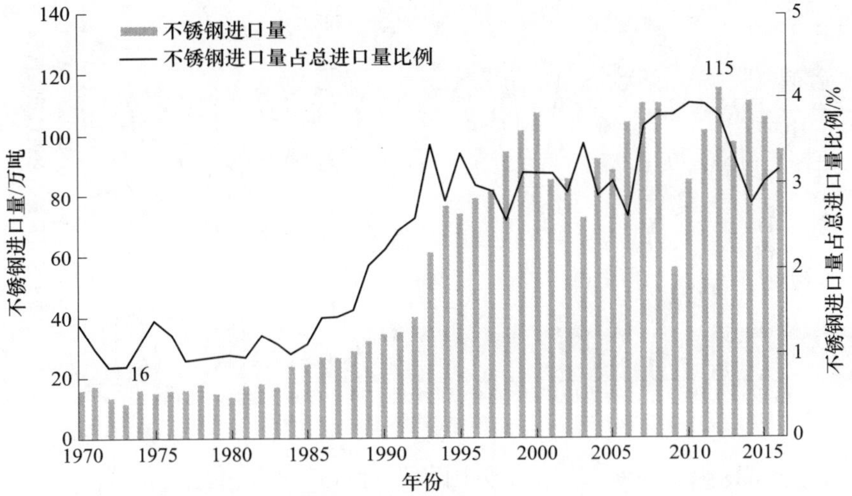

图4-30　1970～2016年美国不锈钢进口量及占比变化情况
（信息来源：AISI）

另外，从1964～2016年美国进口钢材的品种结构可见，美国进口的薄板带量最大（32%），其次管材（16.1%）、钢锭/钢坯（15.4%）、棒材及工具钢（9.6%）、厚板（8.3%）、线材（6.7%）、型材（5.3%）、拉拔材3.3%、镀锡材（2.3%）、轨道及配件（1%）。主要钢材品种的进口变化情况如下所述。

（1）薄板带材。美国薄板带材进口量及进口占比一直处在较高水平，1964～1993年美国薄板带材进口量为106万～

901 万吨（年均为 559 万吨），进口占比为 18. 1%～44. 1%（年均为 36. 2%）；1994 年之后进口量继续增长，其间因全球金融危机的影响出现短期回落，之后又快速增长到经济危机之前的水平，整个时间段内的进口量为 441 万～1382 万吨（年均为 845 万吨），进口占比为 22. 1%～37%（年均为 28. 6%）。具体如图 4-31 所示。

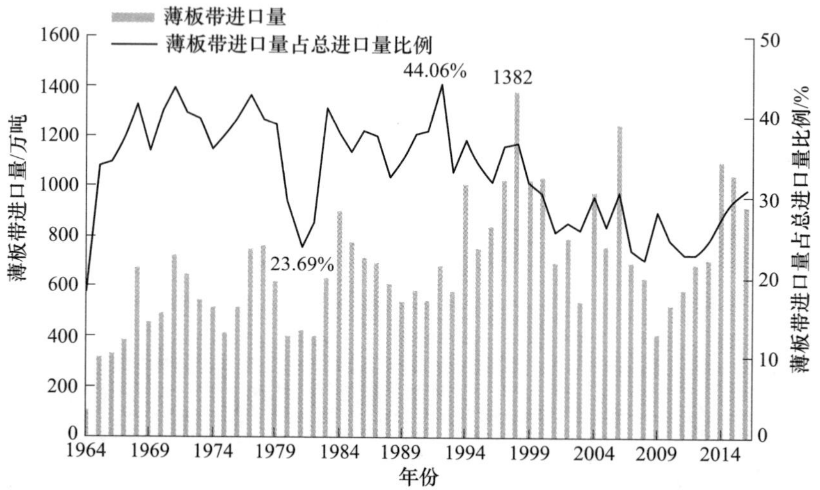

图 4-31　1964～2016 年美国薄板带进口量及占比变化情况
（信息来源：AISI）

（2）管材。美国管材进口量及进口占比呈现阶段增长趋势，且进口量较大。1964～1993 年美国管材进口量呈现第一个波峰起伏期，进口量为 72 万～596 万吨（年均为 233 万吨），进口占比为 9. 0%～33. 0%（年均为 14. 8%）；1994～2016 年美国管材进口量出现较大幅度增长，其间因全球金融危机的影响，2009 年进口量略有回落，之后迅速回升，整个时间段内的进口量为 208 万～888 万吨（年均为 488 万吨），进口占比为 8. 4%～30. 7%（年均为 17%）。具体如图 4-32 所示。

（3）钢锭/钢坯。1964～1983 年进口量较小，为 15 万～75

图 4-32 1964~2016 年美国管材进口量及占比变化情况
（信息来源：AISI）

万吨（年均为 30 万吨），进口占比为 1.0%~5.4%（年均为 2.3%）；1984~1992 年钢坯/钢锭进口量快速增长，进口量为 138 万~258 万吨（年均为 205 万吨），且保持稳定，进口占比由 5.8%增长到 14.2%（年均占比为 11.7%）；1993~2016 年钢坯/钢锭进口量处于高位起伏阶段，1993 年进口量快速增长到 453 万吨（占比达到 25.6%），之后钢坯/钢锭的进口量一直处于高位起伏阶段（除 2009 年因全球金融危机影响较大），整个时间段中钢锭/钢坯进口量为 437 万~960 万吨（年均为 626 万吨），占比为 16.3%~27.1%（年均为 21.6%），如图 4-33所示。

（4）棒材及工具钢。美国棒材及工具钢进口量呈现阶段增长趋势，但进口占比呈现起伏下降趋势。1964~1993 年美国棒材及工具钢进口量呈现低位缓慢下降趋势，进口量为72 万~217 万吨（年均为 129 万吨），进口占比逐年快速下降，由 18.2%快速下降到 4.8%（年均下降 9.1%）；1994~2016 年美国棒材及工具钢进口量出现较大幅度增长，其间因全球金融危机的影响，2009 年进口量出现短暂下降，之后迅速回升，整

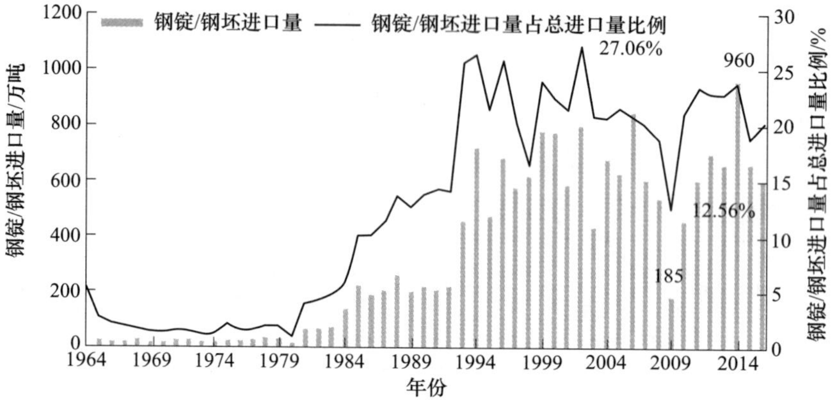

图 4-33　1964~2016 年美国钢锭/钢坯进口量及占比变化情况

（信息来源：AISI）

个时间段内的进口量为 129 万~464 万吨（年均为 306 万吨），进口占比为 6.7%~13.9%（年均为 10.4%）。具体如图 4-34 所示。

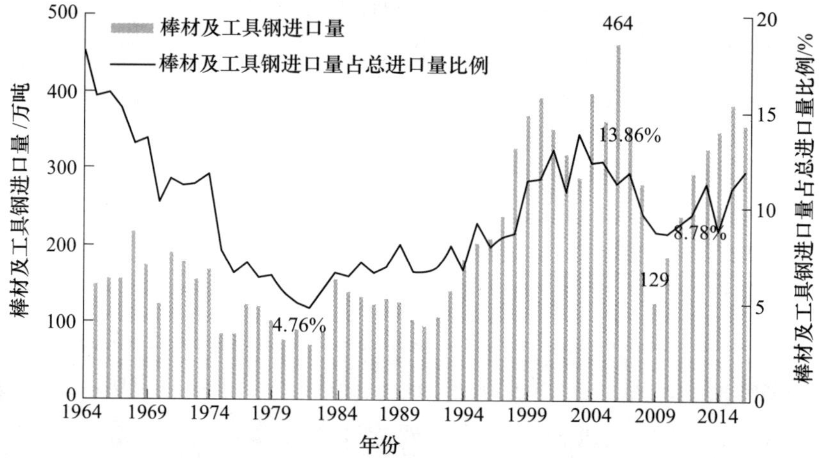

图 4-34　1964~2016 年美国棒材及工具钢进口量及占比变化情况

（信息来源：AISI）

（5）厚板。美国厚板进口情况如图 4-35 所示。

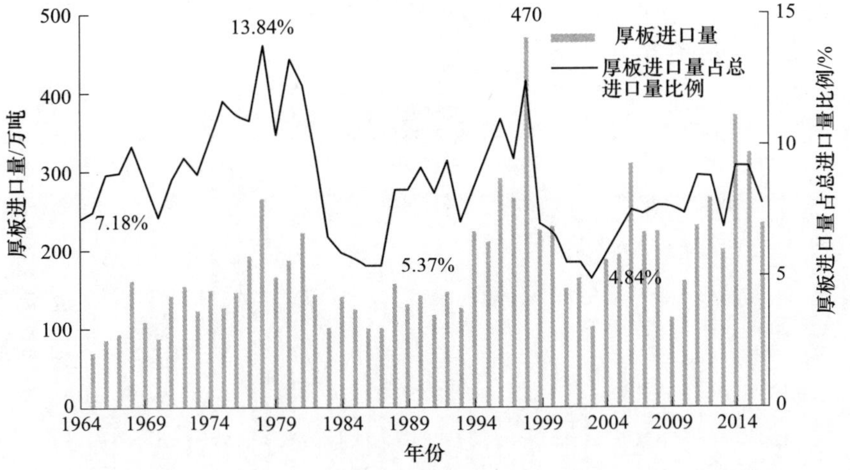

图 4-35 1964～2016 年美国厚板进口量及占比变化情况
（信息来源：AISI）

美国厚板进口量呈现周期性震荡上涨趋势，但厚板进口占比呈现震荡下降趋势。1964～1987 年美国厚板进口呈现第一个波峰起伏期，进口量为 42 万～265 万吨（年均为 135 万吨），厚板占比为 5.4%～11.7%（年均为 9.1%）；1988～2003 年美国厚板进口呈现第二个波峰起伏期，进口量为 102 万～470 万吨（年均为 197 万吨），进口占比为 4.8%～12.5%（年均为 8.2%）；2004～2016 年美国厚板进口呈现左侧增长期，进口量为 113 万～371 万吨（年均为 233 万吨），进口占比为 5.8%～9.2%（年均为 7.8%）。

（6）线材。1964～1993 年美国进口线材量呈周期性波动，进口量为 75 万～177 万吨（年均 112 万吨），进口占比由 14.8%震荡下降到 7%（年均 7.8%）；1994～2004 年线材进口量呈现阶段性快速增长，进口量为 112 万～342 万吨（年均 221 万吨），进口占比为 3.8%～10.7%（年均占比为 7.5%）；2009～2016 年线材进口量出现回落，进口量为 69 万～147 万吨

（年均 112 万吨），进口占比降低到 2.7%～5.5%（年均为 4.1%），如图 4-36 所示。

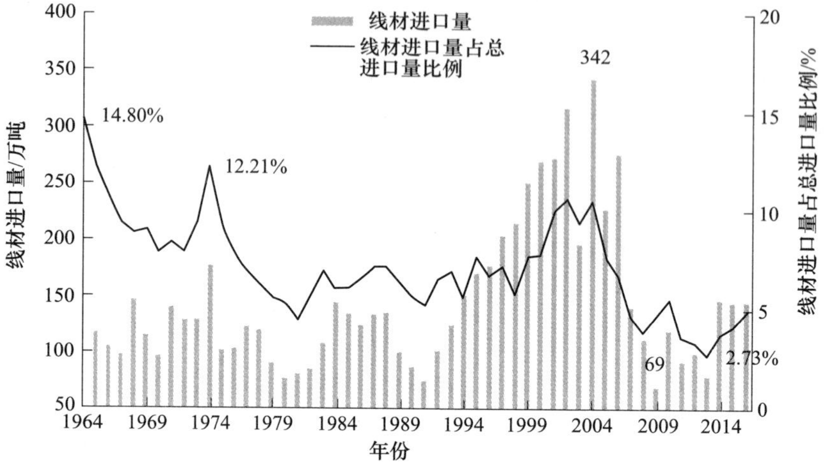

图 4-36　1964～2016 年美国线材进口量及占比变化情况

（信息来源：AISI）

（7）型材。美国型材进口量及进口占比呈现明显降低趋势。1964～1990 年美国进口型材量处于高位水平，进口量为 58 万～196 万吨（年均为 138 万吨），进口占比为 5.3%～11.8%（年均为 9.1%）；1991～2002 年型材进口量经历一个波峰起伏，进口量呈现阶段性快速增长，进口量为 47 万～272 万吨（年均为 107 万吨），进口占比为 2.7%～7.2%（年均占比为 3.9%）；2003～2016 年型材进口量在低位起伏，进口量为 52 万～104 万吨（年均为 72 万吨），进口占比降低到 1.7%～2.9%（年均为 2.5%），如图 4-37 所示。

b　出口情况

1970～2016 年，美国出口钢材也是一直以碳钢为主，且碳钢出口占比呈阶段性震荡下降趋势，其次为合金钢，其出口量呈明显上升趋势，出口占比则出现起伏增长趋势，最后为不锈钢，其出口量和出口比例与合金钢类似，呈逐年上升趋势，且

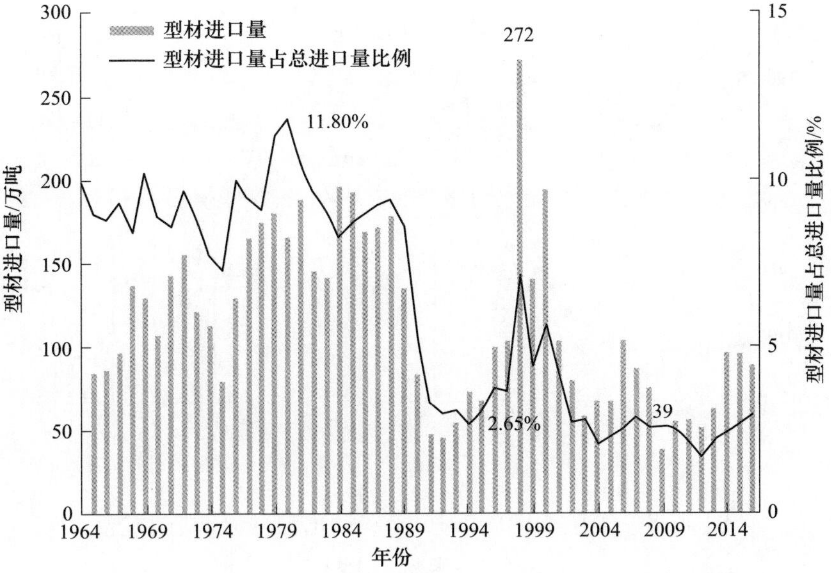

图 4-37　1964~2016 年美国型材进口量及占比变化情况

（信息来源：AISI）

增长幅度较大，具体情况如下。

（1）碳钢。1970~1987 年美国碳钢出口量呈现震荡下降趋势，出口量由 1970 年的 573 万吨迅速下降到 1986 年的 62 万吨（年均为 207 万吨），出口占比逐年快速下降，由 1971 年的 91.6%下降到 1987 年的 68.5%（年均为 79.8%）；1988 年碳钢出口量和出口占比快速触底反弹，之后碳钢出口量在波动中不断增长，但碳钢出口占比又逐年下降到 1988 年水平，1988~2016 年碳钢出口量为 136 万~961 万吨（年均为 565 万吨），出口占比为 68.7%~89.7%（年均为 79.7%），2016 年碳钢出口为 587 万吨（占比为 69.5%），具体情况如图 4-38 所示。

（2）合金钢。1970~2016 年美国合金钢出口情况如图 4-39所示。

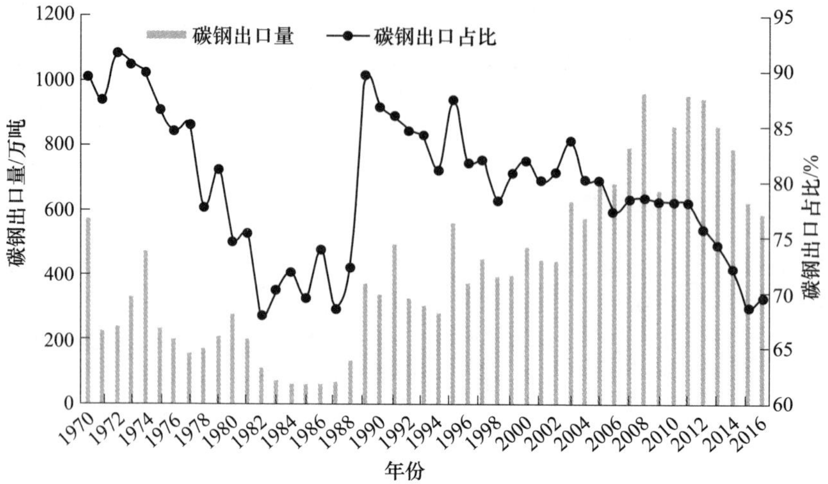

图 4-38　美国 1970～2016 年碳钢出口量及占比情况
（信息来源：AISI）

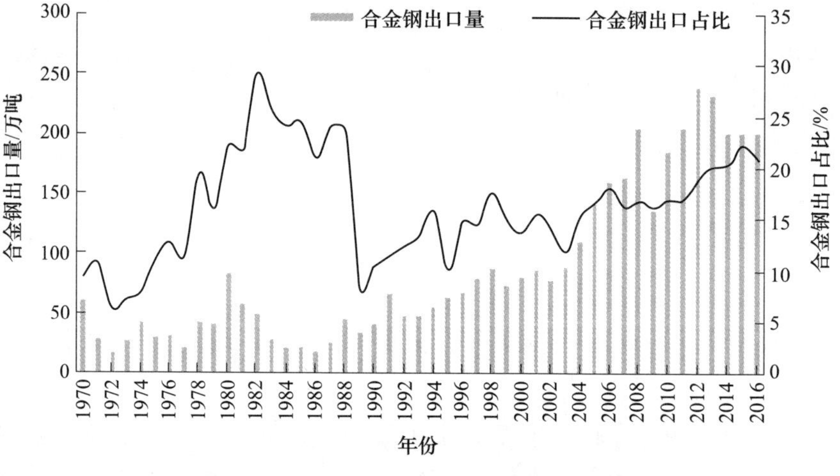

图 4-39　美国 1970～2016 年合金钢出口量及占比情况
（信息来源：AISI）

该阶段，出口量在低位起伏波动，出口量为 18 万～82 万吨（年均为 36 万吨），出口占比呈现起伏上升趋势，为

6.2%~29.2%（年均为16.4%）；1988~2016年合金钢出口呈现稳步增长趋势，出口量为33万~238万吨（年均为118万吨），出口占比为8%~23.6%（年均为15.7%），2016年碳钢出口为176万吨（占比为20.8%）。

（3）不锈钢。1970~1987年美国不锈钢出口量在低位波动，出口规模较小，出口量为4万~12万吨（年均为7万吨），出口占比呈现明显上升趋势，为1.2%~7.4%（年均为3.4%）；1988年不锈钢出口量开始快速稳步增长，出口占比逐年增长，1988~2016年不锈钢出口量为8万~84万吨（年均为36万吨），出口占比为2.2%~9.7%（年均为4.6%），2016年不锈钢出口为82万吨（占比为9.7%），具体情况如图4-40所示。

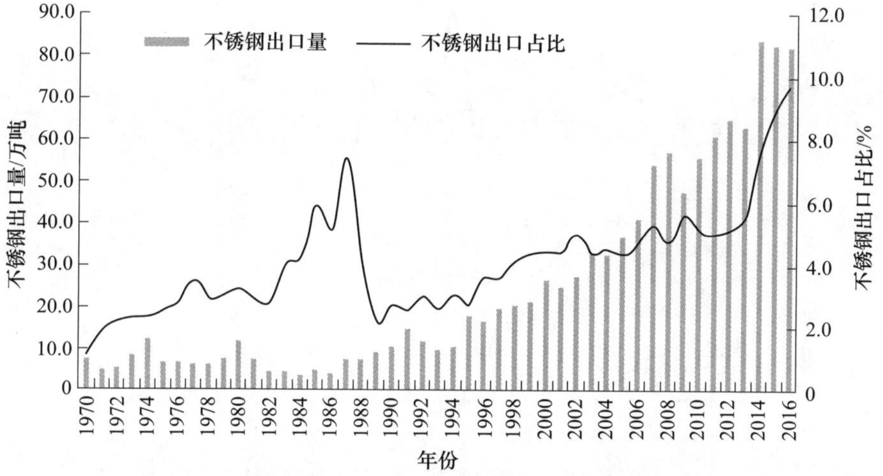

图4-40 美国1970~2016年不锈钢出口量及占比情况
（信息来源：AISI）

另外，从1964~2016年美国出口钢材的品种结构可见，美国出口的薄板带量最大（34.9%），其次为管材（14.4%）、厚板（13.1%）、棒材及工具钢（11.4%）、钢锭/钢坯

(8.4%)、型材(7.1%)、镀锡材(5.8%)、拉拔材(1.8%)、轨道及配件(1.7%)、线材(1.5%)。主要钢材品种的出口变化情况如下所述。

(1)薄板带。美国薄板带出口呈现阶段性增长趋势。1964~1987年薄板带处于相对低位水平，出口量为22.7万~193.7万吨（年均为63.1万吨），出口占比达到12.5%~36.2%（年均为23.9%）；1988年薄板带出口量出现大幅快速增长，并长期处于高位水平，1988~2016年出口量为85.6万~440.1万吨（年均为270.4万吨），出口占比为27.4%~52.2%（年均为37.7%），2016年薄板带出口量为397.1万吨（占比为47%），具体情况如图4-41所示。

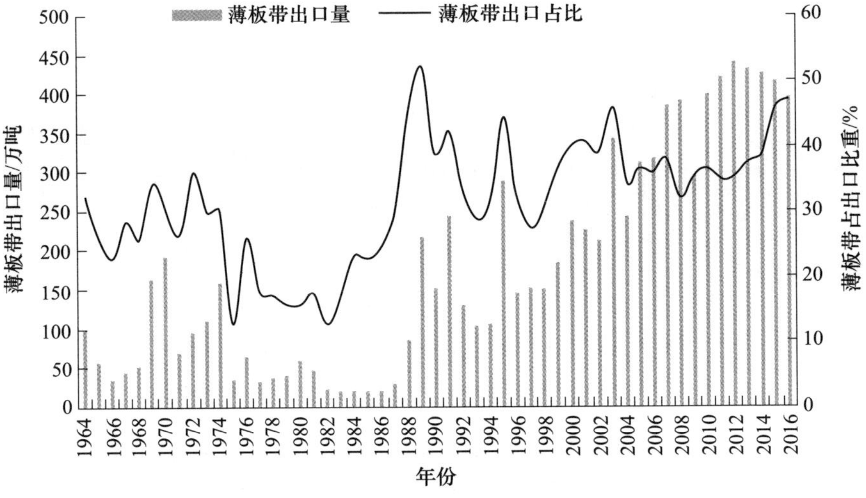

图4-41 美国1964~2016年薄板带出口量及占比情况

（信息来源：AISI）

(2)管材。1964~1988年管材出口量呈现第一个波峰起伏期，出口量为11.0万~92.0万吨（年均为35.9万吨），出口占比达到4.6%~36.3%（年均为16.1%）；1989开始管材出口量呈现快速增长并长期保持较高水平，1989~2016年出口量为 40.2 万~178.9 万吨（年均为 105.8 万吨），出口占比为 9.7%~16.6%（年均为 14.7%），2016 年管材出口量为 91.1 万吨（占比为 10.8%），具体情况如图 4-42 所示。

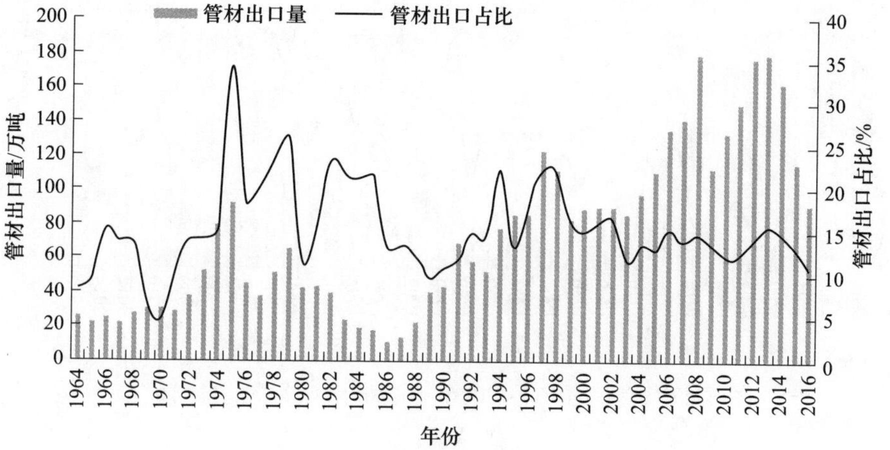

图 4-42　美国 1964~2016 年管材出口量及占比情况
（信息来源：AISI）

（3）厚板。美国厚板出口呈现稳步增长趋势。1964~1988 年美国厚板出口量处于低位起伏期，出口量为 5.4 万~38.7 万吨（年均为 13.1 万吨），出口占比达到 2.6%~9.0%（年均为 5.7%）；1989~2002 年厚板出口量出现第一个大幅增长阶段，出口量为 26.2 万~86.7 万吨（年均为 56 万吨），出口占比为 7.4%~14.6%（年均为 11.2%）；2003~2016 年厚板出口量出现第二个快速增长阶段，出口量为 108 万~236.2 万吨（年均为 172.3 万吨），出口占比为 14.5%~20.2%（年均为 17.5%），2016 年厚板出口量为 157 万吨（占比为 18.6%），具体情况如图 4-43 所示。

（4）棒材及工具钢。美国棒材及工具钢出口量从 1989 年开始出现快速增长。1964~1988 年棒材及工具钢出口量为 7.4 万~68.4 万吨（年均为 21.6 万吨），出口占比达到 4.6%~

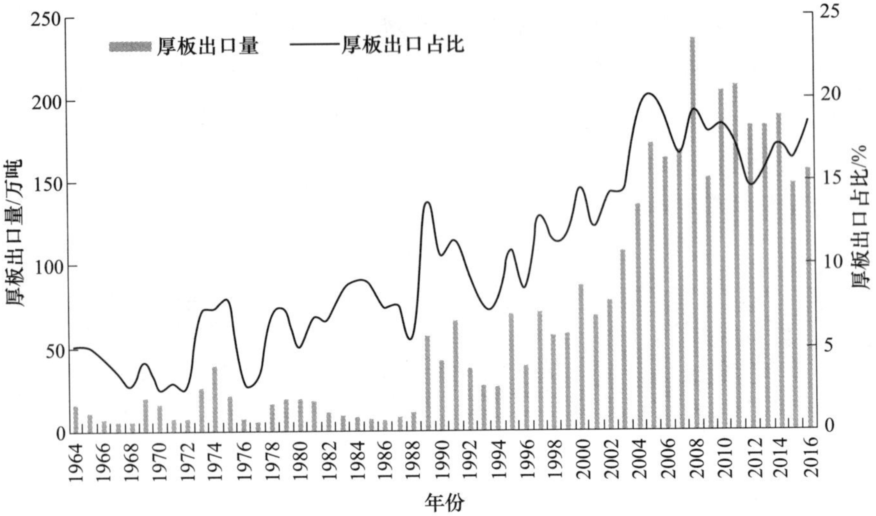

图 4-43　美国 1964~2016 年厚板出口量及占比情况

（信息来源：AISI）

14.2%（年均为 9.2%）；1989 年开始棒材及工具钢出口量呈现快速稳步增长，1989~2016 年出口量为 22.8 万~169.5 万吨（年均为 90.1 万吨），出口占比为 5.5%~16.1%（年均为 12.2%），2016 年棒材及工具钢出口量为 92.8 万吨（占比为 11.0%），具体情况如图 4-44 所示。

（5）钢锭/钢坯。美国钢锭/钢坯出口呈现阶梯下降趋势。1964~1982 年美国钢锭/钢坯出口量较大，为 21 万~289 万吨（年均为 65.2 万吨），出口占比达到 9.9%~45%（年均为 20.3%）；1983~1988 年出口量锐减为 5.3 万~9.3 万吨（年均为 7.0 万吨），出口占比为 3.0%~9.6%（年均为 6.9%）；1989~2016 年钢锭/钢坯出口量出现回升，但整体呈周期性小幅波动，出口量为 10 万~90 万吨（年均为 35 万吨），出口占比呈现阶段下降趋势，为 1.3%~13.5%（年均为 5.1%），2016 年钢锭/钢坯出口量为 11 万吨（占比为 1.3%），具体情况如图 4-45 所示。

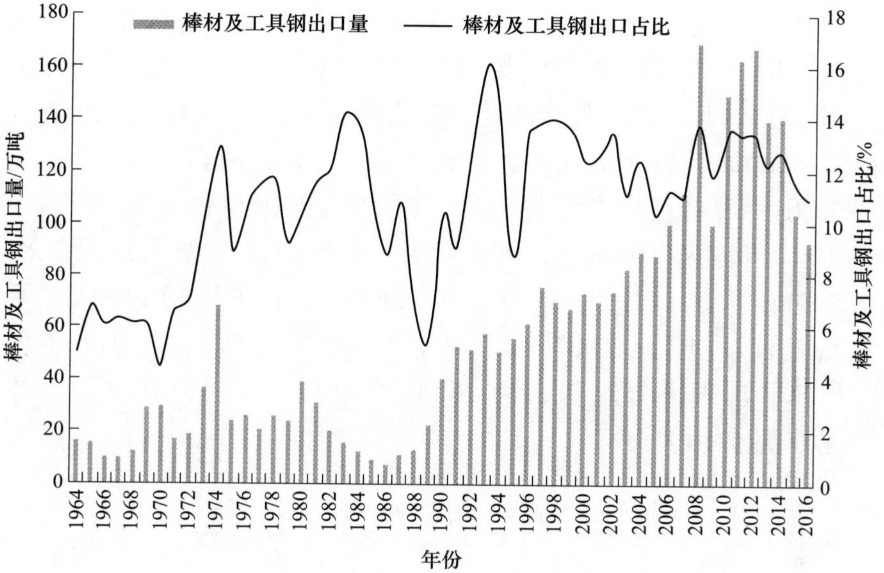

图 4-44 美国 1964~2016 年棒材及工具钢出口量及占比情况
（信息来源：AISI）

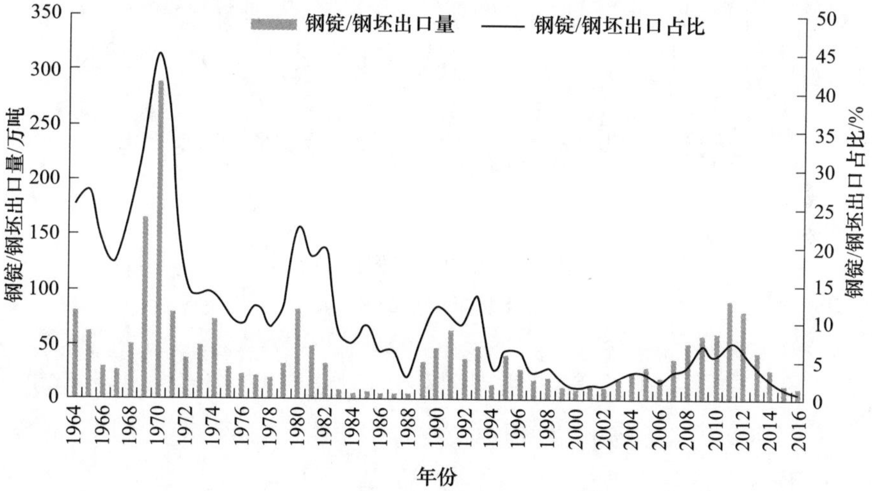

图 4-45 美国 1964~2016 年钢锭/钢坯出口量及占比情况
（信息来源：AISI）

(6) 型材。美国型材出口呈现阶梯上涨趋势。1964~1988年美国型材出口量处于低位徘徊期，出口量为3万~33万吨(年均为12万吨)，出口占比达到2.7%~9.4%(年均为5%)；1989~2002年型材出口量出现第一个增长阶段，出口量为15.4万~46.4万吨(年均为33.7万吨)，出口占比为3.7%~9.7%(年均为7.0%)；2003~2016年型材出口量出现第二个增长阶段，出口量为45.4万~120.9万吨(年均为80.4万吨)，出口占比为5.4%~10.1%(年均为8.0%)，2016年型材出口量出现下降趋势，为45.4万吨(占比为5.4%)，具体情况如图4-46所示。

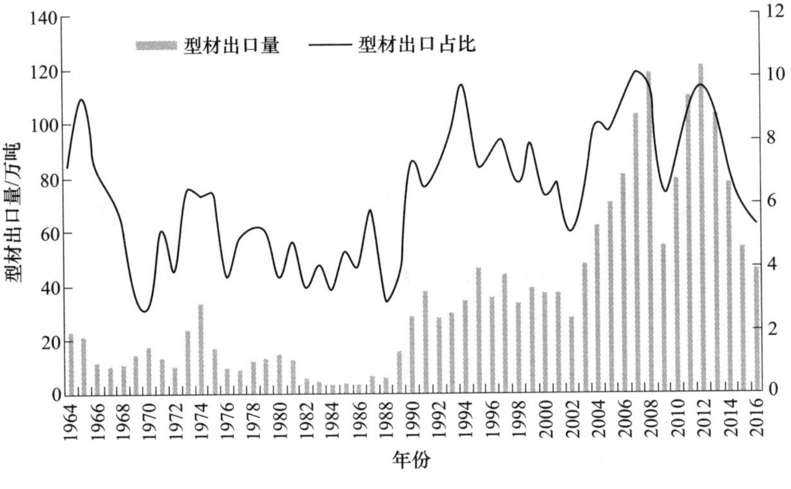

图4-46　美国1964~2016年型材出口量及占比情况
(信息来源：AISI)

(7) 镀锡材。美国镀锡材出口呈现阶段性下降趋势。1964~1983年镀锡材出口量及出口占比均较大，出口量为22.6万~80.4万吨(年均为37.3万吨)，出口占比达到7.7%~21.6%(年均为14.6%)；1984年镀锡材出口下滑到阶段最低点，之后出现阶段性起伏，1984~2016年出口量为11.6万~39.1万吨(年均为24.3万吨)，出口占比为1.2%~

30.1%（年均为 6.6%），2016 年镀锡材出口量为 11.7 万吨（占比为 1.4%），具体情况如图 4-47 所示。

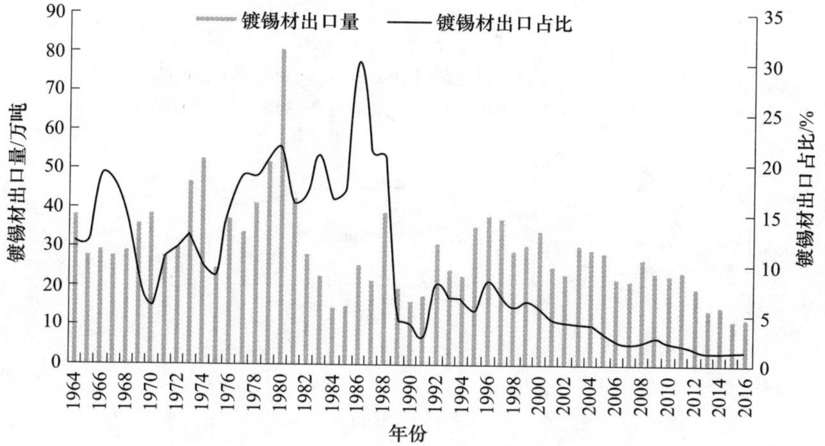

图 4-47 美国 1964～2016 年镀锡材出口量及占比情况
（信息来源：AISI）

4.1.2.2 美国钢材进出口价格变化趋势分析

2008～2017 年美国及北美地区扁平材进口价格情况如图 4-48 所示。

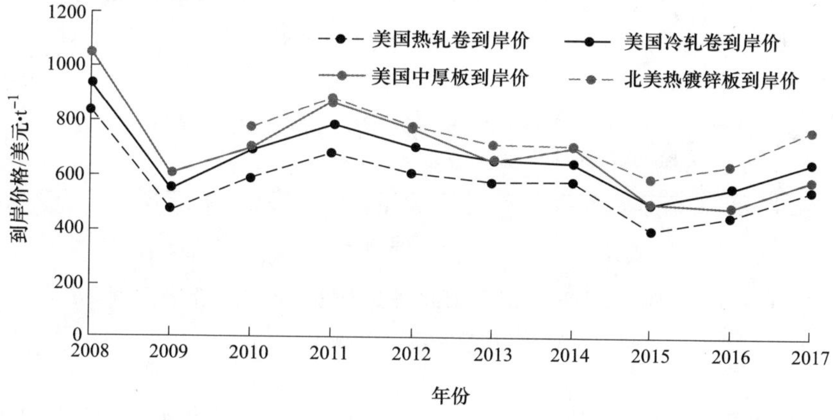

图 4-48 2008～2017 年美国及北美地区扁平材进口价格情况
（信息来源：Platts）

2010~2017 年北美地区不锈钢进口价格情况如图 4-49 所示。

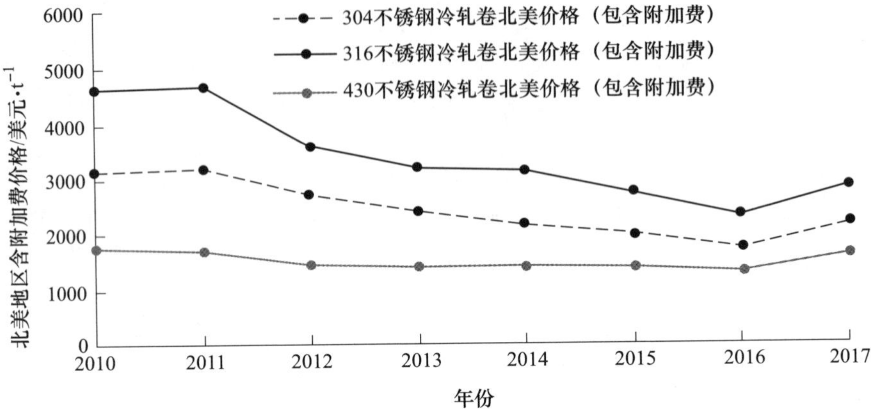

图 4-49 2010~2017 年北美地区不锈钢进口价格情况

2013~2017 年北美地区钢管进口价格情况如图 4-50 所示。

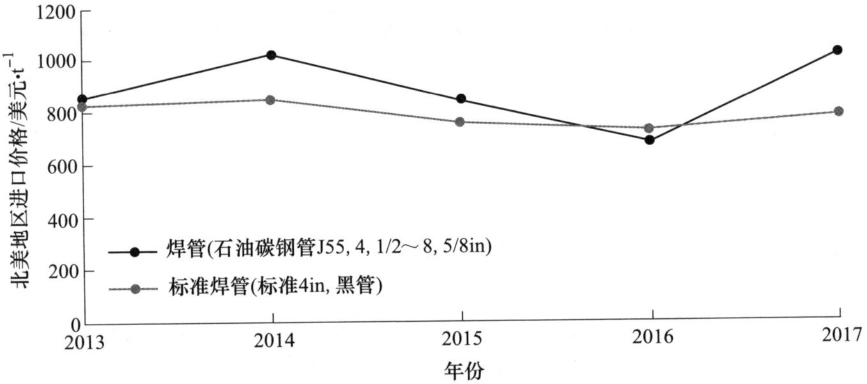

图 4-50 2013~2017 年北美地区钢管进口价格情况

（信息来源：Platts）

2008~2017 年北美地区中型宽翼缘型钢价格情况如图 4-51 所示。

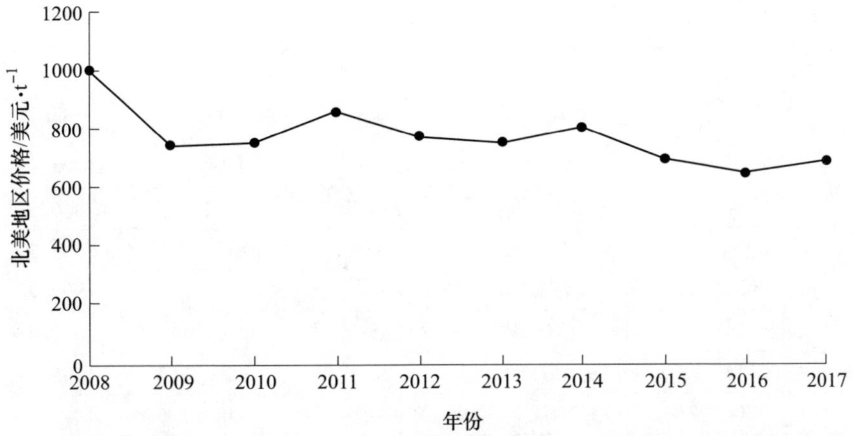

图 4-51 2008~2017 年北美地区中型宽翼缘型钢价格情况
（信息来源：Platts）

根据 ISSB 统计数据分析（见表 4-26），美国进口钢材中单价较贵的主要是附加值较高、加工工艺较复杂的品种，如管件、锻造材、铸钢、冷轧窄带、无缝管、光亮材、模锻材、电工钢、焊管、热轧板、冷拔线材等。

表 4-26 美国进口钢材分品种价格情况（部分年份） （美元/t）

钢材品种	年份			
	1996	2000	2005	2009
锭/半成品	306.2	292.6	533.2	625.6
热轧线材及钢筋	496.7	539.8	609.6	828.6
冷拔线材	1087.6	979.5	1181.0	1495.8
热轧钢筋及扁平材	572.5	495.8	797.0	1108.1
锻造材	2775.7	2021.2	3881.4	3432.4
光亮材	1382.6	1263.1	1914.3	2585.5
热轧宽带	392.2	333.6	595.0	647.2
热轧板	475.2	535.3	1037.2	1530.7
冷轧板	654.9	635.3	997.2	1043.2

续表 4-26

钢材品种	年份			
	1996	2000	2005	2009
热轧窄带	650. 8	612. 6	873. 5	1024. 9
冷轧窄带	2021. 0	2274. 5	2454. 8	2806. 8
电工钢	950. 7	783. 9	1335. 7	2033. 2
镀锌材	713. 7	639. 9	787. 9	1307. 7
无缝管	1358. 1	1055. 3	1503. 1	2670. 4
焊管	661. 3	609. 6	973. 5	1535. 7
管件	2504. 0	2924. 9	3484. 7	4883. 3
模锻	1931. 1	—	1583. 1	2553. 9
铸钢	1957. 3	1555. 7	1697. 8	2905. 0
钢材平均	529. 3	508. 0	833. 4	1317. 7

信息来源：ISSB。

4. 1. 3 美国钢铁进出口变化原因分析

1973 年和 1980 年出现的两次能源危机，动摇了国际货币体系，造成了世界性经济大萧条，是 1975 年以后全世界钢铁生产严重衰退的直接原因。在能源危机冲击下，根据国力与国情的不同，贫困国家遭受的痛苦要比富裕国家深刻，西欧各国的境况远不如美国，而能源几乎全靠进口的日本则审时度势，率先行动，致力于节能工作。

1980 年日本用于节能设备的费用占钢铁总投资 50% 以上，从 20 世纪 70 年代后期开始，日本对钢铁的投资就不再强调增产，而是着重于提高效率、减少消耗、降低成本、提高自动化水平和改善环境保护，从而在钢铁生产严重衰退时期，提高钢材在国际市场上的竞争能力。

与日本在第二次世界大战后建立的新钢铁工业不同，美国的钢铁公司大多是将原有一些设备现代化，并扩大它们的生产能力。在这之前的20多年中，美国的钢铁公司已耗资近400亿美元，其中至少有320亿~340亿美元花费在钢铁工厂和原材料的改善上。

当时这种情况之所以出现，主要是由于美国各公司在当时能得到大量投资的条件下，准备进行全部生产设备现代化。在20世纪60年代到70年代初，钢铁工业的空前繁荣，使美国的大小钢铁厂家都满怀信心，要进一步扩大生产能力，根本没有什么要关闭工厂和淘汰设备的想法。而1981年后期困扰着钢铁工业的经济大萧条却一直持续到1984年初，巨额的财政损失，迫使美国的钢铁生产厂家不得不对未来的计划重做考虑；投资的风险增大，造成现代化和更新设备难以为继，其后果是出现了设备逐步陈旧过时的恶性循环，大大削减了竞争能力。

另外，20世纪80年代后期，随着冷战结束和日本、欧洲经济的迅速崛起，美国的经济战略发生了重大变化，开始把重心转到发展高新技术产业上。产业的转移造成钢铁行业固定资产投资增速的下降，设备的更新和维护出现滞后，最后变成落后产能。同时，美国进入工业化后期，钢铁需求增速下滑，制造业及钢铁工业的地位不断下降。

此外，自20世纪60年代开始美国钢铁企业国际竞争力已经开始下降，受进口冲击较大。美国钢铁企业生产成本（尤其是劳动力成本）高、生产技术路线落后、产业政策调整执行力差以及西欧和日本钢铁企业不断崛起，是美国钢铁工业竞争力不断下降的原因。而美国政府对钢铁业的各种直接补贴和优惠政策也是造成美国钢铁产业产能过剩、竞争力下滑的重要原因之一。

综合可见，美国钢材贸易从长期净出口转变为长期净进口，主要原因有以下几方面：

（1）产业竞争力下降。美国钢铁企业生产成本（尤其是劳动力成本）高、生产技术路线落后、产业政策调整执行力差以及日本和西欧钢铁企业不断崛起，是美国钢铁工业竞争力不断下降的原因，钢材市场受到日本、德国、法国等钢铁产品的进口冲击较大。

（2）美国政府取消美国钢铁的钢材定价权，同时没有工会的私人企业崛起，冲击了美国钢铁市场。

（3）产业政策调整：美国的经济战略发生了重大变化，开始把重心转到发展高新技术产业上，钢铁行业固定资产投资增速下降，设备的更新和维护出现滞后，最后变成落后产能。

4.1.4 小结

1973~2016 年，美国钢材一直保持为净进口状态，年平均进口量为 2327 万吨，年平均出口量为 549 万吨，年平均净进口 1777 万吨，尤其是 1983~1988 年，钢材进口迅猛，进口量/出口量达到了 10.1~26.7 倍（平均为 19.6），其他年份钢材进口量/出口量也达到了 2.0~9.6 倍（平均为 4.6）。美国钢材进出口量情况如图 4-52 和图 4-53 所示。

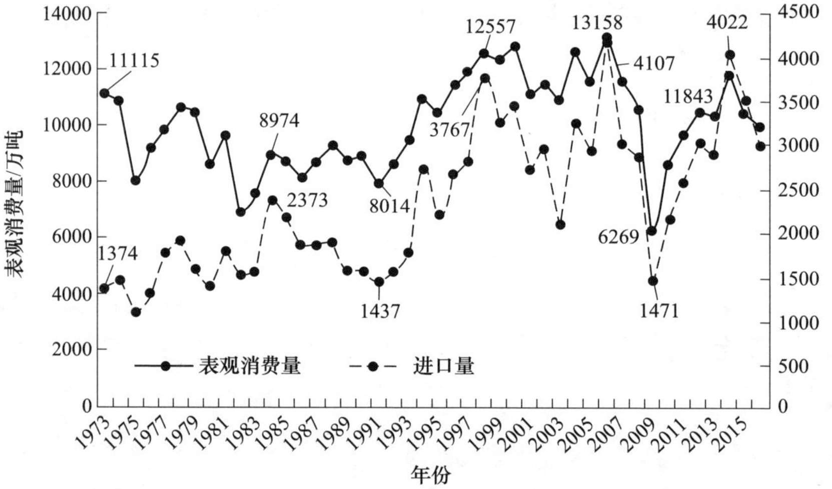

图 4-52 1973~2016 年美国钢材进口量与表观消费情况

（信息来源：AISI）

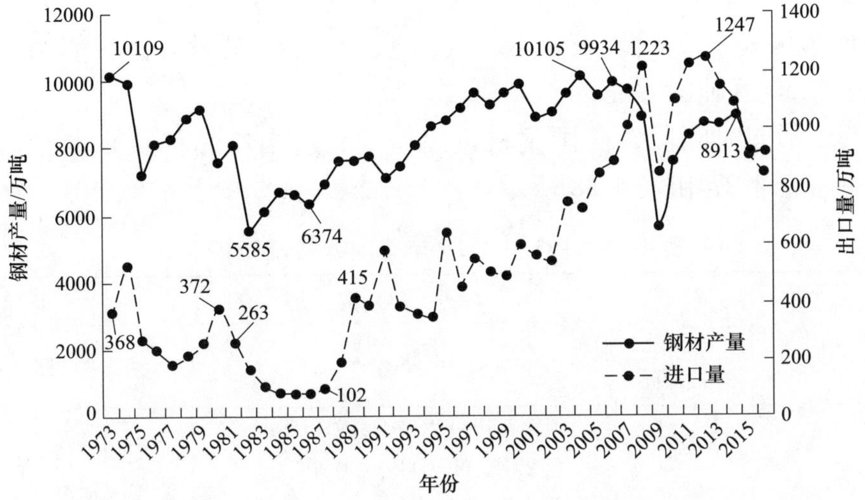

图 4-53　1973~2016 年美国钢材出口量与钢材产量变化情况
（信息来源：AISI）

（1）在钢材进口方面：1973~1982 年，美国钢材表观消费量呈现下降趋势，而钢材进口量却呈现增长趋势，1983~1991 年，美国钢材表观消费基本保持平稳状态，而钢材进口量却呈现明显下降趋势，1992~1998 年，美国钢材表观消费量和钢材进口量快速增长，并于 1998 年达到阶段峰值，分别为 1.26 亿吨和 3767 万吨，1999 年之后，美国钢材表观消费量和钢材进口量表现出同步增长和下降的变化规律，呈现出周期性的波动情况。

（2）在钢材出口方面：1973~1987 年，美国钢材产量不断下降，钢材出口量也不断萎缩，长期处于低位水平；1988~2008 年，美国钢材产量呈现明显增长趋势，钢材出口量也随之快速增长；2009 年受经济危机影响钢材产量和出口量出现短暂的同步回落，之后迅速回升，出口量于 2012 年达到历史峰值 1247 万吨，然后出现明显下降趋势，目前回落在 845 万吨水平，而美国钢材产量自 2009 年经济危机影响后逐步回升，于 2014 年达到阶段峰值 8913 万吨，然后出现回落，目前回落在 7850 万吨的水平。

不同时间段，美国钢材进出口量、进出口品种及来源的流向如表 4-27 和表 4-28 所示。

表 4-27　1973～2016 年美国钢材进口情况

年份	进口情况		
	进口量/万吨	主要品种	主要进口地
1973～1982	1090～1917（平均 1519）	碳钢：1444 万吨/a，95.1%； 合金钢：60 万吨/a，3.9%； 不锈钢：16 万吨/a，1.1%	日本、联邦德国、加拿大、法国、比利时、韩国、意大利、西班牙、英国、荷兰
		品种： 薄板带材，536 万吨/a，35.3%； 管材，284 万吨/a，18.7%； 厚板，172 万吨/a，11.3%	
1983～2000	1437～3767（平均 2250）	碳钢：2010 万吨/a，90.4%； 合金钢：186 万吨/a，7.5%； 不锈钢：64 万吨/a，2.1%	日本、加拿大、德国、俄罗斯、巴西、法国、韩国、比利时、意大利、墨西哥
		品种： 薄板带材，798 万吨/a，35.5%； 钢锭/钢坯，389 万吨/a，17.3%； 管材，274 万吨/a，12.2%	
2001～2016	1471～4107（平均 2918）	碳钢：2398 万吨/a，82.6%； 合金钢：425 万吨/a，14.3%； 不锈钢：95 万吨/a，3.1%	加拿大、墨西哥、巴西、俄罗斯、韩国、土耳其、德国、日本、中国、越南
		品种： 薄板带材，773 万吨/a，26.5%； 钢锭/钢坯，662 万吨/a，21.3%； 管材，582 万吨/a，19.9%	

信息来源：AISI。

表 4-28 1973~2016 年间美国钢材出口情况

年份	出口情况		
	出口量/万吨	主要品种	主要出口地
1973~1982	167~529（平均 287）	碳钢：237 万吨/a，81.3%； 合金钢：42 万吨/a，15.8%； 不锈钢：8 万吨/a，2.9%	加拿大、巴西、墨西哥、阿根廷、中国大陆、委内瑞拉、意大利、巴基斯坦、中国台湾
		品种： 薄板带材，59.9 万吨/a，20.9%； 管材，54.6 万吨/a，19.1%； 镀锡材，43.9 万吨/a，15.3%	
1983~2000	84~642（平均 354）	碳钢：291 万吨/a，79.5%； 合金钢：50 万吨/a，16.6%； 不锈钢：12 万吨/a，3.9%	加拿大、墨西哥、意大利、日本、韩国、中国台湾
		品种： 薄板带材，127.4 万吨/a，36.4%； 管材，56.6 万吨/a，16.0%； 棒材及工具钢，41.5 万吨/a，11.7%	
2001~2016	545~1247（平均 934）	碳钢：717 万吨/a，77.1%； 合金钢：164 万吨/a，17.3%； 不锈钢：53 万吨/a，5.6%	加拿大、墨西哥
		品种： 薄板带材，353.7 万吨/a，37.9%； 厚板，160 万吨/a，17.1%； 管材，128.2 万吨/a，13.7%	

信息来源：AISI。

（1）进口情况：1973~1982 年，美国年均进口钢材 1519 万吨，碳钢占 95.1%以上，合金钢占 3.9%，不锈钢占 1.1%，其中以薄板带材、管材和厚板为主，主要进口地是日本、西德、加拿大、法国、比利时、韩国、意大利、西班牙、英国、荷兰；1983~2000年，美国年均进口钢材2250万吨，碳钢占90.4%以上，合金钢占7.5%，不锈钢占2.1%，其中以薄板带材、钢锭/钢坯和管材为主，主要进口地是日本、加拿大、德国、俄罗斯、巴西、法国、韩国、比利时、意大利、墨西哥；2001~2016年，美国年均进口钢材2918万吨，碳钢占82.6%以上，合金钢占14.3%，不锈钢占3.1%，其中以薄板带材、钢锭/钢坯和管材为主，主要进口地是加拿大、墨西哥、巴西、俄罗斯、韩国、土耳其、德国、日本、中国、越南。可见，美国钢材进口量整体呈上涨趋势，进口碳钢量最大，但碳钢进口份额逐渐下降，合金钢和不锈钢呈上涨趋势，进口来源地变化较大，前期以日本为主，后期以加拿大为主。

（2）出口情况：1973~1982年，美国年均出口钢材287万吨，碳钢占81.3%以上，合金钢占15.8%，不锈钢占2.9%，其中以薄板带材、管材和镀锡材为主，主要出口地是加拿大、巴西、墨西哥、阿根廷、中国大陆、委内瑞拉、意大利、巴基斯坦、中国台湾；1983~2000年，美国年均出口钢材354万吨，碳钢占79.5%以上，合金钢占16.6%，不锈钢占3.9%，其中以薄板带材、管材和板材及工具钢为主，主要出口地是加拿大、墨西哥、意大利、日本、韩国、中国台湾；2001~2016年，美国年均出口钢材934万吨，碳钢占77.1%以上，合金钢占17.3%，不锈钢占5.6%，其中以薄板带材、厚板和管材为主，主要出口地是加拿大、墨西哥。可见，美国钢材出口量整体呈上涨趋势，出口碳钢量最大，但碳钢出口份额逐渐下降，合金钢和不锈钢呈上涨趋势，出口目的地主要以加拿大和墨西哥为主。

（3）废钢进出口：美国废钢进出口情况正好与钢材进出口情况相反，1973~2016年美国废钢年均出口量为1016万吨，年均进口量为189万吨，废钢出口/进口平均为9.7倍，其中，

1973~1989 年废钢出口量是进口量的 9.7~43.2 倍（平均为 18 倍），年均出口量为 778 万吨，年均进口量仅为 52 万吨。

4.2　中国钢铁进出口变化情况

4.2.1　中国钢铁进出口量总体变化

中国钢材进出口变化情况如图 4-54~图 4-56 所示。中国钢材贸易大致可以分成三个阶段：1949~1978 年为钢材贸易的停滞期，1979~2004 年为钢材贸易的增长期，2005~2015 年为钢材贸易的快速发展期。

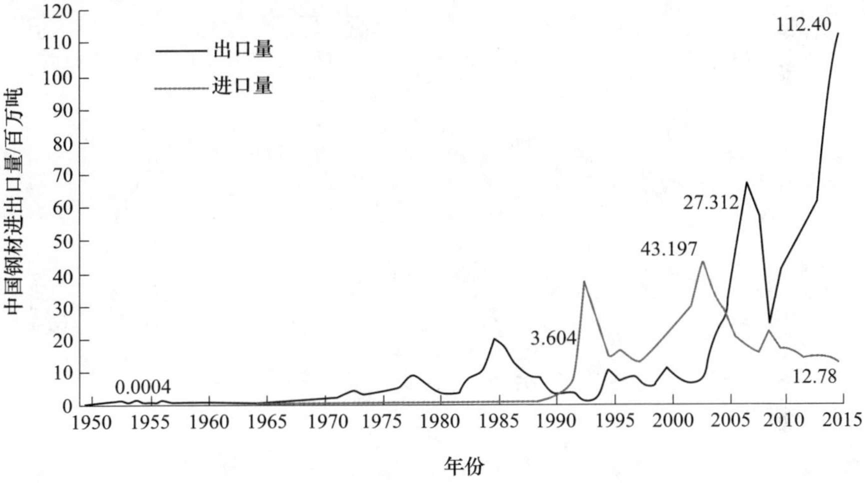

图 4-54　中国钢材进出口变化情况（1950~2015）
（信息来源：WSA、《中国钢铁统计》1987）

（1）1949~1978 年。中国抗战胜利后，钢铁工业发展缓慢，工艺技术落后，且又连续受到朝鲜战争、越南战争和十年“文化大革命”的影响，钢材贸易量很小，主要以进口为主，期间年均钢材进口量为 193 万吨（占世界钢材贸易量的

2.2%)，年均钢材出口量仅为 25 万吨（占世界钢材贸易量的 0.3%）。

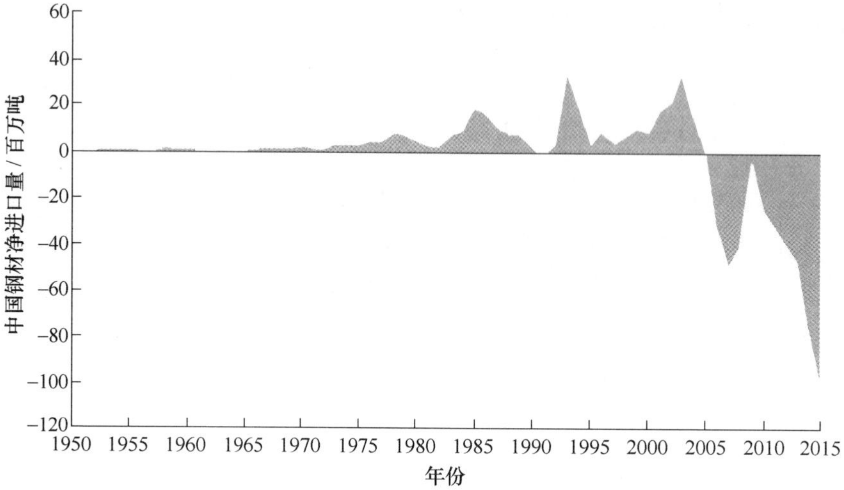

图 4-55　中国钢材净进口情况（1950~2015）

（信息来源：WSA、《中国钢铁统计》1987）

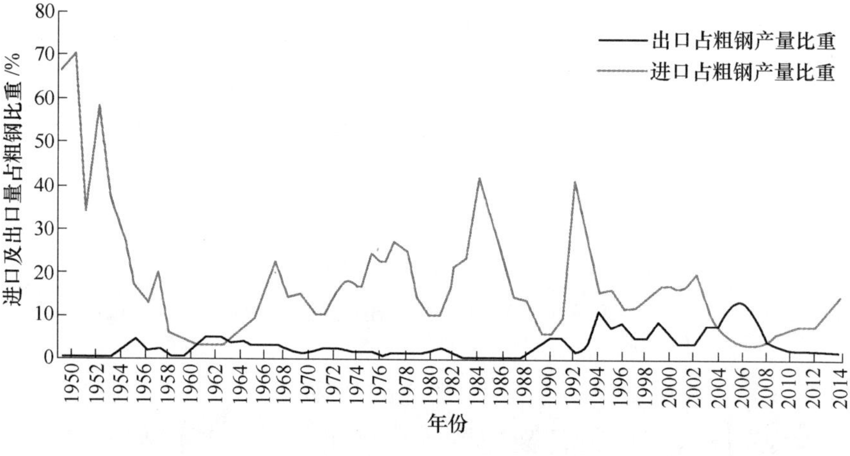

图 4-56　中国钢材进出口占粗钢产量比重变化情况（1950~2015）

（信息来源：WSA、《中国钢铁统计》1987）

（2）1979~2004 年。中国改革开放以后，钢铁工业得到大力发展，尤其是连铸工艺在国内的快速推进，中国钢材产量和钢材进出口量都得到了大幅增长，但由于国内钢材市场需求快速放大，中国钢材贸易仍以进口为主，不过钢材净进口量逐渐减少，期间年均钢材进口量为 1579 万吨（占世界钢材贸易量的 5.2%），年均钢材出口量为 424 万吨（占世界钢材贸易量的 1.2%）。

（3）2005~2015 年。2005 年中国钢材贸易首次由净进口转变为净出口型，2008 年，受世界金融危机影响，出口量回落，之后又快速恢复增长趋势，而钢材进口量从 2004 年（4320 万吨）快速下降，随后则基本稳定在 1420 万吨水平。期间年均钢材出口量为 5245 万吨（占世界钢材贸易量的 9.7%），钢材年均进口量约为 1789 万吨（占世界钢材贸易量的 3.4%），其中 2014 年钢材出口达到最大，为 9291 万吨（占世界钢材贸易量的 15.8%）。

统计数据显示，2001 年以来，中国钢材进出口增长明显，无论是进口还是出口都呈现了较大幅度增长。2003 年开始，钢材进口逐渐减少，出口增长幅度越来越大，2006 年开始由钢材净进口国转变为净出口国。我国钢材出口量由 2001 年的 380 万吨增加至 2015 年和 2016 年的 11240 和 10849 万吨，年出口量超过了 1 亿吨。

4.2.2 中国钢铁分品种进出口分析

4.2.2.1 分品种进出口量变化

A 进口情况

从 2001~2017 年中国钢材分品种进口情况来看，中国进口钢材一直以板材为主（占进口钢材总量的 85.8%），其次是棒材（占进口钢材总量的 5.8%）、管材（占进口钢材总量的

4.0%)、角钢及型钢（占进口钢材总量的2.4%）。另外，不锈钢板进口占进口钢材总量的7.1%，硅钢进口占进口钢材总量的4.9%，整体来看进口钢材总量及各品种钢材的进口量均呈现下降趋势，具体情况如下。

（1）板材。2001～2005年中国板材进口量为1488万～3325万吨（年均为2337万吨），进口占比为85.7%～89.5%（年均为87.7%）；2006～2017年进口量出现回落并保持长期稳定为1005万～1553万吨（年均为1271万吨），进口占比逐年下降为82.5%～86.6%（年均为84.3%），2017年板材进口量为1005万吨（占比为83.1%），具体情况如图4-57所示。

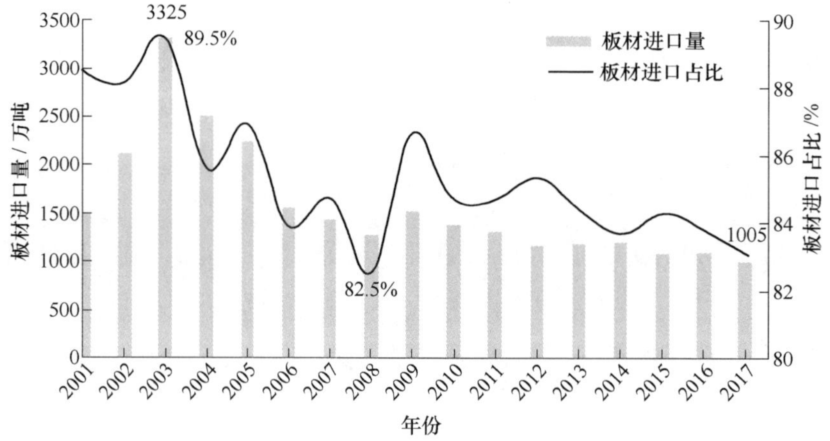

图4-57　2001～2017年中国板材进口量及占比变化情况
（信息来源：CISA）

（2）棒材。2001～2017年中国棒材进口量保持稳定为74万～138万吨（年均为107万吨），进口占比逐年上升为3.3%～9.1%（年均为6.3%），2017年棒材进口量为111万吨（占比为9.1%），具体情况如图4-58所示。

（3）管材。2001～2008年中国管材进口量为81万～137万吨（年均为107万吨），进口占比为3.0%～6.9%（年均为

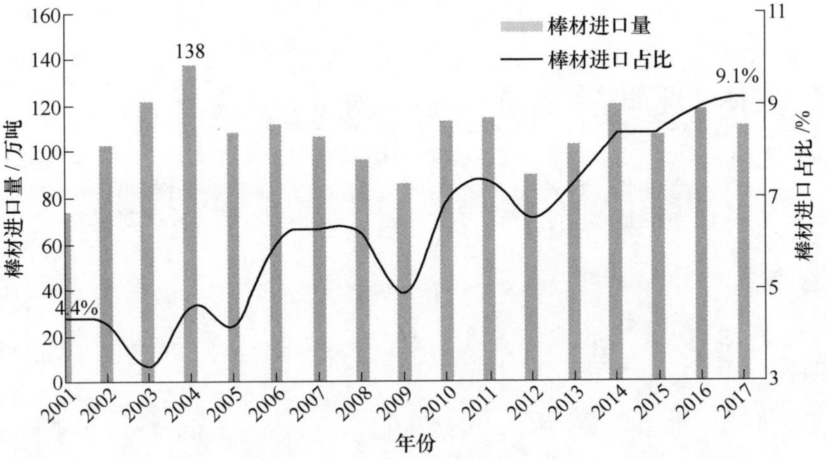

图 4-58 2001~2017 年中国棒材进口量及占比变化情况
（信息来源：CISA）

4.9%）；2009~2017 年管材进口量快速下降并保持长期稳定为 38 万~63 万吨（年均为 46 万吨），进口占比为 2.9%~3.6%（年均为 3.1%），2017 年管材进口量为 38 万吨（占比为 3.1%），具体情况如图 4-59 所示。其中，焊管和无缝管的进

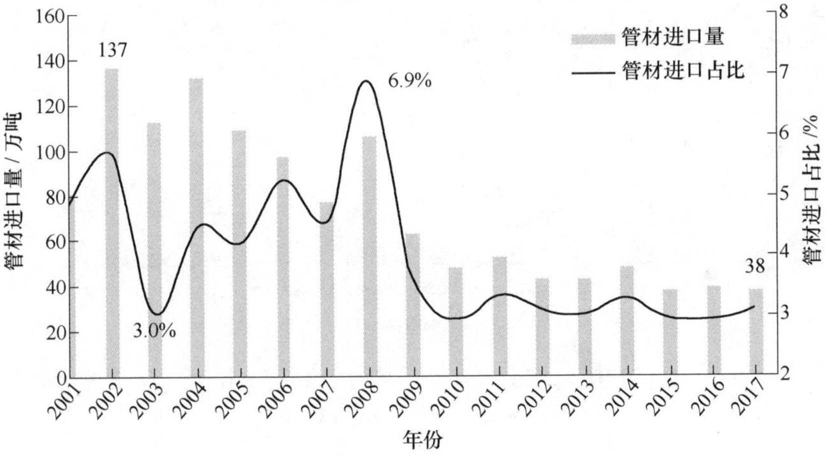

图 4-59 2001~2017 年中国管材进口量及占比变化情况
（信息来源：CISA）

口量及进口占比变化趋势与管材进口情况相似，2015 年以前进口无缝管相对较多，2015 年及以后焊管进口量略高于无缝管，具体情况如图 4-60 和图 4-61 所示。

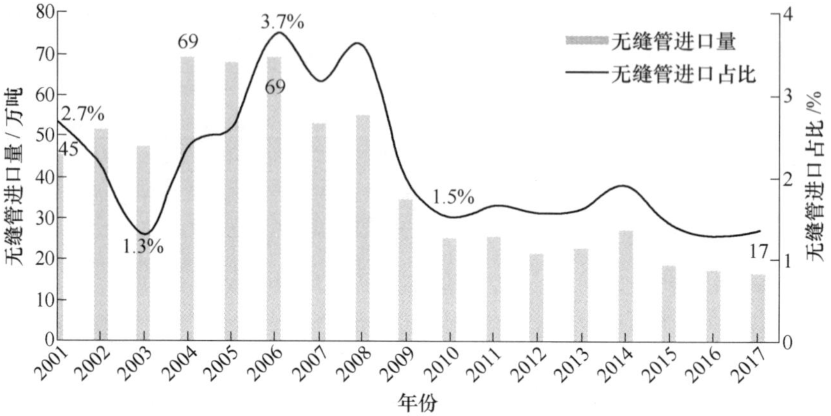

图 4-60　2001～2017 年中国无缝管进口量及占比变化情况
（信息来源：CISA）

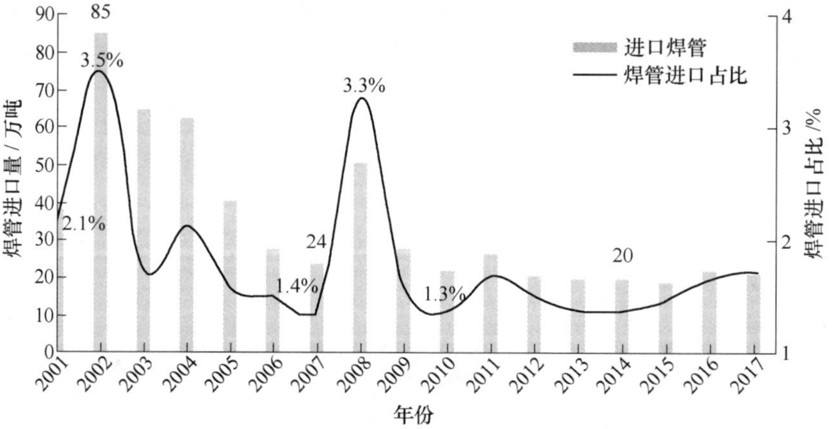

图 4-61　2001～2017 年中国焊管进口量及占比变化情况
（信息来源：CISA）

（4）角钢及型钢。2001～2005 年中国角钢及型钢进口量为 40 万~86 万吨（年均为 63 万吨），进口占比为 1.9%~2.8%（年均为 2.4%）；2006~2017 年进口量出现回落并保持长期稳定，稳定在 32 万~42 万吨（年均为 35 万吨），进口占比为 1.9%~2.8%（年均为 2.4%），2017 年角钢及型钢进口量为 34 万吨（占比 2.8%），具体情况如图 4-62 所示。

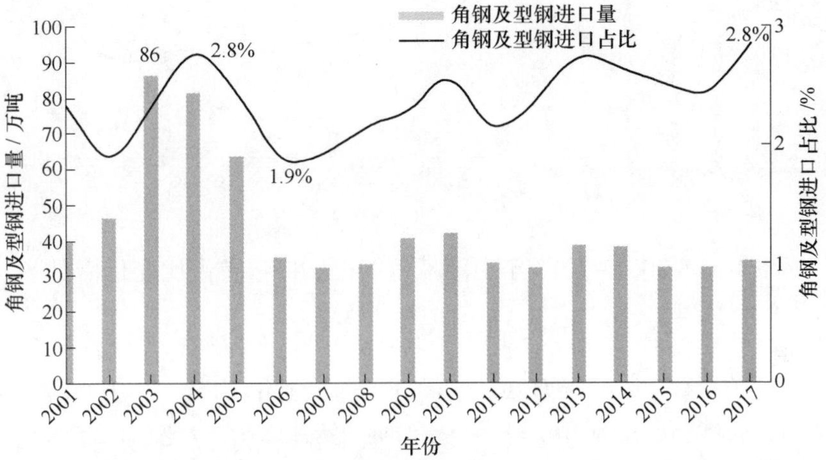

图 4-62 2001~2017 年中国角钢及型材进口量及占比变化情况
（信息来源：CISA）

（5）不锈钢板。2001~2005 年中国不锈钢进口量及进口占比呈现明显上升趋势，进口量为 152 万~290 万吨（年均为 242 万吨），进口占比为 7.4%~11.2%（年均为 9.3%）；2006 年开始，不锈钢进口量及进口占比呈现快速下降趋势，2006~2017 年进口量为由 211 万吨下降为 50 万吨，期间年均进口量为 86 万吨，进口占比逐年下降，由 11.4%下降为 3.8%（年均下降 5.5%），2017 年不锈钢进口量为 57 万吨（占比为 4.7%），具体情况如图 4-63 所示。

（6）硅钢。2001~2011 年中国硅钢进口量为 85 万~164 万吨（年均为 109 万吨），进口占比为 3.9%~6.8%（年均为 5.3%）；2012 年之后，硅钢进口量及进口占比逐年快速下降，

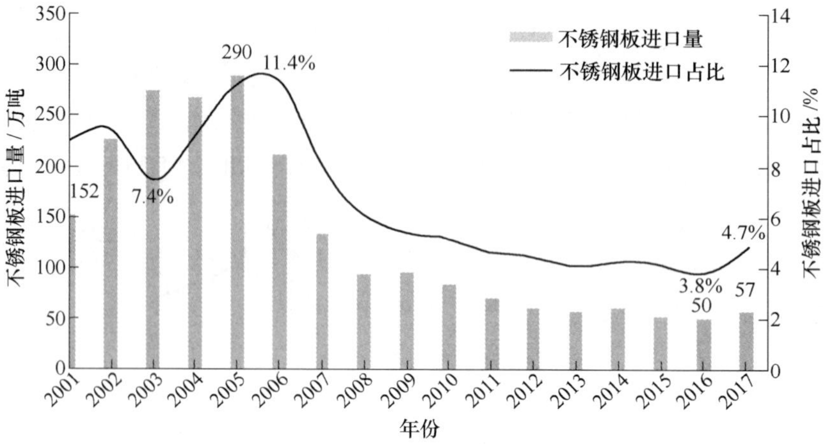

图 4-63 2001~2017 年中国不锈钢板进口量及占比变化情况

（信息来源：CISA）

2012~2017 年进口量为 39 万~71 万吨（年均为 55 万吨），进口占比为 3. 2%~5. 2%（年均为 4. 1%），2017 年硅钢进口量为 39 万吨（占比为 3. 2%），具体情况如图 4-64 所示。

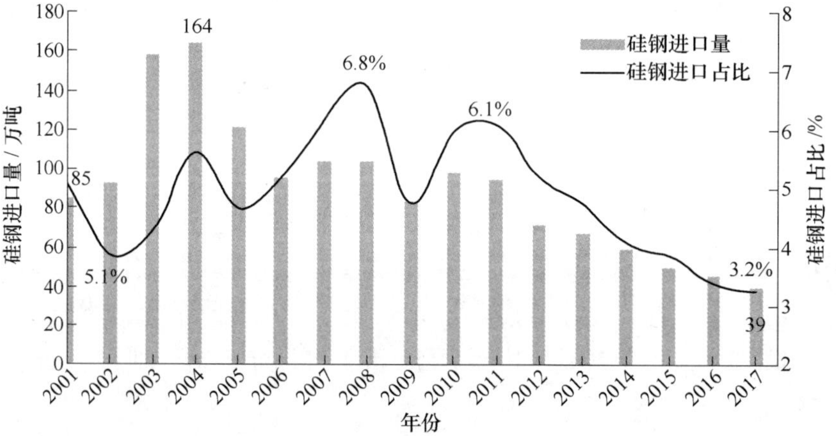

图 4-64 2001~2017 年中国硅钢进口量及占比变化情况

（信息来源：CISA）

B 出口情况

从2001~2017年中国钢材分品种出口情况来看，中国出口钢材一直以板材为主（占出口钢材总量的47.4%），其次是棒材（占进口钢材总量的27.6%），管材（占出口钢材总量的13.7%），角钢及型钢（占出口钢材总量的5.5%）。另外，不锈钢板出口占出口钢材总量的2.6%，硅钢出口占出口钢材总量的0.4%，整体来看出口钢材总量及各品种钢材的出口量趋势为前期快速增长，后来逐渐回落，具体情况如下。

（1）板材。2001~2003年中国板材出口量保持在低位水平，为175.7万~182.2万吨（年均为179.1万吨），出口占比为46.3%~26.2%（年均为37.9%）；2004年之后板材出口呈现快速增长趋势，其间2009年因全球经济危机的影响出现短暂回落，之后又迅速恢复增长，2004~2016年板材出口量为578.5万~4846.1万吨（年均为2690.2万吨），出口占比为40.7%~58.3%（年均为47%），2017年板材出口量又出现一定回落，为3699.6万吨（占比为57.4%），具体情况如图4-65所示。

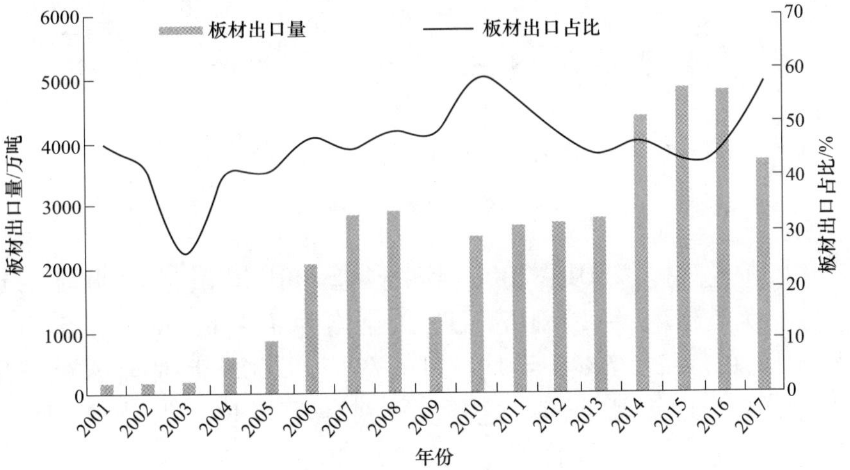

图4-65 2001~2017年中国板材出口量及出口占比

（信息来源：CISA）

（2）棒材。2001～2008 年中国棒材出口呈现明显增长趋势，年出口量为 94.2 万～1624.8 万吨（年均为 691.1 万吨），出口占比反而出现下降趋势，由 34.4%降至 21.3%（年均为 28.3%）；2009 年棒材出口受全球经济危机的影响快速下落到最低点的 247 万吨（占比为 10%），之后棒材又迅速恢复出口，2010～2016 年棒材出口量为 518.9 万～4389.1 万吨（年均为 2239.2 万吨），出口占比为 12.2%～39%（年均为 26.3%），2017 年棒材出口又出现较大回落，出口量为 1397.7 万吨（占比为 21.7%），具体情况如图 4-66 所示。

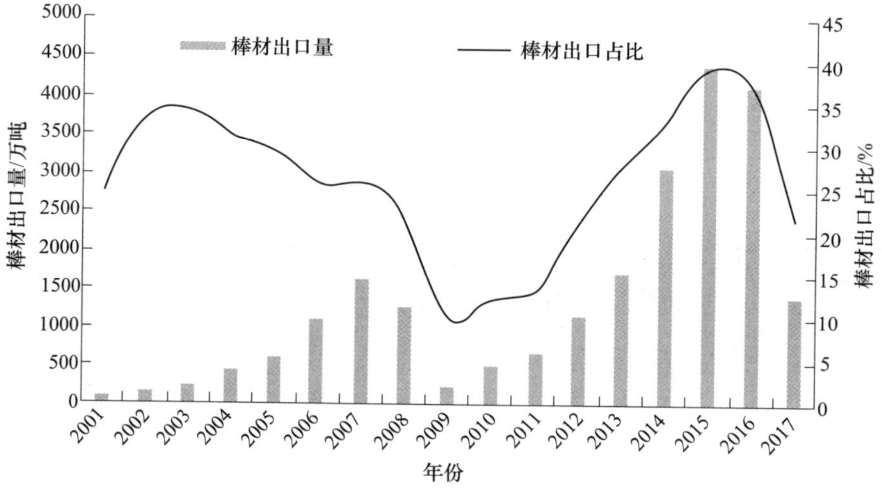

图 4-66　2001～2017 年中国棒材出口量及出口占比
（信息来源：CISA）

（3）管材。2001～2008 年中国管材出口量呈现明显增长趋势，为 67.7 万～1063.7 万吨（年均为 434.8 万吨），出口占比为 14.6%～20.7%（年均为 16.7%）；2009 年因全球经济危机的影响出现短暂回落，之后又迅速恢复增长并保持阶段高位稳定，2009～2016 年管材出口量为 626 万～1005.8 万吨（年均为 896.4 万吨），出口占比呈现明显下降趋势，为 8.9%～25.4%（年均为 15.3%），2017 年管材出口量又出现一定回落，为724万吨（占比为11.2%），具体情况如图4-67所示。另外，无缝管和焊管出口量及出口占比的变化呈现类似变化，其中无缝管出口量为焊管出口量的1.2倍，具体情况如图4-68和图4-69所示。

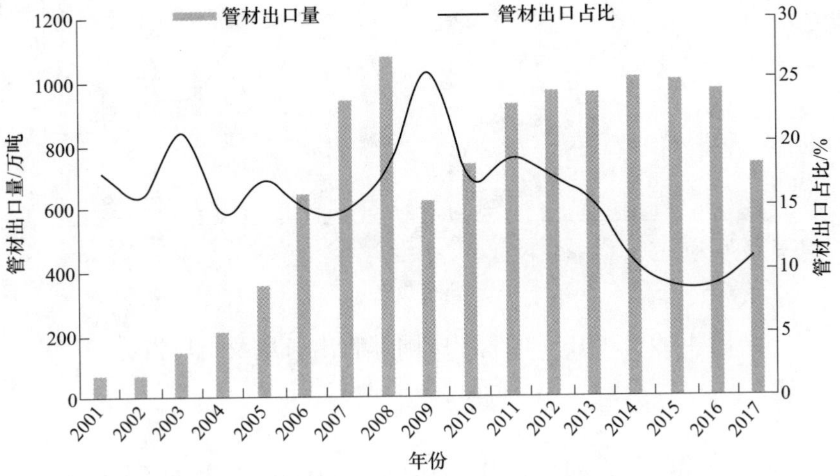

图4-67 2001~2017年中国管材出口量及出口占比

（信息来源：CISA）

图4-68 2001~2017年中国无缝管出口量及出口占比

（信息来源：CISA）

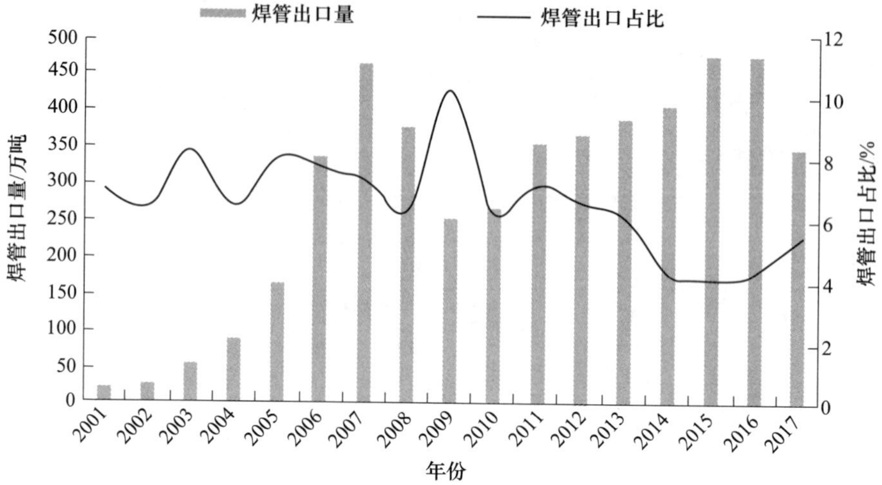

图 4-69　2001~2017 年中国焊管出口量及出口占比

（信息来源：CISA）

（4）角钢及型钢。2001~2008 年中国角钢及型钢出口量出现一个明显增长阶段，出口量为 41.7 万~559.7 万吨（年均为 181.9 万吨），出口占比出现一定下降，为 3.8%~11%（年均为 6.8%）；2009 年角钢及型钢出口受全球经济危机的影响快速下落到最低点的 132 万吨（占比为 5.4%），之后又迅速恢复出口，2010~2016 年角钢及型钢出口量为 207.7 万~524.2 万吨（年均为 385.1 万吨），出口占比为 4.6%~6.6%（年均为 5.3%），2017 年角钢及型钢出口又出现较大回落，出口量为 277.6 万吨（占比为 4.3%），具体情况如图 4-70 所示。

（5）不锈钢板。中国不锈钢板出口呈现阶段式增长趋势。2001~2008 年中国不锈钢板出口量由 1.6 万吨增长到 93.4 万吨（年均为 34.9 万吨），出口占比由 0.4% 增长到 1.5%；2009 年因全球经济危机的影响出现短暂回落，之后又迅速恢复较快增长，2009~2017 年不锈钢板出口量为 46.3 万~318.3 万吨（年均为 205.1 万吨），出口占比为 1.9%~4.2%（年均

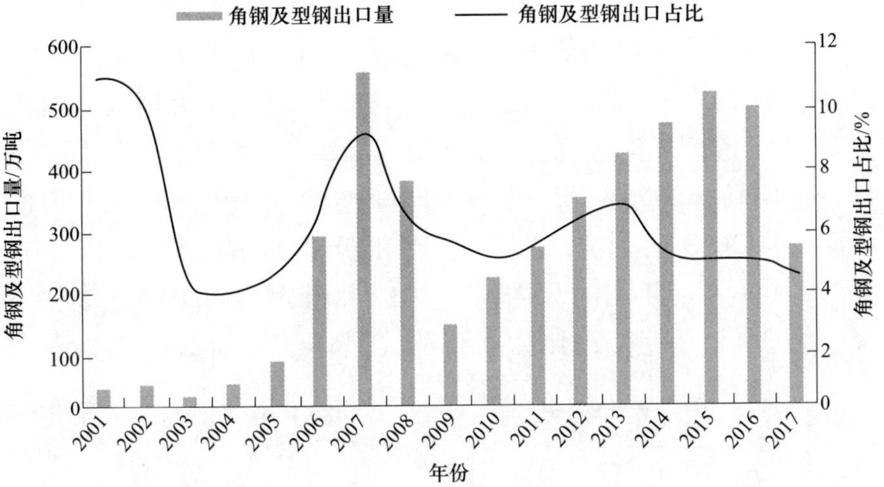

图 4-70　2001~2017 年中国角钢及型钢出口量及出口占比
（信息来源：CISA）

为 3.0%），2017 年不锈钢板出口量出现小幅下降，为 271.1 万吨（占比为 4.2%），具体情况如图 4-71 所示。

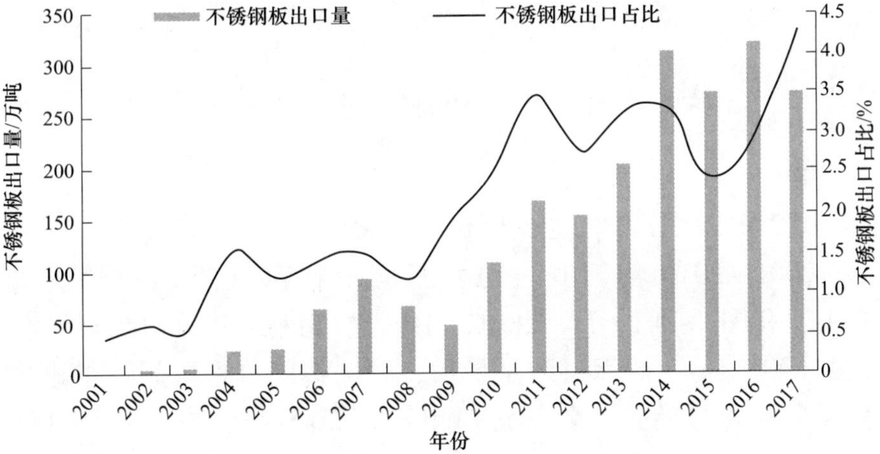

图 4-71　2001~2017 年中国不锈钢板出口量及出口占比
（信息来源：CISA）

（6）硅钢。2001～2005 年中国硅钢出口量较小，为 3.5 万～10.2 万吨（年均为 8.3 万吨），出口占比为 0.5%～2.2%（年均为 1.1%）；2006 年之后硅钢出口量出现较大增长，其间因 2009 年全球经济危机的影响出现短暂回落，之后又迅速恢复较快增长，2006～2017 年硅钢出口量为 10.9 万～40.9 万吨（年均为 26.3 万吨），出口占比在低位保持稳定，稳定在 0.3%～0.6%（年均为 0.4%），2017 年硅钢出口量出现小幅下降，为 35.7 万吨（占比为 0.6%），具体情况如图 4-72 所示。

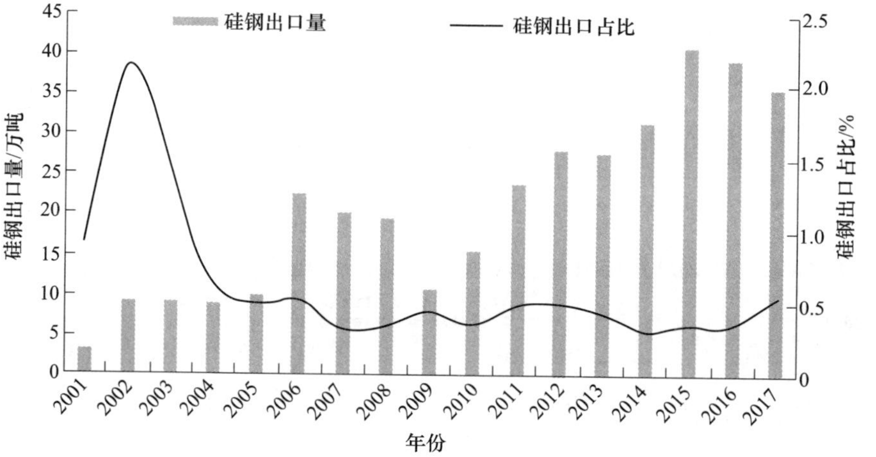

图 4-72　2001～2017 年中国硅钢出口量及出口占比
（信息来源：CISA）

4.2.2.2　分品种进出口价格变化[1]

2001～2016 年，中国钢材不同价格区间进出口情况如图 4-73和图 4-74 所示。目前，中国进口钢材由初期的以单价低于 600 美元/t 的钢材数量最大，转向不同价格区间钢材进口量普遍下降的趋势（包括进口单价在 2000 美元/t 以上、1000～2000 美元/t 和 800～1000 美元/t）。因此，不能简单地用进

[1] 本节提到的吨钢单价统计时间为 2017 年 11 月。

出口钢材平均价格来衡量一个国家钢铁水平，应该细化分析进出口钢材产品品种和价格结构，才能合理判断。

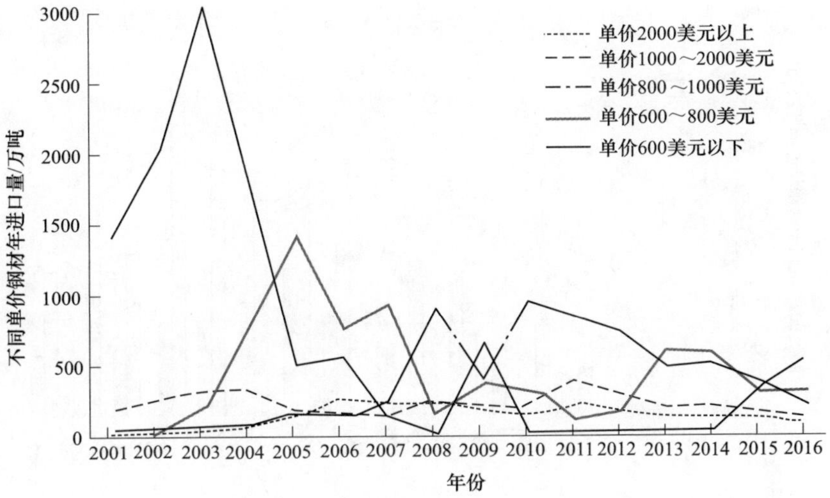

图 4-73　2001~2016 年中国钢材不同价格区间进口量变化情况

（信息来源：CISA）

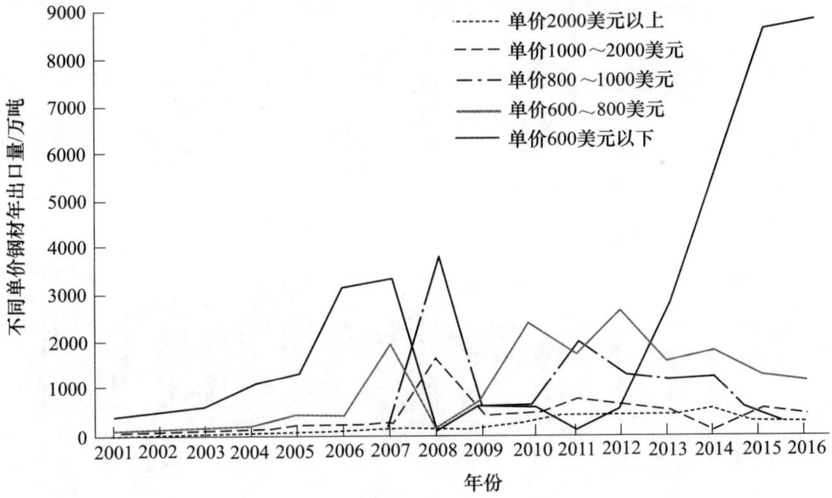

图 4-74　2001~2016 年中国钢材不同价格区间出口量变化情况

（信息来源：CISA）

2001~2016 年，我国不同价格区间的钢材进出口情况不同年对比如图 4-75~图 4-77 所示。我国不同价格钢材出口量均呈

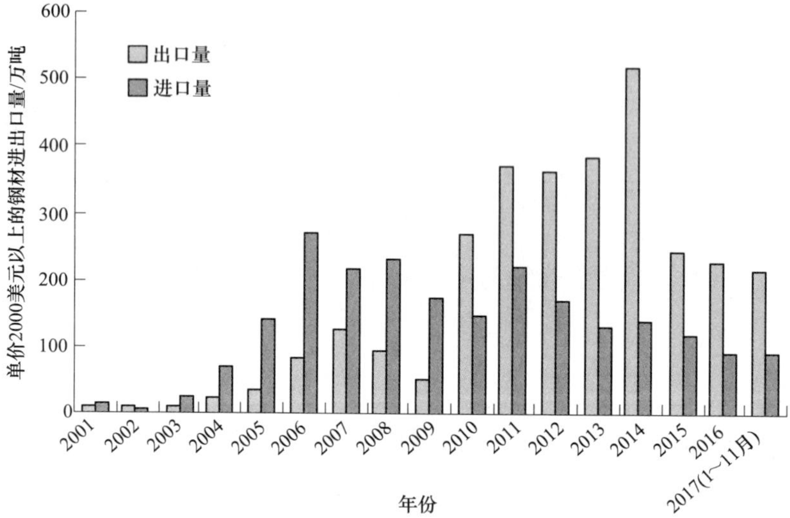

图 4-75　单价 2000 美元以上钢材进出口量对比

（信息来源：CISA）

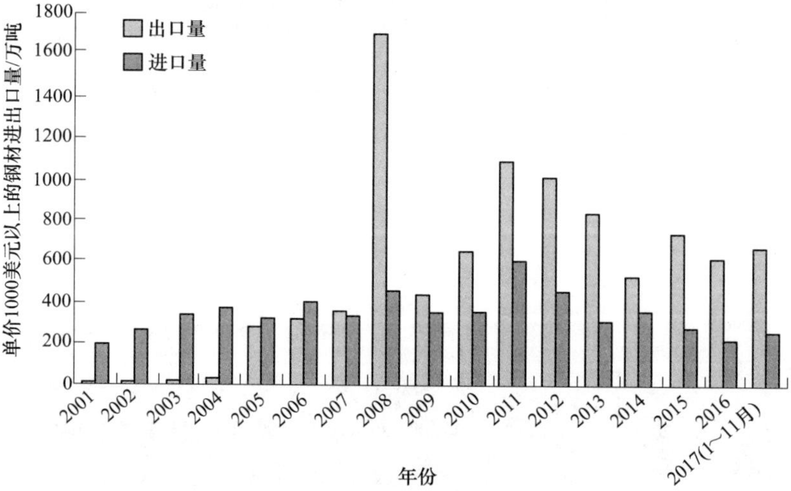

图 4-76　单价 1000 美元以上钢材进出口量对比

（信息来源：CISA）

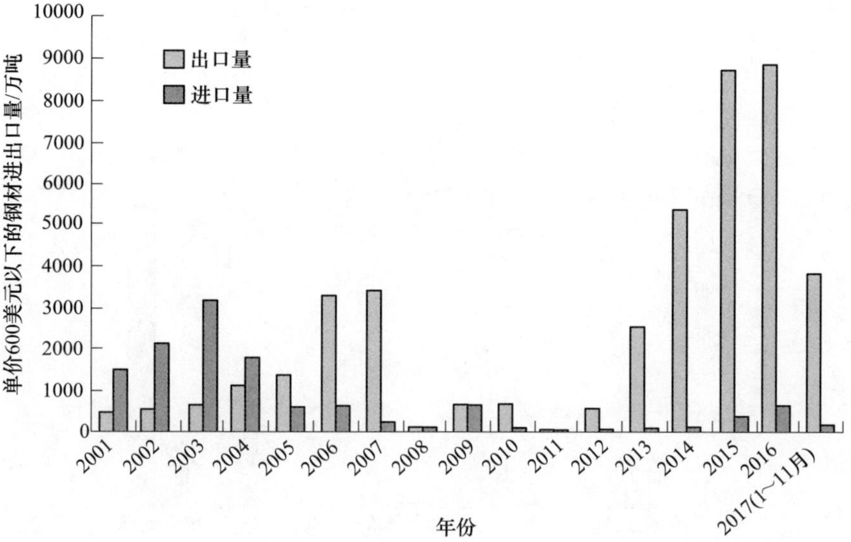

图 4-77　单价 600 美元以下钢材进出口量对比
（信息来源：CISA）

上升趋势，2007 年开始，单价在 1000 美元的钢材出口量开始超过进口量，2010 年开始，单价 2000 美元以上的钢材出口量也已经超过进口量，说明我国高档钢材的出口竞争力和技术支撑力增强。

总体来看，我国钢材产品出口仍然以中低端产品为主，低档钢材出口量过大，不利于钢铁产业结构优化，增加环境、资源负荷。问题是单价低于 600 美元的钢材出口量过大，弊大于利，主要表征是钢材价格整体下滑，对进口铁矿石起到了隐形的托市作用，加重了国内能耗负荷，增加了 CO_2 的排放，对环境生态不利。

不同年度对应的不同价格区间进出口钢材对比情况如图 4-78～图 4-111 所示。2001～2004 年我国钢材出口量很少，年出口量不到 700 万吨，进口钢材以低端钢材为主，吨钢价格 600 美元以下的进口量从 2001 年的 1396 万吨上升到 2003 年的

3063 万吨，上涨近两倍，说明当时我国钢材生产整体水平与国外差距较大。

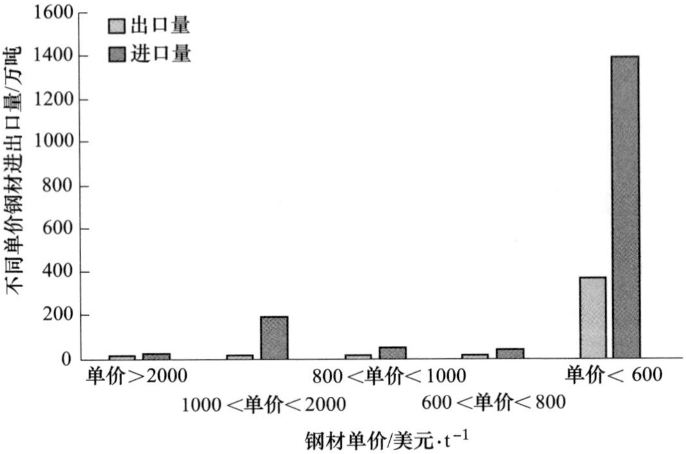

图 4-78　2001 年中国不同价格区间进出口钢材对比

（信息来源：CISA）

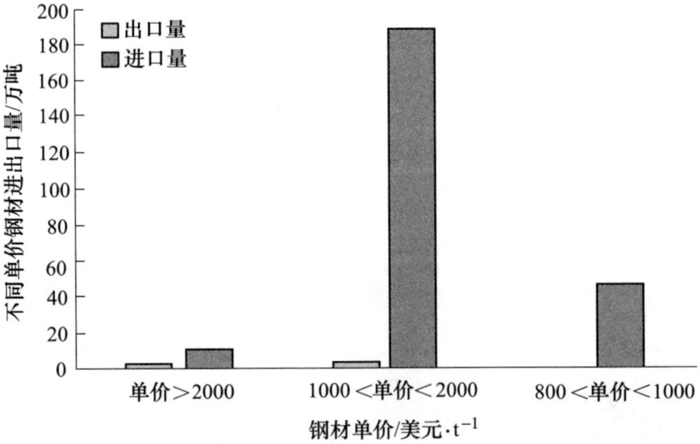

图 4-79　2001 年中国不同价格区间进出口钢材对比（续）

（信息来源：CISA）

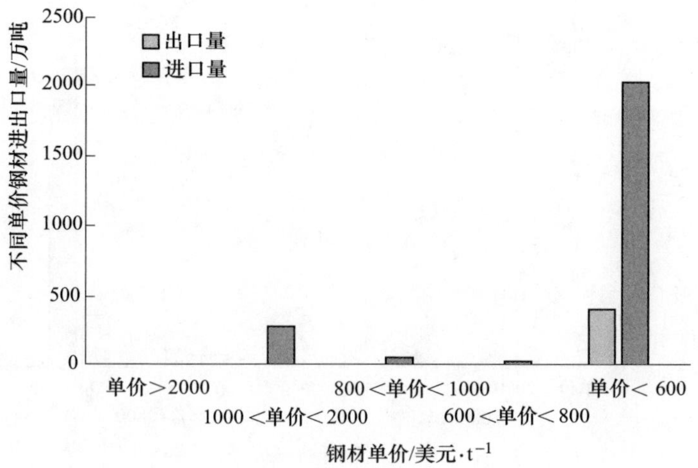

图 4-80 2002 年中国不同价格区间进出口钢材对比

（信息来源：CISA）

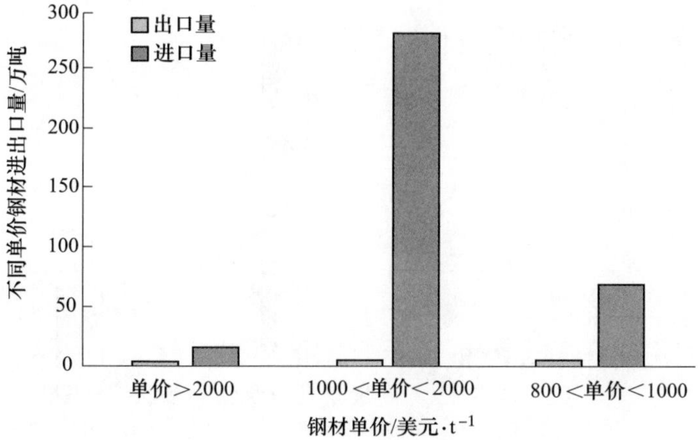

图 4-81 2002 年中国不同价格区间进出口钢材对比（续）

（信息来源：CISA）

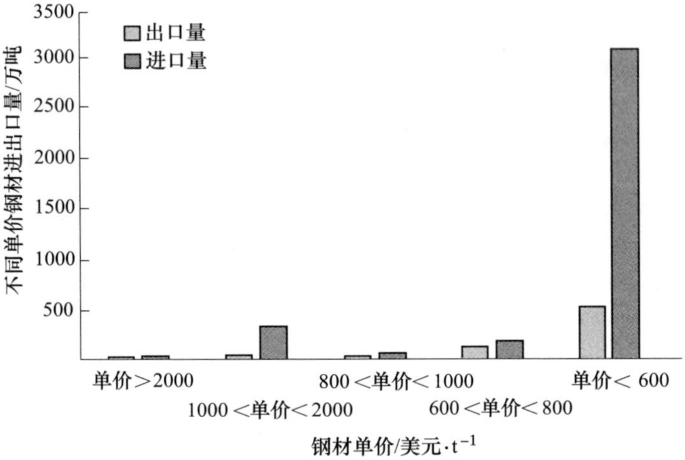

图 4-82 2003 年中国不同价格区间进出口钢材对比

（信息来源：CISA）

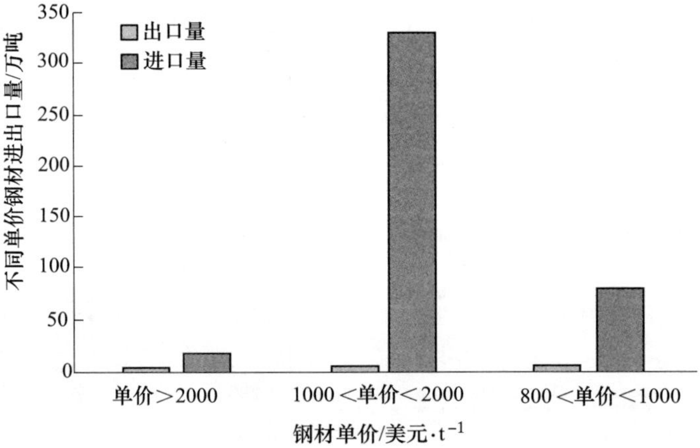

图 4-83 2003 年中国不同价格区间进出口钢材对比（续）

（信息来源：CISA）

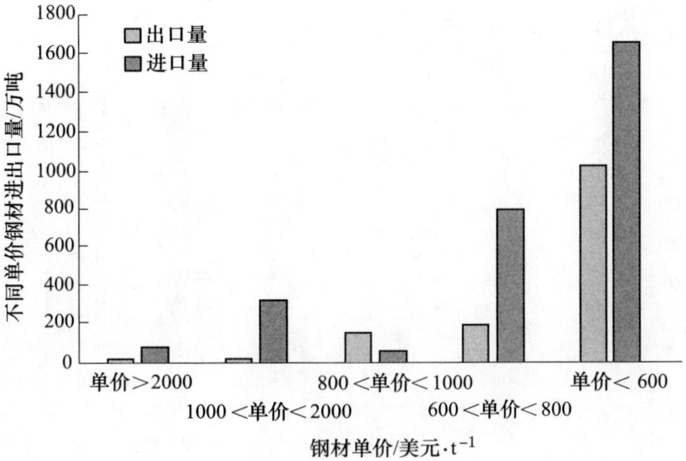

图 4-84 2004 年中国不同价格区间进出口钢材对比

（信息来源：CISA）

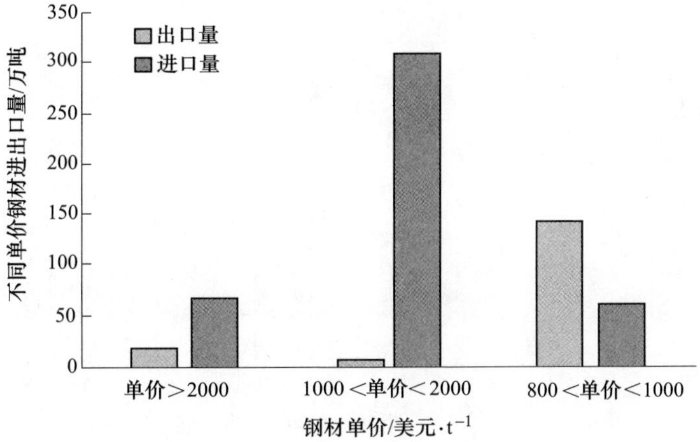

图 4-85 2004 年中国不同价格区间进出口钢材对比（续）

（信息来源：CISA）

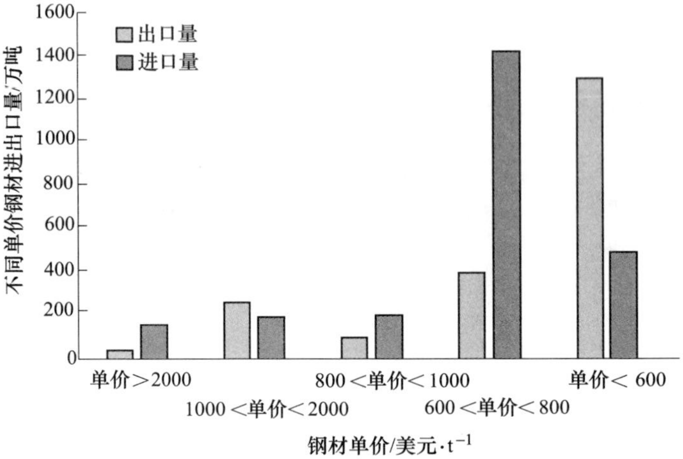

图 4-86　2005 年中国不同价格区间进出口钢材对比

（信息来源：CISA）

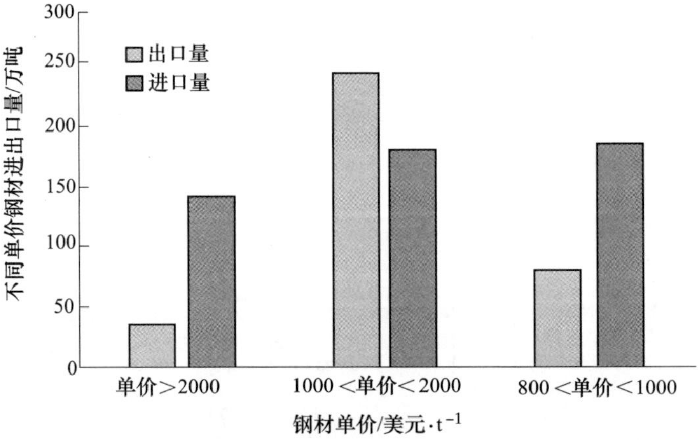

图 4-87　2005 年中国不同价格区间进出口钢材对比（续）

（信息来源：CISA）

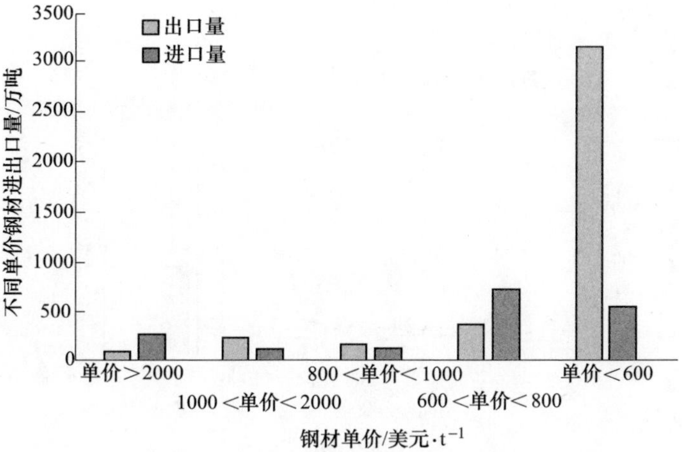

图 4-88 2006 年中国不同价格区间进出口钢材对比
（信息来源：CISA）

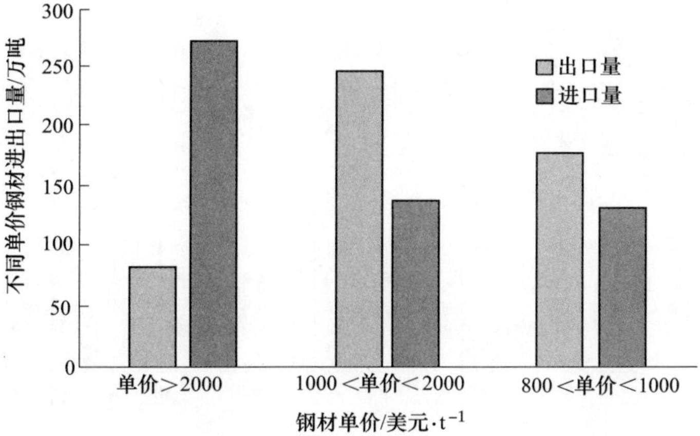

图 4-89 2006 年中国不同价格区间进出口钢材对比（续）
（信息来源：CISA）

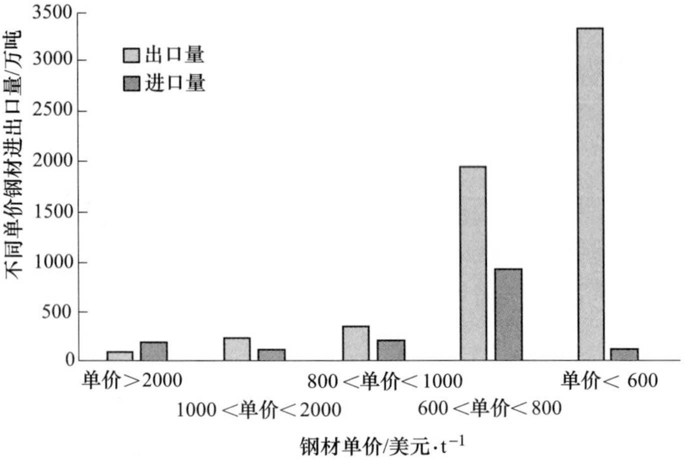

图 4-90　2007 年中国不同价格区间进出口钢材对比

（信息来源：CISA）

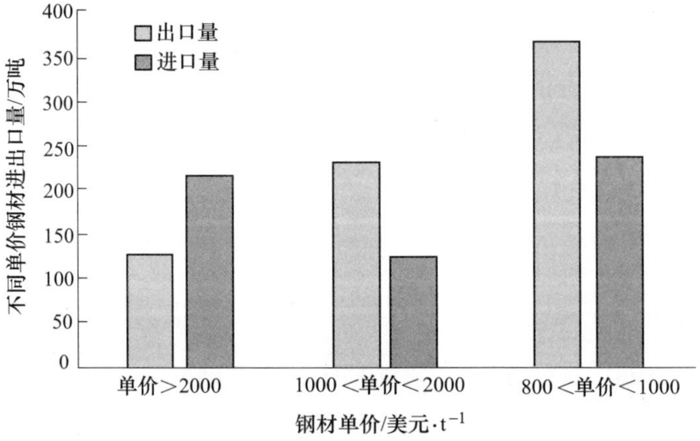

图 4-91　2007 年中国不同价格区间进出口钢材对比（续）

（信息来源：CISA）

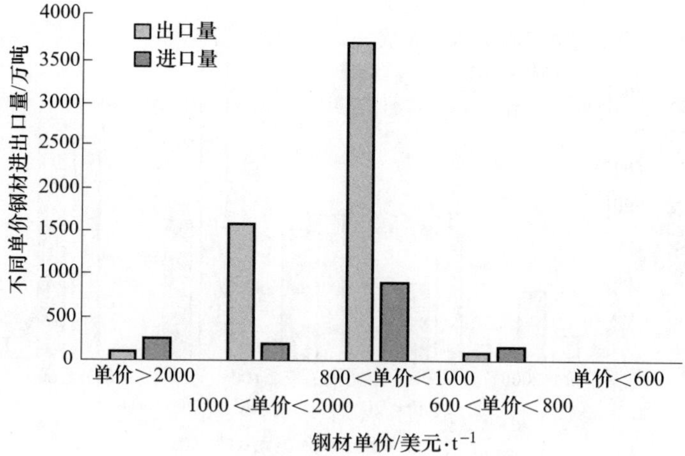

图 4-92　2008 年中国不同价格区间进出口钢材对比

（信息来源：CISA）

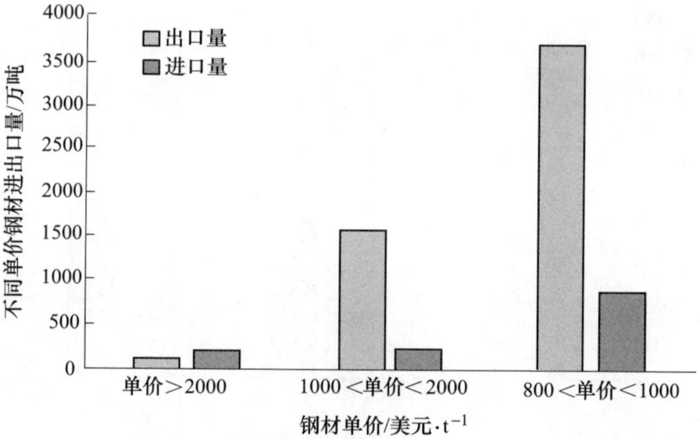

图 4-93　2008 年中国不同价格区间进出口钢材对比（续）

（信息来源：CISA）

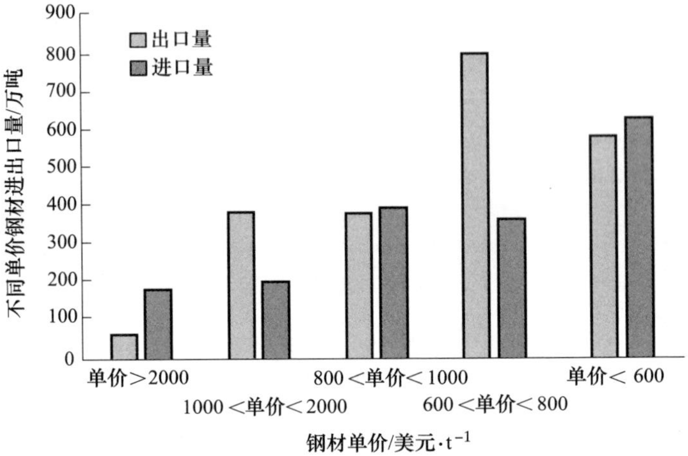

图 4-94　2009 年中国不同价格区间进出口钢材对比

（信息来源：CISA）

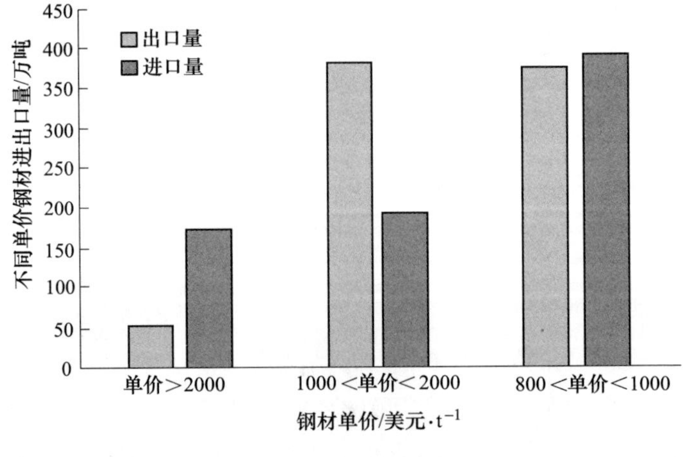

图 4-95　2009 年中国不同价格区间进出口钢材对比（续）

（信息来源：CISA）

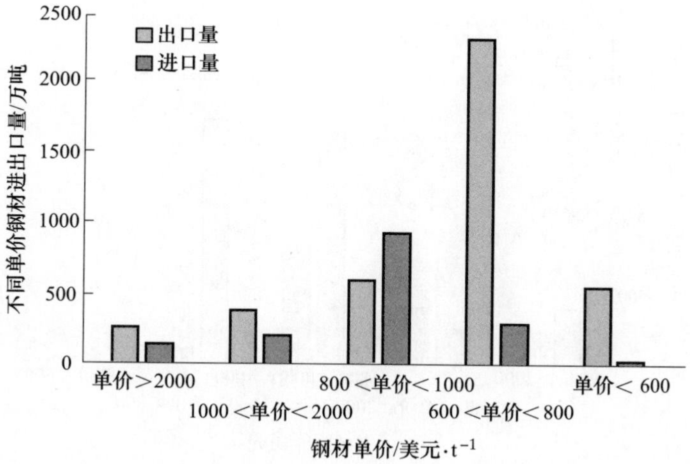

图 4-96 2010 年中国不同价格区间进出口钢材对比
（信息来源：CISA）

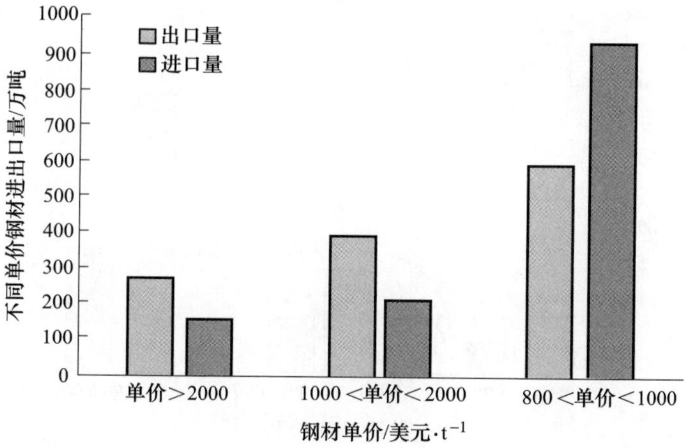

图 4-97 2010 年中国不同价格区间进出口钢材对比（续）
（信息来源：CISA）

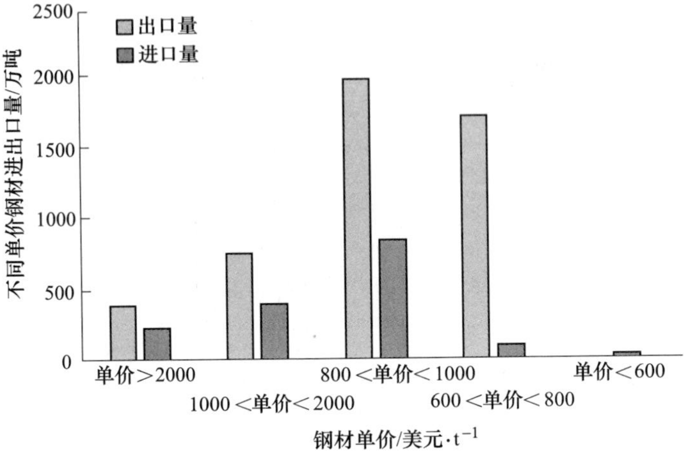

图 4-98　2011 年中国不同价格区间进出口钢材对比

（信息来源：CISA）

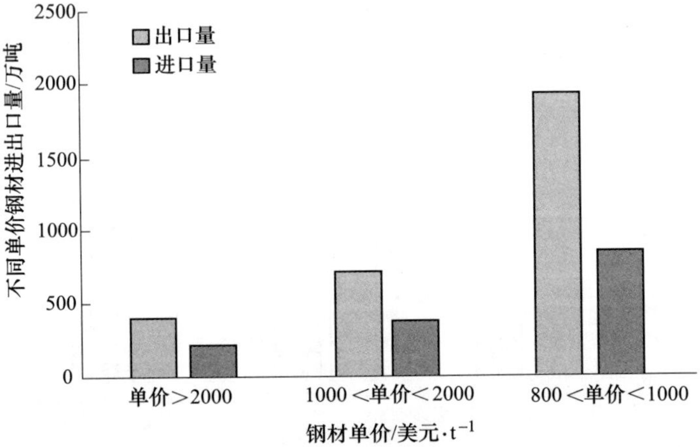

图 4-99　2011 年中国不同价格区间进出口钢材对比（续）

（信息来源：CISA）

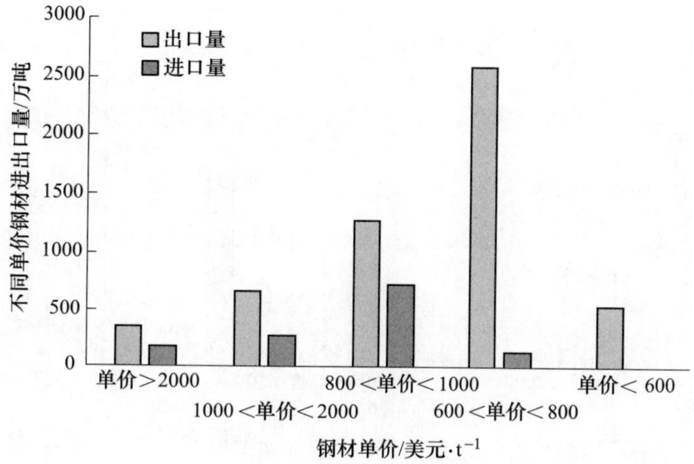

图 4-100　2012 年中国不同价格区间进出口钢材对比

（信息来源：CISA）

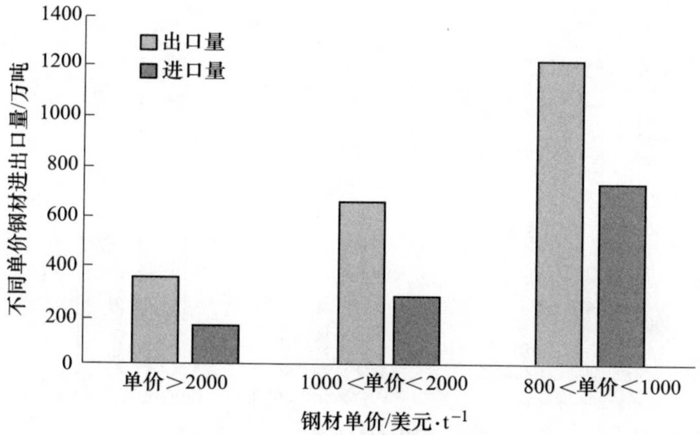

图 4-101　2012 年中国不同价格区间进出口钢材对比（续）

（信息来源：CISA）

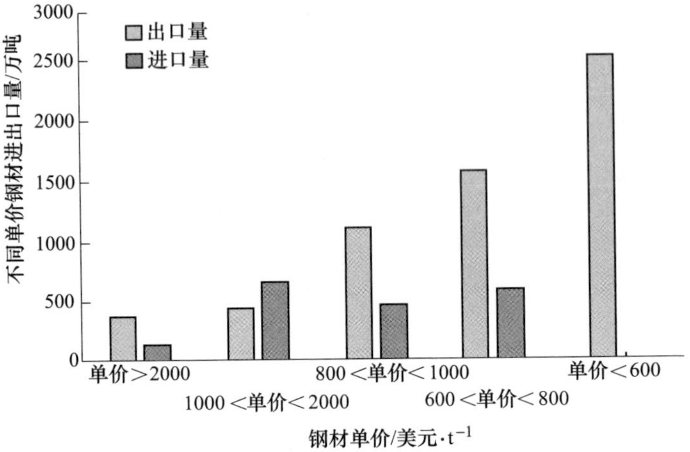

图 4-102　2013 年中国不同价格区间进出口钢材对比

（信息来源：CISA）

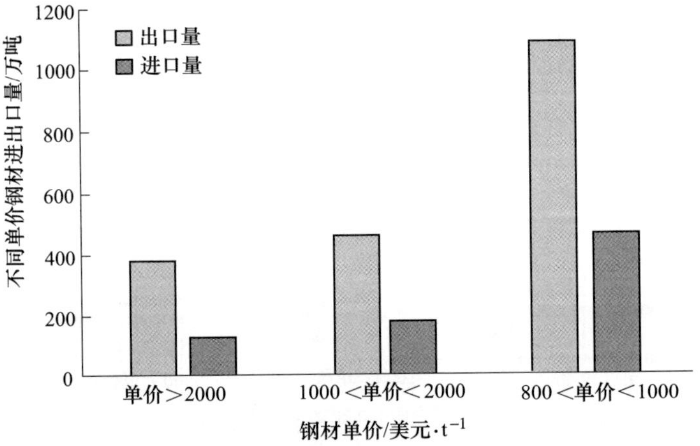

图 4-103　2013 年中国不同价格区间进出口钢材对比（续）

（信息来源：CISA）

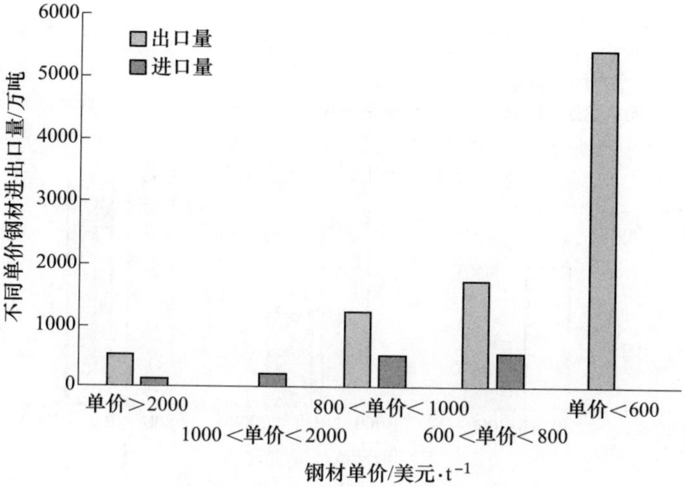

图 4-104　2014 年中国不同价格区间进出口钢材对比

（信息来源：CISA）

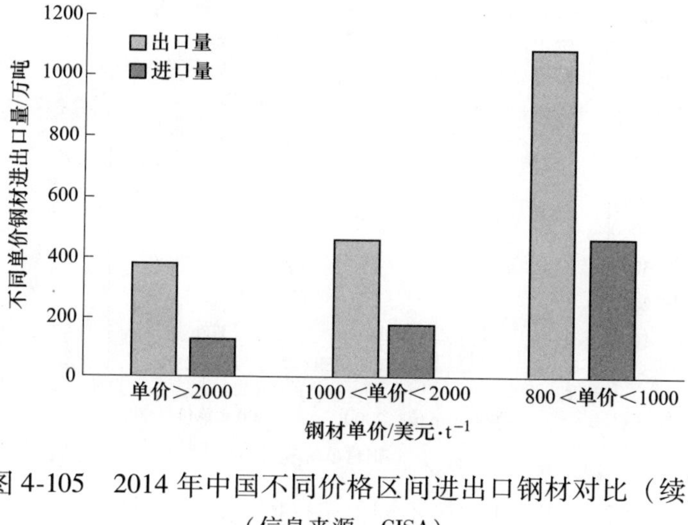

图 4-105　2014 年中国不同价格区间进出口钢材对比（续）

（信息来源：CISA）

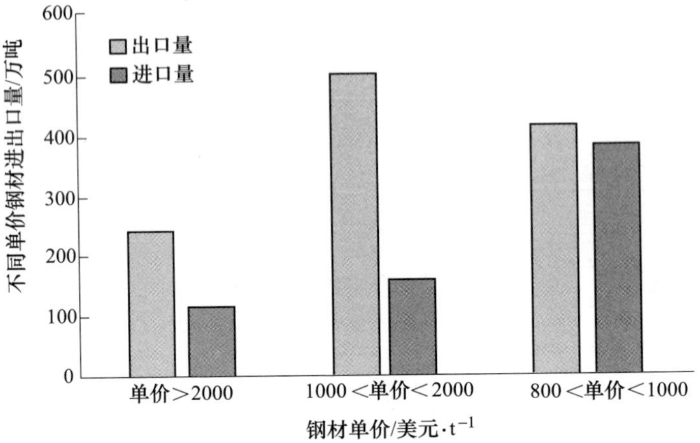

图 4-106　2015 年中国不同价格区间进出口钢材对比
（信息来源：CISA）

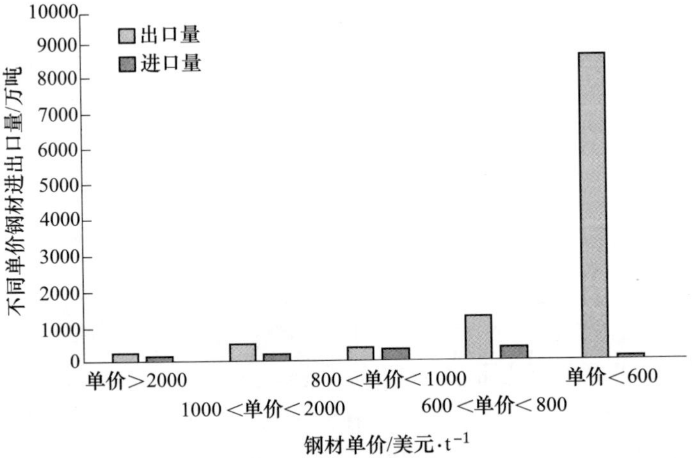

图 4-107　2015 年中国不同价格区间进出口钢材对比（续）
（信息来源：CISA）

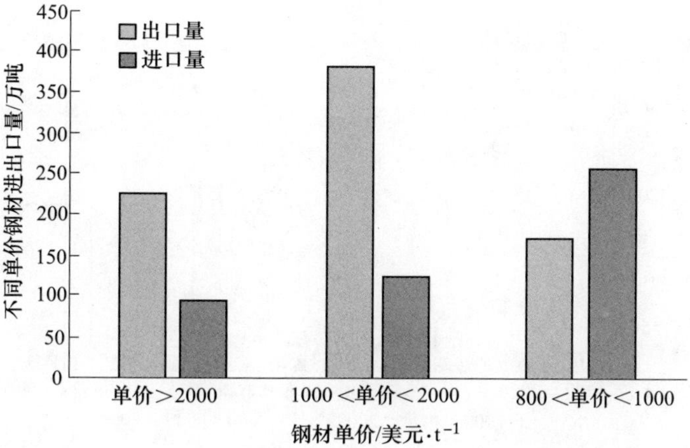

图 4-108 2016 年中国不同价格区间进出口钢材对比
（信息来源：CISA）

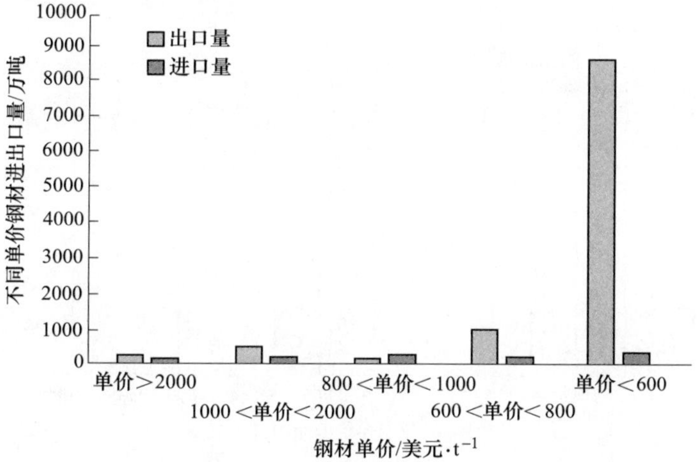

图 4-109 2016 年中国不同价格区间进出口钢材对比（续）
（信息来源：CISA）

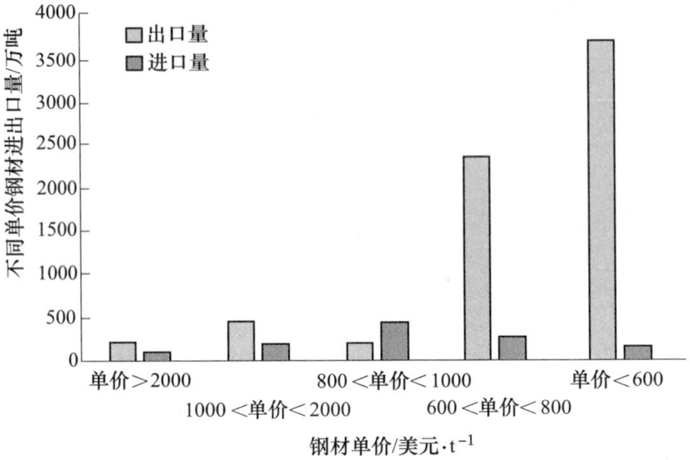

图 4-110　2017 年 1~11 月中国不同价格区间进出口钢材对比

（信息来源：CISA）

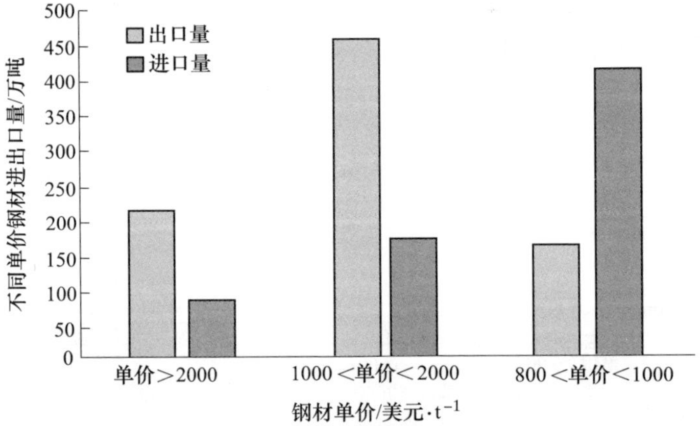

图 4-111　2017 年 1~11 月中国不同价格区间进出口钢材对比（续）

（信息来源：CISA）

随着我国钢铁制造水平的提升，从 2004 年开始，中高端钢材进口量开始上升，低端进口大幅下降，低端出口大幅上涨。2004 年开始，我国进口钢材吨钢价格 600 美元以下的量显著减少，由 2004 年的 1652 万吨开始陡降，2006 年最低为 19 万吨；吨钢价格在 600～800 美元的进口量逐渐增长，2005 年高达 1403 万吨；吨钢价格在 1000～2000 美元的钢材进口量开始呈现小幅增长，由 2004 年 309 万吨上涨到 2007 年的 1812 万吨。

相反，低端钢材出口开始上涨，吨钢单价在 600 美元以下的钢材出口量开始上涨，由 2004 年的 1000 万吨上涨到 2007 年的 3277 万吨，同时吨钢价格在 600～800 美元的出口量也呈小幅上涨，由 2004 年的 185 万吨上涨到 2007 年的 1914 万吨。

2008 年，简单从对比图看是吨钢价格在 800 美元以下的钢材进出口均减少了，吨钢价格在 800～1000 美元之间的钢材出口量明显上涨，实际上有两方面原因，一是中高端钢出口量的确上涨了，另一方面是钢材价格上涨，如 2007 年的小型型钢吨钢价格大都在 500 美元以下，2008 年都涨到了 800 美元以上。

2009～2012 年，随着我国钢材质量的提升和钢材消费结构的变化，钢材进出口量也发生较大变化，2009 年受金融危机影响，我国进出口量均发生较大降幅，进出口基本持平，进出口量较大的还是吨钢价格在 800 美元以下的钢材产品。2010 年，随着经济的复苏，钢材出口恢复增长，进口进一步下降。吨钢价格在 600～800 美元之间的钢材出口量最大，2010 年出口量达 2284 万吨，遥遥领先于其他价格区间。高端产品出口量逐步增加，2011 年吨钢价格在 1000 美元以上钢材年出口量最高达 1000 万吨左右。

2011 年 9 月开始，中国钢材价格开始持续下跌，到 2013 年钢筋价格已经跌至 3500 元/吨以下，可以说 2013 年开始到 2017 年上半年，钢材价格整体处于低位运行态势，在此期间，吨钢价格 600 美元以下的钢材出口量仍然很高，2015 年和 2016 年两年高达 8600 万吨以上。

2006 年起我国成为钢铁产品净出口国，随后几年一跃成为世界最大钢材出口国。2016 年出口钢材 10843 万吨，净出口钢材总量约达 9496 万吨，带来大量的资源、能源消耗，污染排放更加严重。

4.2.3　小结

中国钢材贸易大致可以分成三个阶段：1949~1978 年为钢材贸易的停滞期，1979~2000 年为钢材贸易的增长期，21 世纪为钢材贸易的快速发展期。

1949~1978 年：钢材贸易量很小，主要以进口为主，期间年均钢材进口量为 193 万吨（占世界钢材贸易量的 2.2%），年均钢材出口量仅为 25 万吨（占世界钢材贸易量的 0.3%）。

1979~2000 年：中国钢材产量和钢材进出口量都得到了大幅增长，但由于国内钢材市场需求快速放大，中国钢材贸易仍以进口为主，不过钢材净进口量逐渐减少。

21 世纪：中国钢材出口量大幅度增长，由 2001 年的 380 万吨/年增加到 2015 年、2016 年的 1 亿吨/年以上。2006 年以后由钢材净进口国转变为钢材净出口国，现在是全球钢材出口第一大国。

中国钢材进口量在起伏波动中减少，2003 年是钢材进口量的最高年，曾达到 3700 万吨/年，此后逐年降低，到 2015~2016 年中国钢材进口量降低到 1300 万吨/年左右。

在中国钢材进口萎缩的同时，中国出口钢材的品质价格正在发生结构性变化，从 2007 年以来，价格在 1000 美元/吨以上的钢材出口量超过了进口量。2015 年以来，中国进口 1000 美元/吨以上钢材已经降低到 230 万～280 万吨/年；而 1000 美元/吨以上钢材出口量大幅增长，最高出口量曾达到 1700 万吨/年以上，现已稳定在 600 万～800 万吨/年。说明中国在高档钢材生产上的技术支撑力和市场竞争力，也体现了中国钢铁业在高档产品上的进口替代能力。

2012～2016 年，中国钢材总出口量激增，由 2012 年的 5573 万吨/年激增到 2015 年的 11240 万吨/年。其中大量低附加值钢材（600 美元/吨以下、600～800 美元/吨）出口，这是由于产能过剩、产量太高形成的。过多的产出、过多的出口，既影响国际钢价，又影响国内钢市；过多的产出与钢材出口，增加了国内的资源、能源和环境生态负荷；钢材大量出口是建立在大量进口铁矿石的基础上的，引起了国际铁矿价格暴涨或造成价格“托市”效应。这种以低附加值钢材出口量占主导的出口趋势是弊大于利的。

从进口品种看，我国钢材进口总体是下降趋势，产品以板材为主，2003 年进口量最高达 3325 万吨，2004 年开始连年下降，2017 年进口量为 1005 万吨，仍位于进口总量的第一位；2008 年以前，不锈钢和硅钢进口量较大，2005 年不锈钢进口最高达 290 万吨，2004 年硅钢进口量最高为 164 万吨，随着我国钢铁的高速发展，不锈钢和硅钢等高端产品逐步被国产产品替代，进口量显著下降。具体情况如图 4-112 所示。

产品出口以板材和棒材为主，其次为管材、角钢、不锈钢和硅钢。2015 年板材和棒材出口量最高，分别达 4846 万吨和 4389 万吨。具体情况如图 4-113 所示。

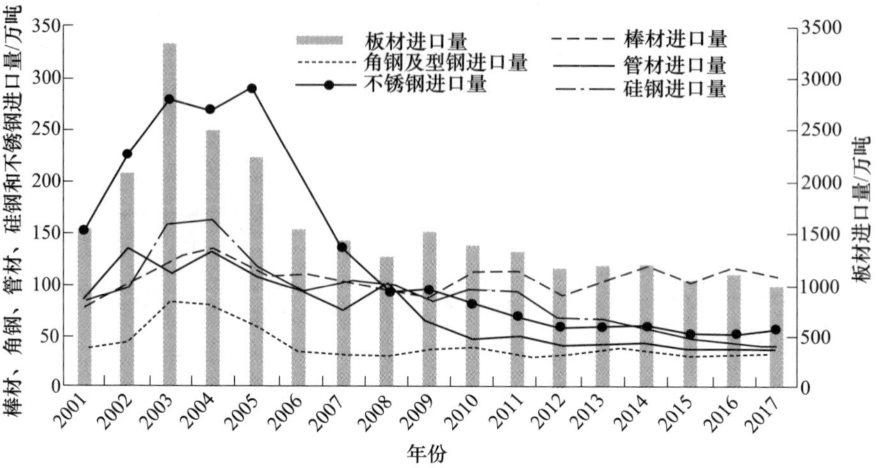

图 4-112　2001～2017 年中国钢材分品种进口情况

（信息来源：CISA）

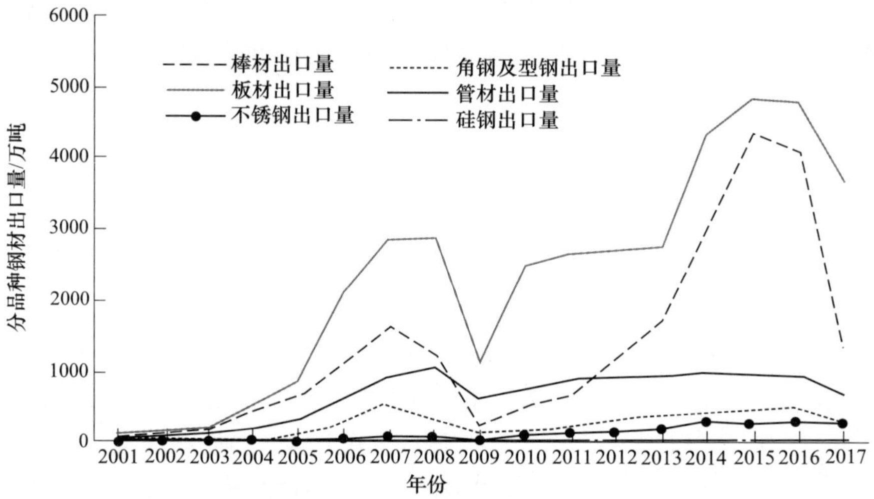

图 4-113　2001～2017 年中国钢材分品种出口情况

（信息来源：CISA）

5 中美钢铁结构调整趋势对比分析

5.1 中美粗钢产量变化趋势对比分析

5.1.1 美国

美国钢铁工业经历了第二次世界大战后20年高速发展和60年代末到70年代初的波动调整，于1973年到达拐点，到达拐点时粗钢产量和粗钢消费量分别为1.37亿吨和1.50亿吨，年人均粗钢表观消费量为711kg，钢铁积蓄量约为23亿吨，人均钢铁积蓄量约为8.5t。美国粗钢产量到拐点后，粗钢产量没有出现断崖式下跌，而是于起伏波动中下降，但产能居高不下，直到1979年二次能源危机爆发，去产能才进入实质性阶段，到1987年产能调整才初步到位，共用了9年时间，从产量拐点出现到去产能结束，共耗费了15年的时间。

5.1.2 中国

中国钢铁工业经历了改革开放后20年高速发展和2008~2009年国际金融危机后的波动调整，2014年粗钢产量进入阶段平台期时为8.23亿吨，钢铁积蓄量约为70亿吨，人均钢铁积蓄量约为5.1t。

将中美两国粗钢产量的变化轨迹对比，如表5-1和图5-1所示，参照美国粗钢产量的变化趋势，并结合全球和中国钢铁工业发展的历史规律，可以预见，中国钢铁减量化时代已距我们越来越近，未来将进入几年甚至十几年、几十年的结构调整和转型升级的过程，粗钢产量冲高回落后将呈现起伏波动下降的趋势，不会出现断崖式下跌。目前的粗钢产量是受到“地条钢”影响表象小幅回升，实则是下降的。

表 5-1　中美两国粗钢产量阶段变化对比表

序号	美国	中国	所处的发展时期
1	1945~1965 年	1980~2008 年	钢铁工业高速发展，产量快速增长
2	1965~1973 年	2008~2014 年	粗钢产量于起伏波动中缓慢增长，阶段平台期出现
3	1973~	2014~	进入阶段平台期，去产能、调结构、淘汰落后和转型升级

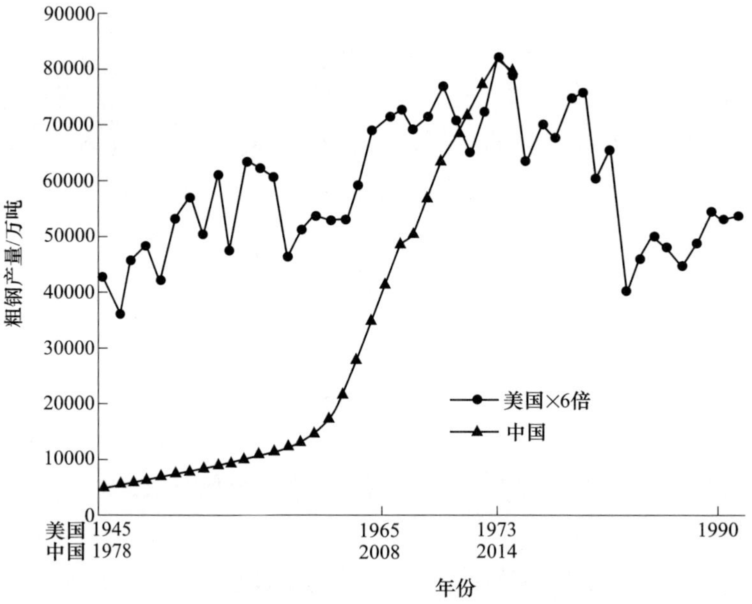

图 5-1　中美两国粗钢产量变化轨迹对比图
（为了对比鲜明，将美国产量乘系数 6）

5.2 中美钢铁工业布局变化趋势对比分析

5.2.1 美国

美国钢厂布局早期主要建在靠近矿产资源丰富和运输条件便利的五大湖地区，随着矿产资源的变化、运输条件的改善、钢厂结构和模式的转变，美国钢铁工业布局由原来的以五大湖地区为中心，逐步覆盖至中西部、西部、南部和东南部地区，但仍以五大湖地区的印第安纳州和俄亥俄州为主要聚集区，产能分别为2800万吨和1500万吨左右，几乎占据了美国钢铁产能的半壁江山。

五大湖地区以外的钢厂布局主要来自电弧炉短流程钢厂的发展。美国是一个幅员辽阔的大国，尽管在工业化完成时城镇化率高达73%，但各地区发展不平衡的现象依然存在，中西部地区发展相对落后。因此，在20世纪80~90年代，电弧炉流程钢厂在城市周边，贴近废钢资源产生地，以投资小、见效快、成本低的独特优势脱颖而出，其生产规模与城市产生的废钢资源比较匹配，同时又很好地满足了城市周边的钢铁消费增长需求，与城市之间实现和谐发展。

5.2.2 中国

我国钢厂早期主要布局在辽宁地区；新中国成立以后，以生产力“均衡布局”战略逐步向内地铁矿石资源较丰富的地区发展，包括铁矿石资源丰富的鞍山、武汉和包头地区，西部地区因为铁矿石资源匮乏，除了攀枝花自有铁矿石外基本没有布局；改革开放后，全球铁矿石开发取得进展，进口铁矿石成为获取铁矿石资源新的渠道，因此钢厂布局逐步向东部沿海地区倾斜；目前已经自然划分为津冀北、晋冀南、长三角三大产业集群和山东、辽宁两大板块，粗钢产能合计占全国接近80%。

总的来说，我国钢铁产业布局无序化比较严重，有的省份甚至畸形发展。仍然面临东多西少、北重南轻，内陆多、沿海沿江少，缺水地区钢铁产能比重过大，以资源依托型为主的格局仍未根本改变，钢厂城市型布局特征明显。

我国与美国同样幅员辽阔，各地区之间不平衡、不充分现象非常普遍，随着钢铁积蓄的不断增加、电力资源的有效调配，废钢加工配送体系的完善，我国适合在城市周边贴近废钢资源地，因地制宜发展电弧炉短流程钢厂，有效消纳和吸收城市废弃物，充分利用电网谷电，解决城市周边钢材需求，与城市实现和谐发展。

5.3　中美钢铁制造流程变化趋势对比分析

5.3.1　美国

美国钢铁制造流程以电弧炉短流程为主，高炉—转炉长流程为辅。美国钢铁工业到达拐点时的短流程比例为18.4%，且逐年保持增长态势，2017年美国短流程比例为68.2%，长短流程比例为31.8∶68.2。

美国的电弧炉短流程炼钢企业起家于钢筋、盘条等建筑用长材生产，产能规模多在40万~80万吨/a。随着技术的不断进步，目前的电弧炉短流程钢厂产品已经覆盖至汽车板、中厚板、型钢和钢管的中高端产品，薄板产品多采用CSP生产线，标准的产能规模为180万吨/a，员工400人，人均产钢4500万吨。近两年，个别企业新建Castrip，产能规模多在50万~60万吨/a。

美国的废钢主要产生于机械、汽车、船舶和建筑等领域，废钢的产生周期相对较短，便于获取和利用。美国的废钢主要用于电弧炉炼钢，少量的企业将其加入转炉和高炉（如 AK 钢铁），剩余废钢大量出口。

5.3.2 中国

我国钢铁制造流程以高炉—转炉长流程为主，有少量电弧炉短流程。2014 年我国粗钢产量进入阶段平台期时电炉钢比例仅为 10%，2017 年为 9.3%，长短流程比例为 90.7∶9.3，远远高于世界平均水平。如果去除电炉兑铁水工艺，实际数值比这个还要高。

中美两国钢铁冶炼结构均经历了 20 世纪五六十年代的平炉炼钢为主，70 年代的转炉大发展，80 年代末期到 90 年代初，中美两国转炉流程比例相当，均在 60%左右，之后美国因大力发展电弧炉炼钢，转炉比例开始下降，电弧炉比例一直上升。而中国转炉比例继续呈上升趋势，电弧炉比例逐渐下降。1973 年，美国粗钢产量拐点时电弧炉炼钢比例为 18.4%，2014 年，我国钢铁进入阶段平台期时电弧炉炼钢比例为 10%，相差 8 个百分点。

我国废钢资源主要产生于建筑用钢筋混凝土，废钢产生周期相对较长，因此尽管钢铁积蓄量很高，但短期内废钢资源产生量有限。我国废钢原来大量用于中频炉冶炼“地条钢”，少量用于转炉和电弧炉，随着“地条钢”的取缔，大量的废钢被添加到转炉当中，有的甚至加入高炉之中。

相对于美国，我国的电弧炉炼钢始于冶炼高合金钢品种，随着高炉—转炉长流程炼钢的大发展，电弧炉炼钢流程逐渐萎缩，加之我国工业化时间较短，钢铁积蓄量和废钢资源产生量较少，电价较高、废钢回收和加工配送系统不完善等因素，使得电弧炉炼钢流程发展一度受阻。

在未来相当长一段时间内，我国的废钢资源总量将非常充足，到 2020 年，我国钢铁积蓄量预计可以达到 100 亿吨，废钢资源年产出量将超过 2.1 亿吨；到 2025 年，我国钢铁积蓄量将达到 120 亿吨，废钢资源年产出量将达到 2.7 亿~3 亿吨。2030 年，我国钢铁积蓄量将达到 132 亿吨，废钢资源年产出量将达到 3.2 亿~3.5 亿吨。大量的废钢堆积，如果不能得到有效的处理，必将对环境带来重大污染和破坏。

随着钢铁进入减量化时代，粗钢产销量都将降低，按照 2030 年粗钢产量在 7.0 亿~7.5 亿吨来预测，按照转炉废钢比 15%，电炉钢吨钢消耗废钢 0.9~1.1t 来计算（考虑兑铁水），电炉钢比例至少应提升至 35%，才能有效地消纳源源不断的废钢的产生。

5.4 中美钢铁资源及能源结构变化趋势对比分析

5.4.1 美国

美国能源结构中，煤炭仍然作为钢铁能源消耗的主体，至今煤炭消耗成本仍然占美国钢铁能源消耗总成本的 34%左右。随着短流程钢厂的发展，美国钢铁的能源成本占总成本比例由 20 世纪 70 年代的 20%下降至目前的 15%左右。

美国钢铁产业短流程比例高于长流程比例的特点（68.2：31.8），决定了其铁素资源比例中废钢占比高，铁矿石和煤炭消耗少。目前综合长、短流程，美国吨钢平均消耗铁矿石 468kg，吨钢平均消耗废钢 668kg，吨钢平均消耗铁块 64kg。

5.4.2 中国

我国钢铁工业发展以长流程为主，2017 年长短流程比例预计为 92.5：7.5，因此铁素资源以铁矿石为主，有少量废钢，能源消耗自然也是以煤炭为主，煤炭消耗占钢铁能源总消耗比重约为80%。综合长短流程，当前，我国钢铁的铁素资源中铁矿石占比约为80%，废钢约为20%，吨钢平均消耗铁矿石约为1.44t，不考虑"地条钢"吨钢消耗废钢约为113kg，考虑"地条钢"，吨钢消耗废钢在210kg左右。

未来在生态文明建设和贯彻绿色发展理念的推动下，随着国家资源税、环境税和碳交易等调节方式的逐一落实，我国钢铁产业的铁素资源构成也将随之发生重大变化，废钢铁作为再生资源的优势将逐渐凸显，我国对国际铁矿石资源需求将逐步下降。随着钢企对环保要求加强，"精料入炉"要求提高，对废钢铁加工、分类、配送也会提出更高要求。

5.5 中美钢铁进出口趋势对比分析

中国和美国在钢材进出口贸易方面的对比情况如表5-2所示。

表5-2 中美钢材进出贸易对比情况

国家	年份	年均出口情况		年均进口情况		特征
		出口量/万吨	出口占世界比/%	进口量/万吨	进口占世界比/%	
美国	1960~1967	213	3.3	85	1.2	出口为主，出口比重逐渐下降
	1968~1994	298	1.7	1650	9.1	出口增长缓慢，进口快速增长并达到稳定平台期
	1995-2007	690	1.6	3060	7.5	进出口继续加大，达到新的平台期
	2008~2015	1200	2.2	2800	5.2	2008年经济危机后，进出口恢复到前期水平
	2015	1000	1.7	3650	6.1	

续表 5-2

国家	年份	年均出口情况		年均进口情况		特征
		出口量/万吨	出口占世界比/%	进口量/万吨	进口占世界比/%	
中国	1949~1978	25	0.3	193	2.2	进口为主，且增长缓慢，出口量很少，整体进出口贸易较小
	1979~2004	424	1.2	1570	5.2	进口阶段性跨越式逐步增长，出口缓慢增长
	2005~2015	5790	10.5	1740	3.3	出口急速增长（2008年经济危机后，快速恢复增长），进口快速下降后并保持稳定的平台期
	2015	112.4	18.6	12.78	2.1	

5.5.1 美国

美国从 1967 年转变为钢铁净进口国家。产业竞争力下降、工会崛起和产业政策尤其是钢材定价机制的调整，促使其在 20 世纪 60 年代末工人大罢工时期转变为钢铁净进口国；美国钢铁进出口目的地国家由早期从日本和联邦德国进口为主，转向具有地缘优势的加拿大、墨西哥和巴西为主；美国钢铁进口产品以薄板带、钢坯和钢管为主，出口产品以薄板带、中厚板和棒材为主；美国废钢出口增长明显，与大量废钢资源产生而本国的废钢消纳能力不足有关。

5.5.2 中国

我国目前钢铁出口量大于进口量。出口目的地国家主要是韩国及越南、菲律宾、印尼等东南亚国家。2001 年以来，钢材出口增长显著，2009 年单价 1000 美元以上的钢材出口量超过进口量，2010 年单价 2000 美元以上的钢材出口量已超过进口量，说明我国高档钢材的竞争力和技术支撑力明显增强；问题是单价低于 600 美元的钢材出口量过大，弊大于利，主要表征是钢材价格整体下滑，对进口铁矿石起到了隐形的托市作用，加重了国内能耗负荷，增加了 CO_2的排放，对环境生态不利（统计时间：2017 年 11 月）。

5.6 中美环境与生态变化趋势对比分析

美国和中国的钢铁工业走的都是先污染后治理的路线，美国钢铁工业发展比中国早，且美国粗钢产量处于下降趋势，中国粗钢产量前些年一直在增长，钢铁总量大，环保问题比美国要严重。

5.6.1 美国

美国从 1973 年开始重视节能环保，一系列联邦法案颁布，环保和节能设施投入逐年增加，一些长流程企业也是在此背景下关停并转，或者向短流程钢厂转变；钢铁工业在节能环保领域取得很大进展，吨钢污染物排放逐年降低。

5.6.2 中国

我国从 1995 年开始陆续颁布一系列的关于节能环保政策和法规，2000 年后政策密集出台，节能环保逐步被重视；但区别于美国的是，我国钢铁产量在 1995 年之后是高速增长而非下降，生态环境的治理明显滞后于钢铁产能的扩张，使得我国环保生态欠账大，技术支撑力不够，投入相对不足。2000 年以来，在“三干三利用”的引领下，我国消灭了历史累积的渣山，固体废弃物、废气和废水排放明显降低，吨钢粉尘、SO_2和废水排放分别由2000年的5.08kg/t、5.56kg/t和25.4m^3下降至2017年的0.62kg/t，0.6kg/t和0.06m^3。吨钢消耗新水从2000年的25.5m^3下降至目前的3.2~3.5m^3。

6 主要建议

6.1 中国钢铁制造流程发展方向建议

中国钢铁工业发展当务之急是结构调整，不是局部进步，而是需要整体提升，实现中国真正由钢铁制造大国向钢铁制造强国转变。

（1）钢厂应当具备三个功能，即低成本、高效率优质钢铁产品制造功能，能源高效转换和充分利用功能，大宗社会废弃物消纳、处理与再资源化功能，使之与城市实现和谐发展，而不是盲目地搬迁。

（2）未来钢厂建设方向应向绿色化、智能化、产品质量品牌化和总产量减量化方向发展，而不是简单地复制和扩产。

（3）应合理调整钢铁长流程和短流程比例，适度地、逐步地提升电炉短流程比例，以此替代大部分生产长材的高炉—转炉流程，淘汰小高炉，减少高炉产量，以此解决发展不平衡、不充分的短板。

同时，也应防止电炉一哄而上；废钢应当主要用于电弧炉炼钢以及转炉炼钢，而不应加入高炉，因此，电炉流程的钢厂不建议保留高炉，应该发展全废钢为原料的电炉流程。发展电弧炉流程的意义不仅在于替代高炉—转炉流程，还可以有效消纳城市废钢，可以作为电网谷电时期的“大电容”器，充分利用电网电能，提高电能的社会利用效率，与城市实现和谐发展。

6.2　中国钢铁产业布局发展建议

我国钢铁产能布局仍然存在北重南轻、东多西少，内陆多、沿海沿江少，缺水地区产能比重大，城市型布局明显的矛盾，产业布局无序化比较严重，有的省份甚至畸形发展。

我国钢铁产业布局调整建议如下：

（1）产能布局过于集中的地区要适度减产，尤其要防止某些企业在搬迁过程中的隐性扩产，对此应有所监管。

（2）大型钢铁企业应通过多元化发展解决就业问题，而不是一味地在钢铁行业增加资本投入。

（3）建议在大、中城市周边，重工业城市群（园区）和内陆地区适当发展全废钢电弧炉短流程钢厂，或者在原有高炉—转炉长流程企业置换建设电弧炉短流程生产线。

6.3　中国钢铁进出口政策或方向建议

我国钢铁进出口政策或方向建议如下：

（1）建议限制吨钢 700 美元以下的低附加值产品出口量，取消这类产品的出口退税待遇。

（2）鼓励吨钢 1000 美元以上的高附加值产品出口，并给予适当税收优惠。

参考文献

[1] 国内外钢铁统计 1949—1979 [R].

[2] Steel Statistical Yearbook 1978—2018 [R].

[3] 周荣章. 美国钢铁工业的复苏 [J]. 中国冶金，1997，33-39.

[4] 李振营. 美国"钢都"匹兹堡兴衰初探 [J]. 泉州师范学院学报（社会科学），2007，25（7）：122-127.

[5] AISE Yearbook 1990，1994.

[6] AISE Yearbook 1980.

[7] 池仁勇，李盼盼. 美国钢铁行业的兴衰及启示 [J]. 未来与发展，2010，7：100-103.

[8] 罗汉. 美国的钢铁工业（一）[J]. 鞍钢技术，1986，6：60-64.

[9] 李振营. 美国"钢都"匹兹堡兴衰初探 [J]. 泉州师范学院学报（社会科学），2007，25（5）：122-127.

[10] 高芳英. 第一次世界大战对美国经济的影响 [J]. 苏州大学学报，1998，3：91-96.

[11] 邱建群. 论罗斯福新政与美国西部经济的崛起 [J]. 辽宁大学学报（哲学社会科学版），2016，44（1）：170-176.

[12] 罗汉. 美国的钢铁工业（二）[J]. 鞍钢技术，1986，7：57-62.

[13] Steel at the Crossroads：The American Steel Industry in the 1980s [M].

[14] 周传典. 从美国钢铁工业的衰退中吸取教训 [J]. 科技导报，1993，1：38-41.

[15] 美国干钢铁工业布局浅析 [J]. 冶金管理，2011，1：5-10.

[16] 王锐. 近代美国工业化进程及其启示 [J]. 珠江论坛，2015，3.

[17] Outstanding Metallurgists Henry Bessemer [J]. Metallurgist，1958，2（1）：48-51.

[18] Fathi Habashi. Henry Bessemer 200 Years since His Birth [J]. Steel Times International，2013，1：36.

[19] Kenneth Warren. The American Steel Industry 1850-1970 [M]. A Geographical Interpretation，1973.

[20] 梁殿忠. 美国电炉炼钢的特点及发展趋势 [J]. 中国物质再生，1995，5：12-15.

[21] 徐宝升．连铸技术的发展 [J]．钢铁，1979，14 (5)：49-56.
[22] 殷宝言．电弧炉偏心底出钢十年发展 [J]．上海金属，1994，14 (5)：9-15.
[23] Iron & Steel Technology，2010，7 (2)．
[24] 日本铁钢统计要览 [M] (1964—1998)．
[25] 赵文报，王诗思．美国钢铁工业布局的现状及对我国的启示 [J]．产业与科技论坛，2018，17 (22)：12-13.
[26] 2018 AIST Basic Oxygen Furnace Roundup. Iron & Steel Technology [J]. 2018，4：194-201.
[27] 张碧红．美国城镇化发展启示与思考 [J]．企业科技与发展，2017，9：135-137.
[28] 冯飞，王晓明，王金照．对我国工业化发展阶段的判断 [J]．中国发展观察，2012 (8)：24-26.
[29] 李日乾．平炉炼钢技术在我国存在的条件及对其应取的技术政策 [J]．炼钢，1986，2：46-50.
[30] 王承宽．我国转炉炼钢现状与发展 [J]．炼钢，2004，5：1-6.
[31] 吴长寿，夏祥生．谈中国钢铁连铸的发展 [J]．江西冶金，2002，22 (3)：1-4.
[32] 施东成．我国轧钢设备发展的三十年 [J]．冶金设备，1980，4：14-28.
[33] 黑色金属矿产资源强国战略研究．中国工程院咨询项目报告．
[34] Crandall，1981，Barnett and Crandall，1986，Lynn，1982.
[35] Nucor Annual Report. 2002—2016.
[36] Gerdau 北美长材公司 Annual Report.
[37] Directory Iron and Steel Plants [J]. Association of Iron and Steel Engineers Pittsburgh，PA. 1991，2016.
[38] SDI Annual Report.
[39] CMC Annual Report.
[40] Big River Annual Report.
[41] ArcelorMittal USA LLC Annual Report.
[42] SSAB Americas Annual Report.
[43] AK Annual Report.

[44] Iron & Steel Technology. 2017，1.

[45] Iron & Steel Technology. 2017，2.

[46] 战略路径转型升级报告．中国钢铁工业协会．

[47] USS Annual Report（1901—2017）．

[48] 西德刊《钢与铁》第三期．

[49] Iron & Steel Technology. 2017，4；2018，4.

[50] 世界钢铁回收数据（第七版）报告．国际回收局．

[51] Monthly Energy Review. 2018，5.

[52] 中国煤炭工业统计．2016，12.

[53] BP Statistical Review of World Energy. 2016，6.

[54] 白旻．我国废钢单耗逐年下降是重化工业化中后期的阶段性问题［J］．资源再生，2015，10：21-24.

[55] 2020 年我国钢铁工业发展愿景及若干重大问题研究．中国钢铁工业发展报告．

索　　引